U1074935

基于高质量发展的人才培养校本实践

SCHOOL-BASED
Practice of Talent Cultivation
Based on High Quality
Development

张志远 ⊙ 著

四川省教育综合改革试点项目『新时代地方本科院校「三分式」人才培养改革』（2018G5-16）
四川省高等教育人才培养质量和教学改革重点项目『「三分式」人才培养理论与实践研究』（JG2018-733）
内江师范学院科研项目『地方本科院校「三分式」人才培养模式探索研究』（2019ZH03）

科学出版社
北京

内 容 简 介

本书立足世界及中国高等教育的发展趋势，紧扣一流本科建设主旋律，聚焦高等教育普及化背景下地方高校高质量发展的诸多问题，汇集了内江师范学院人才培养改革的顶层设计、专业试点、实践成效及反思与分析，理论联系实际，探索了地方本科高校高质量发展的校本路径。

本书作为具有一定代表性的地方本科高校的改革实践探索成果，可供广大教育改革实践者和理论工作者借鉴与参考。

图书在版编目（CIP）数据

基于高质量发展的人才培养校本实践 / 张志远著. —北京：科学出版社，2020.12

ISBN 978-7-03-067899-7

Ⅰ. ①基… Ⅱ. ①张… Ⅲ. ①高等学校-人才培养-研究-中国 Ⅳ. ①G649.2

中国版本图书馆 CIP 数据核字（2020）第 271605 号

责任编辑：朱丽娜 高丽丽 / 责任校对：杨 然

责任印制：李 彤 / 封面设计：润一文化

科 学 出 版 社 出版

北京东黄城根北街 16 号

邮政编码：100717

http://www.sciencep.com

北京虎彩文化传播有限公司 印刷

科学出版社发行 各地新华书店经销

*

2020 年 12 月第 一 版 开本：720×1000 B5

2020 年 12 月第一次印刷 印张：15 1/2

字数：292 000

定价：99.00 元

（如有印装质量问题，我社负责调换）

序

当前，在中华民族伟大复兴战略全局和世界百年未有之大变局相交汇的时代背景下，我国开启了全面建设中国特色社会主义现代化强国的新征程，高质量发展成为高等教育进入普及化阶段的发展主题，这既是对以往发展模式的超越，也是进行发展结构调整和区域布局优化的需要，预示着高等教育的发展模式正在向以高质量为中心、以人民对优质教育资源的需求为核心的新发展模式跨越。高质量发展是内涵式发展进一步完善与发展的新阶段，是一种以追求高质量为核心的可持续发展。内江师范学院的人才培养体系改革顺应新时代经济社会发展趋势，结合实际凝练办学理念，创造性地构建适合自身的高质量发展校本改革模式。

“双一流”建设对我国高等教育发展格局产生了深远影响，带动了优质教育资源的重新调整和优化配置，既给地方高等师范院校和师范类学科专业改革发展提供了难得的机遇，也带来了严峻挑战。地方高等师范院校如何在激烈的高等教育竞争中坚持为地方服务、坚守师范特色、增强办学实力、实现高质量发展，既是当下需要探索的理论课题，更是涉及此类院校生存与发展的现实课题。内江师范学院地处大千故里、川渝之“芯”，有半个多世纪的办学历史和厚重的文化积淀。学校自 1956 年举办高等教育，至今已有 60 多年的办学历程，薪火相传，木铎金声，弦歌不辍。在几代人的持守和奋斗中，学校始终坚持“为党育人、为国育才”的宗旨，秉承“明德、博学、笃行、创新”的校训，以“扎根地方、追求卓越”为核心办学理念，充分发扬“团结奋进、负重自强”的精神，取得了丰硕的办学成果。在新的发展时期，学校党政领导带领全校教职员工以习近平新时代中国特色社会主义思想为指导，在继承学校优良办学传统的基础上，坚持深化改革，创造性地探索以“三分式”人才培养改革为核心的系列教育教学改革实践，推动学校教育工作主动适应高等教育发展新趋势，持续深化教育体制机制综合改革，加速推进学校内涵式发展、特色发展和高质量发展，稳步提高办学水平、教育质量和协同创新能力。特别是在近十年的发展中，学校已发展成为省属同类院校中办学条件优、学科门类齐、综合实力强，融研究生教育（联合培养）、普通本专科教育、继续教育、留学生教育于一体的地方本科院校。这说明这所学校的探索是成功的，取得的经验是有价值的，其办学理念和做法是值得在同类院校推广的。

内江师范学院的人才培养体系改革是在响应国家教育改革整体战略部署的基础上自主探索出的创造性举措，是适应新时代我国高等教育发展新要求的创新行动。它充分激活了学生、教师乃至整个学校的发展活力，突破了人才培养单一、教条的工业化模式，打破了人才培养类型的刻板划分，找到了地方高校的办学定位与发展路径，形成了主动探索、创造性改革的机制，取得了较好成绩。然而，改革始终是一个不断发展与完善的过程，旧的问题解决了，新的问题又会产生，这是辩证唯物主义揭示的基本规律。希望内江师范学院坚持以习近平总书记关于教育的重要论述为指导，办好人民满意、学生满意、社会满意的教育；秉承自强不息、锐意改革、笃行创新的精神，大力推进学校质量文化建设；以新发展理念为统领，积极融入“新时代西部大开发”“成渝地区双城经济圈建设”，聚焦高质量发展，提升服务新发展格局的能力和水平；不忘初心、牢记使命，锐意进取，再接再厉，做新时代高等教育事业的建设者、开拓者、实践者，加速推进学校内涵式发展、特色发展、高质量发展，努力把学校建设成为新时代“师范大学”。

张大钧

2020 年 12 月 28 日

目　　录

绪　论

当前，在我国全面建设中国特色社会主义现代化强国的伟大进程中，高质量发展已经成为时代发展的主题。党的十九大报告指出："我国经济已由高速增长阶段转向高质量发展阶段。"这充分表明中国社会步入了新时代，经济发展进入了新阶段，其基本表征就是以经济的高质量发展为核心。2018 年政府工作报告指出："大力推动高质量发展。发展是解决我国一切问题的基础和关键。"在新的时代背景下，超越以单纯追求发展速度、效率和规模为目的的发展模式，将高质量发展作为经济社会发展的根本和关键，无疑具有重大意义。2020 年 6 月，习近平总书记进一步明确指出："要坚持不懈推动高质量发展"，"加快转变经济发展方式，加快产业转型升级，加快新旧动能转换，推动经济发展实现量的合理增长和质的稳步提升"。[①]党中央和国务院高瞻远瞩，审时度势，将经济社会的发展路线厘定为"量"与"质"的并重——不仅要追求"量"的发展，更要紧抓"质"的提升，在"量"与"质"的双轮驱动下，实现我国经济社会由高速增长向高质量发展的历史转型。

第一，高质量发展是新的哲学观和发展观，更是新的科学观。高质量发展是以"创新、协调、绿色、开放、共享"等新发展理念为核心凝聚而成的哲学观——创新是基石，协调是手段，绿色是前提，开放是动力，共享是目标，形成了以"五大理念"为内容的发展观——促进经济、政治、社会、文化和生态的协调统一，构建了"五位一体"的共生性科学观——将经济建设、政治建设、文化建设、社会建设、生态文明建设统合为一个发展体系，全面打造可持续发展的经济增长方式，这无疑为我国全面进入高质量发展阶段奠定了良好的基础。可以预见，今后较长一段时间内，我国将进入以高质量为核心的发展阶段。直言之，首先，高质

① 人民网. 要坚持不懈推动高质量发展——四论深入学习贯彻习近平总书记视察宁夏时的重要讲话精神.（2020-06-16）[2020-10-25]. http：//nx.people.com.cn/n2/2020/0616/c192482-34089242.html.

量发展必须是以全面满足人民在经济、政治、文化、社会、生态等方面日益增长的需要为核心的发展；其次，高质量发展是以质量为核心、注重效率、更加公平、可持续和更安全的发展；最后，高质量发展的关键点是以提质增效、创新驱动、绿色低碳和协调共享为核心。

第二，高等教育亟须转向高质量发展新形态，确立以高质量为核心的发展模式，超越单纯以追求规模、效率和速度为目的的发展理念。在经济社会高质量发展的时代背景下，高质量发展是我国高等教育面临的时代课题。从演进逻辑而言，我国高等教育历经了可持续发展、内涵式发展、转型发展和即将到来的高质量发展。从发展效能而言，高质量发展是内涵式发展进一步完善与发展的新阶段，是一种以追求高质量为核心的可持续发展。在经历一个较长时期的发展之后，高等教育的内涵式发展路线必然要转向高质量发展，这既是对发展模式的超越，也是对高等教育发展的结构调整和区域布局优化，预示着高等教育的发展模式向以高质量为中心、以人民对优质教育资源的需求为核心的发展模式跨越，因此，高质量发展将成为今后一个时期高等教育的核心发展理念和改革思路。

高等教育的高质量发展蕴含着以“质量自觉”为核心的发展要义，追求高质量将成为高等教育发展的文化图式和景观。众所周知，质量是教育的生命线。如果说高等教育的前大众化阶段更多注重的是速度、效率以及规模的发展，而在后大众化阶段，“高质量”将成为高等教育发展的核心，这是一种更趋合理化、精准化和具有内生性的发展取向。显然，后大众化阶段高等教育的高质量发展要以“优质”为关键词，即高等教育要为经济社会的发展提供更优质的人才资源。

“质量自觉”是对高等教育高质量发展的内在规定性，是一种以质量文化为核心支撑力的质量观，是建立在自觉、自为和自主基础上的质量行动。长期以来，我国高等教育的质量发展忽略了各大学内生性的文化支撑范式，过多倚重外在的、自上而下的国家主导范式，即以评估、检查、测量、审核、评比、定级等为核心的传统质量范式。毫无疑问，这种范式的根本目的是推动高等教育的高质量发展，它为提高我国高等教育的办学质量做出了重大贡献，为高质量发展奠定了坚实的基础，高等教育在外在力量推动下不断前进的同时，也逐渐向自身要质量，于是形成了以创新、变革、发展、提质为核心的自觉的质量行动新范式。这是一种深入人心、让每一个身处高等教育之中的个体——无论是教师、学生抑或是管理者、行政质量监督人员——都能积极参与的共同实现高质量发展的新范式。要实现“质量自觉”，应始终将高质量发展作为高等教育的价值追求，将质量发展意识和发展理念渗透进学校工作的各个层面，形成教学、科研、管理、服务“四位一体”的育人结构，以切实实现高等教育的高质量发展。

第三，高质量发展是内江师范学院办学的一贯追求。内江师范学院地处大千故里、川渝之“芯”，具有半个多世纪的办学历史和厚重的文化积淀。学校自1956年举办高等教育，至今已有60多年的办学历程，薪火相传，木铎金声，弦歌不辍。在几代人的持守和奋斗中，学校始终坚持“为党育人、为国育才”的宗旨，秉承“明德、博学、笃行、创新”的校训，以“扎根地方、追求卓越”为核心办学理念，充分发扬“团结奋进、负重自强”的精神，全面落实立德树人的根本任务，全力推进学校高质量发展，目前已发展成为省属同类院校中办学条件优、学科门类齐、综合实力强，融研究生教育（联合培养）、普通本专科教育、继续教育、留学生教育于一体的本科院校。学校在“2019中国最好大学”排名中位列第384名，在中国管理科学研究院发布的《2019中国大学评价》600强排行榜中位列第458位。近年来，学校先后获得“全国公共机构节能示范单位”“全国群众体育先进单位”“全国五四红旗团委”“四川省先进单位”“四川省文明单位”等荣誉称号，形成了办学资源富集、学科门类齐全的地方性、应用型本科大学。截至2020年底，学校已有土地3115亩[①]（含新校区已过户土地），有校舍73万平方米（含新校区完成建设面积），馆藏图书193万余册，教学仪器设备总值逾2亿元。学校设有19个二级学院，开设61个本科专业，其中师范类专业16个，涵盖文学、理学、工学、农学、法学、教育学、管理学、历史学、经济学、艺术学10个学科门类。学校面向全国28个省（自治区、直辖市）招生，有全日制本专科学生、留学生、研究生19 000多人。长期以来，学校始终以教育质量为核心，聚焦立德树人，育人成效显著。学校紧紧围绕“双一流”建设，深入推进“3+2+3”学科建设，小学教育、水产养殖学、数学与应用数学、美术学、汉语言文学5个专业被确立为省级一流本科专业建设点。学校扎实推进振兴本科教育，深入实施“三分式”人才培养改革，先后获国家级、省级专业综合改革试点项目9项；国家级、省级教学成果奖7项；国家级大学生创新创业训练计划113项；省级卓越人才培养计划7个；省级教学改革项目63项；省级应用型本科示范专业建设项目4个；拥有省级精品资源共享课程、省级精品在线开放课程、省级创新创业教育示范课程12门；省级课程思政与思政课程5门。在数学建模、电子设计、“挑战杯”等国际和国内省部级以上赛事中获奖1000多人次，连续两次跻身“中国高校创新人才培养暨学科竞赛”300强。学校坚持培养“三心三能三精神”的高素质应用型人才，在2019中国大学本科生就业质量排行榜中位列第243位（居全省第7位）。学校坚持协同创新，科研成果丰硕。学校现建有首批全国普通高校中华优秀传统文化“峨眉武术”传

① 1亩≈666.7平方米。

承基地；“长江上游鱼类资源保护与利用”四川省重点实验室、数据恢复实验室；四川省哲学社会科学重点研究基地“张大千研究中心”“沱江流域高质量发展研究中心”；四川省哲学社会科学普及基地“廉洁文化社科普及基地”“峨眉武术文化普及基地”，拥有四川省高校重点实验室 3 个，四川省省属高校科研创新团队、省社科联高水平团队、院士专家工作站 9 个。自 2016 年以来，学校获资助的各级各类科研课题 1200 余项；公开发表学术论文（作品）6300 余篇（件）；出版专（编、译）著 220 多部；主持省部级及以上科研项目 100 多项；获四川省第十八次社会科学优秀成果奖、2017 年度四川省科学技术奖等省部级以上科研成果奖 24 项。在注重内涵式发展的同时，学校更注重高质量和外延式发展，对外交流广泛，国际化水平提升，先后与美国、英国、澳大利亚等 21 个国家及地区的 30 余所（个）高校和机构签订了合作协议和合作备忘录，开展各类校际交流与合作项目近 40 个；专设“学生出国（境）研修奖学金”，2019 年首次派出 33 名出国（境）研修奖学金学生赴国（境）外研修。留学生培养规模不断扩大，人才引智成效显著，学校国际交流与合作工作迈上新台阶。

第四，在新的发展时期，学校以习近平新时代中国特色社会主义思想为指导，坚持深化改革，以“三分式”人才培养改革为高质量建设的立足点，推动了学校各项事业的深入发展。长期以来，学校在四川省委、省政府的坚强领导下，在四川省委教育工作委员会和教育厅的精心指导下，认真贯彻落实全省教育大会精神，紧紧围绕四川省“一干多支、五区协同”的发展战略，积极融入“新时代西部大开发”“成渝地区双城经济圈建设”，主动适应高等教育发展新趋势，持续深化综合改革，加速推进学校内涵式发展、特色发展和高质量发展，稳步提高办学质量和协同创新能力，正全力奋斗在建设新时代“师范大学”的道路上。

高质量的人才培养是学校高质量发展的关键点。“教育强国”要以“学习强国”为支撑，关键是要培养善于学习的人，只有善于学习的人才是活的人力资源。基于此，学校构建了以“分类别指导、分阶段培养、分模块推进”（简称“三分式”人才培养机制）为核心的高质量人才培养模式，打造人才培养的特色机制，形成了立体化的人才培养体系结构，核心理念就是要通过因材施教培养主动学习的善学之才。“分类别指导”立足于“培养什么人”的问题，“分阶段培养”“分模块推进”着眼于“怎样培养人”的问题。学校坚持以学生的发展需求为根本导向，在学生发展的倾向性上，注重学生的学业需求，并兼顾学生的专业潜力、知识基础、能力结构以及发展意向，将课程模块设计与社会需求相结合，与教学的实践过程相结合，与学生的未来发展取向相结合。根据学生自主选择与自主建构知识技能的原则，在统一学完学科基础知识的条件下，学校为学生提供三大类别的课程与能力组合模块，即“潜力开发与深造类”模块、“创新创业类”模块、“基本技能与就业类”模块，学生可以根据自身的兴趣、意愿、学习能力、基本素养灵活选择课程模块，自主建构个性化课程模块和能力结构；指导教师依据不同类别学生，进行有针对性的教学和个别化指导，真正做到自主建构与因材施教。

首先，“分类别指导”指向学生发展的主体性，深化学生对专业学习目标的认识，激发学生专业学习的兴趣。在第1学年，学生以“通识教育课程”和“专业基础课程”学习为主，通过为期一个学年的适应性学习和了解，学生更加明确了自己的学习兴趣和发展意愿。在此基础上，学校组织学生自主选择，进行专业分流，按照“潜力开发与深造类”“创新创业类”“基本技能与就业类”三个类别划分专业学习通道。针对以上三个类别的学生，其专业核心课程模块和专业发展方向课程模块是不同的，在确保基本教育内容的前提下，培养方向具有鲜明的区别：对于选择“潜力开发与深造类”的学生，偏重对其进行理论学习辅导和升学辅导，使其学习的方向更加明确，理论理解更深入，培养学生的理论建构能力和分析问题、解决问题的能力；对于选择“创新创业类”的学生，侧重对其进行应用能力、开发能力的培养，同时对其进行一些有关创业知识和创业能力、创业方向、信息整合等方面的辅导和训练，为他们进行自主创业奠定基础；对于选择“基本技能与就业类”的学生，更偏重对其进行专业技能（师范专业学生则表现为师范技能）的培养、训练，为其毕业后成为合格的专业工作者（师范专业则是成为合格的中小学教师或教育工作者）奠定扎实的理论基础和实践技能基础。

分类指导的人才培养改革思路凸显了大学生的主体需求、个人发展目标与社会需求的结合，在学生适应大学生活后的专业分流措施使每个学生更加明确了自己的发展定位，对未来发展有了更加清晰的方向感，使人才培养真正做到了因材施教、有的放矢。

其次，“分阶段培养”指向人才培养的过程性和阶段性，使学生的成长成才轨迹更加清晰，以培养社会发展所需的各类人才。按照布鲁姆的掌握学习理论，通过目标确定和目标达成相结合，要求学生必须在完成当前的学习内容、达到目标任务后才能进入下一学习过程。因此，“分阶段培养”将学生培养分为“四年三阶段”：第一阶段为第1学年，为“通识教育阶段”；第二阶段为第2—3学年，为“专业教育阶段”；第三阶段为第4学年，为“能力提升阶段”。从“通识教育阶段”到“专业教育阶段”再到“能力提升阶段”，每一个阶段都具体划分了人才培养的核心素养指标，对其的评价以指标体系的量化为标准，使学生在第一阶段夯实通识教育的基础上进入第二阶段的专业学习，专业核心能力和核心素养得到明显提高，培养的方向更精准。在第三阶段进行能力训练，根据不同的类别进行有针对性的综合素质训练和专门能力培养，使学生的专业能力有了明显的提升。各阶段的划分是相对的，各阶段具体的时间根据学生自主学习的意愿和目标达成情况来确定。

实行分阶段培养的阶段性和学生发展的顺序性有机融合，既考虑学生专业成长的一般规律和共同要求，又根据学生的发展定位和发展方向有针对性地进行能力提升训练，培养通专结合的人才。同时，分阶段培养的理念要求根据学生的差异性来确定学习目标、构架知识结构，因材施教，把掌握教学与目标导向教学相结合。

最后，“分模块推进”指向知识生成的层次性，使学生专业胜任力明显增强，毕业生走向社会的专业适应性明显提升。《中华人民共和国国民经济和社会发展第十三个五年规划纲要》明确提出了“改革人才培养机制，实行学术人才和应用人才分类、通识教育和专业教育相结合的培养制度”的要求。为此，学校提出了“分模块推进”的教学改革思路。专业模块的建构主要依据专业核心素养指标来确定，采用三分法——由基础模块（基本知识、基本素养）、技能模块（基本应用技能、应用开发技能）和能力提升模块（科学研究方法、研究能力）构成。基础模块=通识教育课程+专业基础课程。技能模块=专业技能课程+综合应用技能课程。能力提升模块需要按照三个类别来选择，即“潜能开发与升学类”课程主要是为了解决学科专业综合知识体系与学科专业综合问题，“创新创业类”课程主要是为了解决专业应用问题与应用开发及创业问题，“基本技能与就业类”课程主要是为了解决专业相关职业基本技能综合训练与实践等问题。这三类不同的选择与毕业论文相结合，作为综合能力提升的统一要求。在这三个课程模块中，第一和第二类课程的设置主要根据专业的学理逻辑，第三类课程则根据学生自主选择与专业的应用相融合的原则构成，应用型转型的教育理念在这里体现，三类课程的结构分别体现了专业知识和技能的进一步深化，或偏向基本职业技能，或偏向创新创业能力，或偏向基础学习能力。三类模块以专业核心素养为依据来划分，专业模块课程中的能力提升模块课程由于个性化程度高，更多采取专业导师辅导的方式，教师自主建构课程的具体内容结构，并不一定实施统一的课堂教学，以学生学习过程和教师辅导过程作为标志，并不一定要进行机械的、规范的知识与技能考核的考试。这就形成了以学生理论知识学习和专业能力提升相结合的模块化结构，以此来制订人才培养方案，使人才培养体系更加灵活、多样与优化，教与学的融合更加充分，主体性发展更加成熟，因材施教就不再仅仅局限于教师的教，还需要充分发挥学生的主动性，突破了传统的、单一的教师教的思维定式。

“三分式”人才培养改革适应了高等教育内涵式发展的要求，采用“通专结合”的培养模式，学生依据客观差异性和自主性来自主选择，因材施教，促进学生的个性化发展。其针对当下高等教育培养中“流水线作业”的弊端，弥补了传统人才培养体系中过于强调标准化和统一性，扼杀学生个性成长、专长发展的缺憾；以因材施教为出发点，注重专业发展和课程学习的过程性、内容设计的针对性，使人才培养模式构建的灵活性、多样性和学生的自主选择与自主构建相结合，充分体现了既重视学校人才培养模式的统一性与多样化操作的可选择性，也重视学生自主构建的自主性和灵活性；既重视理论学习的专业性与系统深刻性，也重视技能素养锻炼的实践性与应用性；既能满足学生精准化发展的需要，也能满足社会对所需人才的精确性培养等特点。

第五，“内师人”将谨遵习近平总书记“为党育人、为国育才”的教导，办好人民满意、学生满意、社会满意的教育；秉承自强不息、锐意改革、笃行创新的精神；树立“改革永远在路上”的理念。内江师范学院人才培养体系的改革，是在响应国家教育改革整体战略号召的基础上，充分进行自主探索的创造性举措，是适应新时代我国高等教育发展要求的创新行动。它充分激活了学生、教师乃至整个学校的发展活力，突破了人才培养体系统一、教条的工业化模式，打破了人才培养类型的刻板划分，找到了地方高校办学定位与发展路径，形成了主动探索、创造性改革的机制，取得了应有的好成绩。但是，改革始终是一个不断发展与完善的过程，旧的问题解决了，新的问题又会产生，这是唯物辩证主义揭示的基本规律。因此，学校必须认真分析自身存在的不足以及今后可能发展的方向。从本次改革还存在的难以克服的问题来看，学校的专业设置还存在跨学科融合与动态调整难的问题，在课程设置上，还存在适应学科发展与行业需求以及适应学生特点和需求的灵活性不够的问题；在内部管理上，还存在活力不够，创新机制不强，各部门之间协调不佳，以及机构设置、功能职责确定结构不合理等问题。因此，在今后的人才培养体系的进一步改革中，学校要更加重视人才培养机制的统一性与个性化的统一，适应后工业社会特别是人工智能时代生产方式与生活方式变革对教育提出的新要求，更加重视内部管理的机构与职能设置的优化与创新，健全管理制度，提高教育治理能力，防止教育管理中守旧、机械、懒惰、分离等问题的发生与蔓延。

总之，一所大学的发展凝聚了广大改革者的心路历程。本书浓缩了“内师人”思想的精粹和集体的智慧，其意义不仅在于在回顾中继往开来，更在于在展望中砥砺前行。我们是教育事业的建设者，更是时代发展的开拓者，只有不忘初心，锐意进取，才能再接再厉，再创辉煌。

第一章 世界高等教育发展的背景、趋势及展望

高等教育承担着培养高级专门人才、传承人类文明成果、促进科学技术发展和人类社会进步的重任，是国家发展的关键性要素，与国家建设、科技进步、技术创新等直接相关，其发展既要考虑外部环境与条件，遵循外在的规律，也要考虑人的因素和特定历史背景下高等教育的发展条件，遵循内在的规律。高等教育的培养方向、质量规格、培养目标等都与社会发展息息相关，学科专业设置、招生就业、人才培养等方面都要充分考量社会发展形态及行业对人才的需求。

高等教育是时代发展的表征，是时代精神在高等教育领域的充分体现，它遵循“社会依据”和“人的依据”来确定自己的办学定位和发展方向，培养社会发展所需要的德才兼备的、专业优秀的高素质人才和创新人才。

今日，在信息技术和知识创新成为时代主题的背景下，高等教育已成为强国的利器，因此研究高等教育的发展背景、现实状况、变革态势和未来趋势，无疑对我国高等教育的发展具有一定的借鉴意义。

第一节　世界高等教育发展的背景

21 世纪以来，全球化进程加速，信息技术飞速发展，文化异彩纷呈，知识进一步经济化，经济进一步知识化，这是世界高等教育发展的客观背景。

一、经济全球化的发展态势推动了世界高等教育的国际化潮流

经济全球化是信息时代经济发展的必然结果，也是当今世界经济形态的基本特征，尤其是随着生产、投资、市场、金融、科技的跨国分布，生产要素的全球化形态不断交迭，世界各国在经济发展中的依存度越来越高，表现为贸易全球化、生产国际化、科学技术链条化、经济全球化、金融全网化、经济活动跨国化，国家之间的发展深度融合，通过资本流动、技术转移以及国际贸易的方式紧密联系并提供服务，形成了有机的全球经济体。

经济全球化的发展态势为高等教育的发展带来了机遇与挑战。一方面，高层次人才的竞争成为全球化的趋势，提高高等教育质量成为世界各国普遍重视的话题；另一方面，人才的跨国流动使发展中国家的人才结构受到挤压，发达国家成为世界高层次人才的“收割机”，发展中国家的教育沦为发达国家教育的“下游”产品。以中国为例，中国教育为美国经济社会的发展和教育事业的发展培养了数以千万计的高层次人才，李硕豪指出：“中国精英教育果实的一大部分事实上被美国收割了，美国是中国精英教育的收割机。”“中国精英教育为美国科技进步立下了汗马功劳，美国的知识产权中有中国精英教育的无偿付出。中美教育交流过程中，美国从中国精英教育中收割了巨额财富和智慧大脑，获取了无法用金钱计量的巨大利益。”①

在经济全球化的背景下，世界高等教育的国际化发展是必然潮流。高等教育

① 李硕豪. 美国是中国精英教育的收割机.（2019-10-09）[2020-10-25]. http://www.zaobao.com/forum/views/opinion/story20191004-994294.

的跨国交流和合作发展进一步加强，国际教育资源的共享机制逐步健全，形成了开放、融合的国际高等教育新常态。但是，少数国家的贸易保护主义和文化教育的保守排外思想抬头，教育资源的垄断思维作祟，这种逆世界潮流的做法必然不会长久，形成多元、开放的高等教育共享机制是不可阻挡的发展趋势。

二、高等教育的国际化潮流促进了高等教育的合作与交流

随着开放发展、共同进步的理念逐步深入人心，世界各国加强了教育领域的合作与交流，教育领域实现了多层次、多途径和多领域的融合发展。发展中国家借鉴发达国家先进的教育经验和办学理念，促进本国教育的改革发展，以此提升本国教育的国际影响力和竞争力；发达国家也积极创设条件，吸纳各国人才集聚，通过互相学习和交流共同发展。

世界各国高等教育充分利用国际教育资源，坚持国际化与民族化的发展模式，注重培养具有国际竞争力的高素质人才，尤其重视对高新技术领域专业人才的培养，造就具有国际视野、掌握高精尖科学技术、能够参与国际事务、具备国际竞争力的国际化人才。“高等教育国际化是指跨国界、跨民族、跨文化的高等教育的思想理论、国际化活动以及与他国开展的相互交流与合作，是各国高等教育在面向国内的基础上面向世界的一种发展趋势。”①高等教育的国际化潮流进一步促进了世界教育的均衡发展，教育内容、教学手段、教学模式、教学方法等与世界接轨成为一种潮流，缩小了发达国家与发展中国家之间的教育差距。合作办学机制日趋成熟，国际教育交流日益频繁，各国的留学生规模迅速扩大，有些国家还增设了具有国际性内容的课程，高等教育的国际化趋势进一步明显。

高等教育的国际化体现为课程、教学及科研的全球化，促进了高等教育的合作与交流。以美国为例，美国以创办“全球性大学”为目标，将高等教育向世界各国扩张，全球性大学“叠加了全球性、跨国性的特征。这类大学以全球发展作为其发展的战略目标，致力于培养全球公民，期望提高全球声誉，建立全球品牌优势，具有战略全球性、目标全球性、师资全球性、课程全球性、合作全球性、校区全球性等特点”②。如果说“全球性大学”是美国高等教育对外办学的国际化趋势，反映了美国社会开放、扩张的特性，而日本则走向了另一个方向——通过在国内全面、深入地进行高等教育改革，达到高等教育国际化的目的。2014 年初，

① 杨德广. 2002. 高等教育学概论. 上海：华东师范大学出版社，38.
② 郦妍. 2017. 全球性大学的本地化策略研究. 世界教育信息，(9)：37-40.

日本文部科学省实施了“全球顶尖大学”（top global university，TGU）计划，对日本的高等教育体系进行了全面深化改革，包括管理体制、教学体制、评价体系等多个层面，旨在使日本的高等教育在2023年取得重大突破，让日本的多所顶尖大学进入世界高校百强之列。[①]与美国和日本两国高等教育的发展路径不同，中国的孔子学院近年来在国际办学方面取得了良好成效，得到了世界各国的赞誉。国家汉语国际推广领导小组办公室的统计数据表明，截至2020年，我国已在世界140个国家建立了511所孔子学院，形成了1073个课堂，专兼职教师有4.63万人，学员达210万人，各类文化参与者达到1300万人，很好地促进了汉语教学和中国文化的国际化，欧盟及61个国家已将汉语纳入国民教育体系，形成了蔚为壮观的国际发展趋势。[②]

三、知识经济化进一步推动了科学技术与经济发展的一体化，形成了高等教育的社会化发展态势

知识经济化和经济知识化是目前人类社会发展的基本逻辑，知识与经济的融合、教育与经济的互涉形成了“你中有我、我中有你”的基本走向。

知识经济化是指知识与经济活动的深度融合，既指知识直接参与经济活动的过程，经济活动离不开知识的支撑，也指知识参与经济活动产生的直接结果，知识经济化对经济结构、经济增长方式的转变产生了巨大影响——知识作为一种特殊的生产要素直接参与经济活动，产生了大量知识密集型产品，尤其是在信息社会背景下，随着物联网的出现，形成了蔚为壮观的知识产业，5G时代的知识产业呈现出以下特点：高附加值的知识产品融入人们的日常生活，极大地改变了人们的日常生活方式。

知识经济化对高等教育的发展提出了严峻的挑战，尤其是对创新人才、应用型人才和拔尖人才的培养成为高等教育面临的挑战。知识经济化的变革逻辑和实现路径进一步促使知识走向市场，形成产业化和资本化的商业运行模式，知识与市场的密切联系进一步要求高等教育与社会行业、市场、资本融通，订单培养、精确塑造成为一种趋势，大学“象牙塔”的文化意象必然向开放的“车间化”转

① 陈瑞英. 2016. 日本推动高等教育国际化的新举措——以“顶级全球性大学计划”为例. 比较教育研究，（3）：32-38.

② 赵晓霞. 海外孔子学院已达511所.（2017-07-19）［2020-10-25］. http：//edu.people.com.cn/BIG5/n1/2017/0719/c1053-29413969.html.

型，现场实践、模拟实践以及虚拟实践逐渐勃兴，高等教育的人才培养模式进一步开放化和多样化，大学成为尖端知识和技能的“孵化器”，引导知识向更有价值的产业链和创新方向发展，高等教育以其独特的战略方式在经济发展和社会进步中凸显其影响力，“知识经济一旦成为经济社会新的增长点，最突出的特点是发展依托资源类型的重大变化，从自然资源向更加倚重人力资源，即从‘硬实力’竞争转向兼顾‘软实力’的竞争。”①教、学、研、创、产的互相渗透成为必然趋势。

四、社会信息化对高等教育的人才培养综合化方向提出了新的要求

信息化时代，社会发展对人才的需求由单纯的专业人才向高素质的创新型人才转变，要求高等教育变革培养模式、超越单一的学科中心思维，课程设置和内容设计走向综合化。

20 世纪 90 年代以来，随着以互联网为中心的信息技术的广泛应用，社会进入信息时代。信息技术彻底改变了人们的生产方式、生活方式以及思维方式，原有的知识教育形态发生了颠覆性的变革，无论是内容、方法、手段还是观念、思维、人际交往等方面，教育的形态都由单一的课堂教学形式走向在线的、直播的以及自媒体等多元化的教学方式。

信息化时代，高等教育的国际化趋势进一步加强，资源共享机制和自主学习机制进一步成熟，对学生自主性和创造性能力的培养成为高等教育的重要任务。高等教育应注重培养学生的个性、促进学生自由发展和自主选择，尤其是要通过对学生的研究能力、创新能力、自学能力以及组织管理能力的培养，使学生能够充分应用所学知识去分析问题和解决问题。

信息化时代，高等教育的发展也对教师的专业素养提出了新的要求。教师的专业发展和自我提升成为新常态。教师只有不断变革教育理念、更新知识以及改进技术，才能更好地适应变革中的学生群体，尤其是要不断更新知识结构、创新教学方法、改进教学手段、提高教学能力，才能适应发展变化的时代背景和学生的多元需求。随着在线学习、移动终端学习、研究性学习、混合学习等方式的兴起，教师的教学内容设计走向多样化，教学方式走向多元化，教学管理走向智能化，教学评价走向自主化，对学生创新思维能力的培养备受重视。开放式教育体

---

① 王莉芬. 2009. 世界高等教育发展趋势对我国高等教育改革发展的借鉴. 重庆工学院学报（社会科学版），（5）：162-165.

系和终身化学习模式、远程教育等的应用促进了全球教育资源的共享。

五、高等教育大众化的结构基本形成，世界高等教育的发展背景进一步明晰

按照马丁·特罗的理论，如果高等教育毛入学率低于15%，则认为高等教育处于精英教育阶段；当高等教育毛入学率处于15%—50%时，就认为高等教育进入了大众化阶段；如果高等教育毛入学率达到50%以上，就认为其进入了普及化阶段。其关于高等教育的“精英”“大众”“普及”的阶段划分理论基本得到认可。

高等教育从精英教育走向大众化，再到普及化，是世界高等教育发展的基本趋势。美国是世界高等教育普及化的排头兵，20世纪70年代就已经实现了高等教育的普及化；20世纪90年代中后期，加拿大、日本、澳大利亚和韩国等国家的高等教育先后进入了普及化阶段，从而推动世界高等教育的办学规模不断扩大；2019年，中国的高等教育毛入学率达到了51.6%，也进入了高等教育普及化阶段。《2019年全国教育事业发展统计公报》显示，截至2019年6月，全国共有普通高等院校2688所（含独立学院257所），成人高等学校268所，各类高等教育在学总规模达到4002万人，中国高等教育真正进入普及化阶段。①

高等教育普及化是后现代社会的重要标志。经济社会的快速发展和社会行业对专业人才乃至创新人才的需求不断增大，高等教育从大众化走向普及化是高等教育对社会发展的应有贡献，其应该扩大受教育者群体，扩大教育规模，以多元化的形式使受教育者的素质得以提高，以满足社会对人才规格和质量标准不断提升的诉求。同时，随着教育终身化理念逐渐深入人心，高等教育的末端将不断延伸，大学毕业不再是个人所受教育的终结，而是终身教育的开始。随着个人社会流动的加强和职业转换的频繁，专业的变换将成为新常态，这从另一个层面强化了高等教育从大众化走向普及化的势头。

综上所述，在全球化进程不断加速的历史背景下，世界高等教育迎来了前所未有的发展机遇，高等教育作为人才培养的孵化器，其改革和发展的状况成为一个国家发展的重要标志，尤其是在经济全球化、教育国际化的时代背景下，高等教育资源的共享、博弈将成为新常态，发达国家凭借其所拥有的优质高等教育资源，将会吸引越来越多的发展中国家的受教育者花费巨资去接受其优质的高等教

---

① 2019年全国教育事业发展统计公报.（2020-05-20）[2020-10-25]. http://www.gov.cn/xinwen/2020-05/20/content_5513250.htm.

育，为其带来了巨大的教育财富和人才红利。同时，在信息化时代，随着知识经济化现象的日益明显，经济知识化也将不断增强，知识与经济的进一步融合将把高等教育推向市场化和资本化的前沿。高等教育从大众化向普及化推进并不是单纯的表面上的规模扩大，而是对知识经济化时代高等教育对人才的质量规格和素质标准提升的应对，只有如此高等教育在国家发展中的战略性要素的作用才能不断凸显。

第二节　世界高等教育改革和发展的趋势

21 世纪以来，为了迎合现代社会的变革和发展的需要，世界各国的高等教育以改革和创新为主题，以质量为中心，通过自身的变革和改进，以更好地适应经济社会发展态势。

一、教育质量成为高等教育的生命线

大学的发展始终存在两种模式的交替选择——外延式发展和内涵式发展。显然，要提高高等教育的质量，就必然要以内涵式发展为主要选择，这也是进入 21 世纪以来世界高等教育发展的基本态势。各国普遍重视提高教育教学质量，优化师资队伍结构，增强管理效能，无论是学科建设、专业发展、教学改进、设施设备更新还是管理体制机制创新、团队结构优化等，教学质量始终处于第一位。教育质量是高等教育的生命线，关系到大学的排名、招生人数、生源质量、就业渠道等，因此，世界各国围绕提高高等教育质量下足了工夫。例如，美国的州立学院和大学学会发表的《大学本科教育质量和效益》一文中指出："学校教育质量的传统衡量方法是众所周知的。衡量的指标包括每个学生所拥有的图书馆藏书量、教职工总数当中具有博士学位的百分比、入学考试录取分数线、每位全日制学生的平均预算支出及毕业生进入研究生院的比例等。"[①]高等教育存在的价值和功能决

① 刘盛纲. 1987. 美国加拿大高等教育评估（第一分册）：高等教育评估概况. 杭州：浙江大学出版社，125.

定了高等教育必然要重视质量建设。无论是纽曼的“传播知识”、洪堡的“学术责任”抑或查理斯·范海丝的“社会服务”都是建立在教育质量基础之上的，离开高水准的教育质量，大学的其他功能只能是空谈。

为了确保高等教育质量的提升，世界各国都建立了高等教育质量促进和评估体系，以保证教育质量成为学校发展的有力支撑。“(高等教育)更加注重高等教育质量，尤其是人才培养的质量，通过加强高等教育财政支持体系建设，构建和完善高等教育质量保障制度，利用信息网络搭建优质高等教育资源共享平台等各项措施，全面提升学生的学习效果和学习体验。”[①]美国高质量高等教育研究小组于1984年发布了研究报告《投身学习：发挥美国高等教育的潜力》，其中将“学生的投入学习”“严格要求”“评价与反馈”作为保证高等教育质量的三个重要条件；英国将教育评估作为高等学校教育保障体系的重要部分，通过实施一系列评估政策来评定高等学校在教学和科研方面的成就，大力培训教师，促进学校教学质量提升；日本政府于2014年开始实施“全球顶尖大学”计划，全面推动日本国内大学改革，推行日本高等教育的国际化政策，以此提升日本大学的国际竞争力和国际影响力，对日本高等教育的发展产生了深远的影响。

以质量作为大学的生命线，全面提高高等教育的质量，为经济社会的发展提供人才支撑和技术保障，一方面凸显了高等教育在新的历史时期肩负的重任，另一方面也对高等教育的内涵式发展提出了新的要求。只有迎难而上，锐意改革，真抓实干，切实将质量作为办学的基点，真正为社会发展培养越来越多的拔尖人才和创新人才，高等教育才能不辱使命、不负众望，从而为经济社会发展和人民的福祉做出应有的贡献。

二、高等教育的战略定位得以确立，“创建世界一流教育体系”成为各国的共识

高等教育不仅是社会全面进步、个体全面发展的职业技能培养的重要阶段，更是直接服务于经济社会全面发展的主要手段，因此高等教育是社会发展、国家强盛、民族振兴的先导性力量，无疑在国家发展中处于重要战略地位。21世纪以来，世界各国都将高等教育作为国家优先发展的战略要素，美国高质量高等教育

① 别敦荣，易梦春. 2018. 面向2030世界高等教育发展的主要趋势与战略选择. 中国高教研究，(1)：57-63.

研究小组发布的报告《主动学习：发挥美国高等教育的潜力》指出，“谁也不能确切地知道，新技术将会怎样影响我们未来劳动力所要求的技能和知识。因此，我们的结论是：为未来的最好准备，不是为某一个具体职业而进行面窄的训练，而是使学生能够适应变化的世界的一种教育”[①]。正因为高等教育要“面向世界，面向现代化，面向未来”，所以国家高等教育的办学要时刻有时不我待的紧迫感和不进则退的危机感，要将其作为国家的战略资源进行大力发展。

高等教育要发展，投资须先行。各国纷纷下大力气加大对高等教育的投入，以美国2009年的“经济刺激计划”为例，为了刺激教育发展，美国不遗余力地增加教育投入，将数百亿美元作为教育发展的额外投入[②]；俄罗斯在2011—2015年共计投入1.370亿卢布作为联邦教育发展计划资金[③]。中国的高等教育投入更是今非昔比，教育部于2019年5月发布的教育投资数据显示，2018年，中国教育经费总投入为46 135亿元，比上年增长8.39%。其中，国家财政性教育经费为36 990亿元（主要包括一般公共预算安排的教育经费，政府性基金预算安排的教育经费，企业办学中的企业拨款，校办产业和社会服务收入用于教育的经费等），比上年增长8.13%；中国高等教育经费总投入为12 013亿元，比上年增长8.15%。[④]

要想将高等教育作为国家战略资源优先发展，需要创建一流的高等教育体系与之相对应。例如，早在2005年，欧洲大学协会就发布了战略报告《为了强势欧洲的强势大学》，提出了“以质量强化大学”的改革思路。2010年，欧盟又出台了战略计划《欧洲2020战略：实现智慧、可持续性和包容性增长》，以敦促欧盟成员国创建“世界卓越高等教育体系”[⑤]。通过一揽子战略规划和政策的出台，欧盟各成员国争先发展高等教育，2011年，欧盟在报告《支持经济增长和就业——欧洲高等教育体系现代化日程》中指出：“加强卓越教学和研究的质量认证机制，确保欧盟高等教育能够培养、吸纳和留住卓越学术人才。”[⑥]英国政府出台了高等教育发展报告《崇高志向——知识经济中大学的未来》，提出了“创建世界一流高等教

① 顾明远. 2000. 高等学校的教学改革及教育观念的转变. 北京师范大学学报（人文社会科学版），（2）：129-133.

② 详细解读美国经济刺激计划.（2009-02-12）[2020-10-25]. http：//www.chinadaily.com.cn/hqcj/2009-02/12/content_7471142.htm.

③ 李艳辉. 2013. 俄罗斯《2011～2015年联邦教育发展目标纲要》教育政策内容分析 [J]. 比较教育研究，（3）：92-98.

④ 2018年全国教育经费总投入46 135亿 比上年增长8.39%.（2019-05-01）[2020-10-25]. http：//www.moe.gov. cn/jyb_xwfb/s5147/201905/t20190505_380543.html.

⑤ 徐辉. 2015. 21世纪世界高等教育改革的若干趋向及启示. 比较教育研究，（1）：7-13.

⑥ European Commission. 2011. Supporting growth and jobs—An agenda for the modernisation of Europe's higher education systems. Luxembourg：Publications Office of the European Union，13.

育体制”的战略发展规划；美国政府出台了《美国竞争法——为了有意义地促进卓越技术、教育与科学创造机会法案》，将发展“卓越型”教育作为国家战略；德国政府于2005年实施了“卓越计划”，旨在促进高等教育质量全面提升，以高等教育作为强国的助推剂，形成研究生院、顶级大学研究生院等卓越集群，打造卓越型高等教育体制；中国政府于2017年1月全面实施“双一流建设”工程，教育部、财政部、国家发展和改革委员会印发的《统筹推进世界一流大学和一流学科建设实施办法（暂行）》指出：“到2020年，若干所大学和一批学科进入世界一流行列，若干学科进入世界一流学科前列；到2030年，更多的大学和学科进入世界一流行列，若干所大学进入世界一流大学前列，一批学科进入世界一流学科前列，高等教育整体实力显著提升；到本世纪中叶，一流大学和一流学科的数量和实力进入世界前列，基本建成高等教育强国。”这体现了中国政府对发展高等教育的高度重视。

三、深化大学内部改革、提高管理效率成为基本趋势

一般而言，一所大学是一个相对独立的文化体系，长期的办学会滋生惯性而产生“裹挟力”，这不利于大学的发展和生命活力的释放，因此大学必须改革方能更好地迎接竞争和挑战。

21世纪以来，世界大学的改革成为一种趋势。各大学对管理模式、科研产量、绩效考评等一系列问题进行了有效改革，正确处理内部结构中存在的各种问题，“处理好大学与政府间的关系，寻找二者间权力的平衡，实现政府对大学的合理管理及大学的自我发展”①，同时对外处理好大学与市场之间的关系，以使高等教育积极适应经济社会的发展，激发活力，促进高等教育更好、更全面地发展。

重新厘定大学与政府及市场的关系是世界各国发展高等教育的一个基本趋势。这种趋势主要表现在：“原来属于典型的地方分权的管理模式的国家，加强了中央管理权；原来属于典型中央集权管理模式的国家在逐步下放权力或者扩大学校自主权。这种变化是在集权与分权之间寻求平衡，以提高教育管理效率。”②以日本大学的改革为例，“全球顶尖大学”计划将“国际化”“大学治理改革”“教学体制改革”三部分作为大学治理改革的主要内容，对遴选出的37所大学进行了A、B两类划分，2014—2023年，日本政府为属于A级的13所大学每年提供大约4.2

① 谢红雨. 2013. 从《规划纲要》看我国政府与大学关系的新突破. 山西师大学报（社会科学版），S1：123-125.

② 徐辉. 2015. 21世纪世界高等教育改革的若干趋向及启示. 比较教育研究，（1）：7-13.

亿日元的资金支持，而为B级的24所大学每年提供1.7亿日元的拨款支持[①]，极大地促进了日本高等教育的发展；高等教育较为发达的印度在2012年启动了以“十二五”规划为契机的“高等教育管理范式转型”改革，以赋权增能为改革的主要内容，将传统的“命令—控制”的国家范式转变为“引导—评估”的大学自主发展范式，建立了问责制、第三方独立质量评估认证制度、管理信息公开制度以及客观评估制度等，将高等教育改革与发展的自主权还给了各大学，从而使各大学获得了高度的自治权。在招生、科研和拨款等方面，各大学也引入竞争机制，促进自身快速发展。中国大学在党的十八大之后的国家治理时代背景下开启了大学治理现代化进程，这是为了适应国家推进治理体系和治理能力现代化建设的发展需要而进行的大学“自我完善”，高等教育领域从2014年就开启了综合改革，加快推进高等教育的治理体系和治理能力现代化建设。中国大学治理体系和治理能力建设的主要目的在于改进中国大学长期以来所形成的“行政控制型治理模式”[②]，厘清治理主体、划分治理边界、改进治理方式、形成治理文化，真正贯彻现代大学倡导的多元、平等、协商、共识的现代治理理念，提升大学的治理能力。

总之，深化内部改革，提高管理效能，不仅是现代大学安身立命的基础，更是高等教育改革与发展的方向。重塑大学与政府、市场以及社会之间的关系，不仅增强了大学办学的自主权，优化了大学办学与发展的外部环境，更主要的是通过内部结构的改革和重置，激发了大学的办学活力，形成了新的大学内部权力制衡机制，更新了大学治理手段和治理方式，优化了结构，推动了高等教育的可持续发展。

四、信息化背景下高等教育的空间形态产生了巨大变化，高等教育的发生逻辑产生了前所未有的变革

21世纪以来，随着信息技术的飞速发展，教育的信息化程度得到了迅速提升，尤其是随着信息终端的普及，数字媒体及自媒体的使用，在线学习成为流行和时尚的形式，计算机辅助教学、多媒体教学、在线视频直播成为新兴的学习方式，翻转课堂、MOOC、微课、视频课等多元化的学习手段纷纷流行，直播、录播等在线授课形式逐渐成为代替传统“班级授课制”的主要手段。教学无处不在，学

① 陈瑞英. 2016. 日本推进高等教育国际化新举措——以“顶级全球性大学计划”为例. 比较教育研究，（3）：32-38.

② 陈金圣. 2014. 重塑大学治理体系：大学治理能力现代化的实现路径. 教育发展研究，（9）：20-26.

习无时不在，交流随时进行。可以预见，不久的将来，随着5G技术的普及，教育的空间形态将会随着信息化的推进而发生极大改观。

如何抢抓信息时代的技术机遇全面推进高等教育的信息化和现代化，成为世界各国普遍重视的工作。美国于2010年就颁布了《变革美国教育：技术推动的学习》，提出了21世纪的学习模式将是以技术驱动为主的学习，在教学方式、学习方式和评价方式方面都将迎来新的变革。[①]2015年，联合国教育、科学及文化组织（以下简称联合国教科文组织）在青岛召开了首届国际信息化大会，并发布了《青岛宣言》，内容包括教育资源开发、优质学习、在线学习创新、在线学习的质量保证和认可、监督与评估，以及终身学习、责任感与合作伙伴关系等方面，旨在实现2030年前利用ICT（information and communications technology，信息交流技术）发展高质量的学习，提高学习效率，提供更优质的服务，实现优质、公平以及全纳的终身学习目标。

众所周知，2020年伊始，全球爆发了“新冠肺炎疫情”，这场疫情是天灾，对人类的应对能力提出了严峻的挑战，也对教育事业提出了新的考验。由于疫情的影响，人与人的接触成了问题，以“人与人直面相对”为主要特征的教育的行动被隔断，人类的教育将如何发生成为教育领域面临的严峻课题。正是由于信息化教育技术的发展，教育活动依然得以开展，且其成效不减，成为一种“奇迹”。2020年4月，联合国教科文组织举办了“应对新冠肺炎疫情的跨区域高等教育在线研讨会”，来自全世界35个国家的近300位专家学者就疫情期间在线教育的实践经验、跨区域合作等进行了在线交流。大会一致认为，在疫情的影响下，停课但不能停学，应该通过创新教学模式和教学方法完成教学任务，要充分认识到这是一场由外在“天灾”引发的“学习革命”以及高等教育的“质量革命”，在线学习的新常态将是未来高等教育的长期发展战略。

在应对疫情的过程中，中国各大学采取的措施可圈可点，交出了一份令世界满意的答卷。中国各大学充分应用教育信息技术和网络技术，建成一大批国家级精品慕课向全国免费开放，同时各大学的“混合式网络教学平台”“智慧树”“MOOC中国”“优课联盟”“好大学在线”“企业微信”“钉钉”等信息技术资源对在线学习和教学任务的完成起到了重大作用，为在校学生的“宅家学习”提供了优质服务。疫情期间，很多高校的教学、科研工作和办公工作正常进行，为教育信息化和现代化做出了重要贡献。疫情期间，各大学为应对疫情采取的措施充分体现了

---

① U. S Department of Education. 2010. Transforming American Education：Learning Powered by Technology. National Education Technology Plan 2010. U. S Department of Education. Office of Education Technology，36.

高等教育的信息化发展状况。

除了中国外，美国发达的在线教育和远程教育为在家不到校的学生提供了充足的学习保障，具有丰富经验的教学团队和成熟的课程管理系统使美国的高等教育经受住了疫情的考验，应对自如；2020 年 5 月，德国的联邦政府和州政府从“数字学校一揽子计划”中向德国大学生联合会下拨 1 亿欧元的专款，作为短期援助款项，专门用于改进和提升德国停课学校的数字教学和在线基础教育设施，保障网络在线教学的开展；疫情期间，法国高等教育机构推行在线教学数字平台 Open Classroom，成为广受欢迎的大型在线开放课程平台；韩国教育部采用了“大学综合在线学习管理平台”，该平台具有课程制作、共享、学习进度查询、点名、教学评价等多种功能，通过录播、直播等形式确保各大学教学工作的正常开展。

教育信息化水平的快速发展为人类带来了福祉，也为高等教育的变革带来了机遇。可以说，如果没有教育技术手段与网络课程在线资源的分享和在线学习的广泛应用，2020 年以来的“新冠肺炎疫情”给教育带来重创，人与人无法接触的状况使学校停课，学生将无法如期完成学业。教育技术的广泛应用，充分弥补了疫情造成的损失，可以预见，未来在在线学习成为“新常态”的背景下，学习者将充分利用跨平台资源、跨学校学习的方式，不断进行自主性学习，知识不再是重要的资源，学习能力的培养将成为教育的核心问题。ICT 促进正式教育和非正式教育的融合必然会成为一种趋势。

五、人才战略工程成为高等教育发展的重要支撑，各国普遍重视高层次人才资源的开发

高等教育发展的核心并不是完全倚重物质性的因素，外在的物质条件诸如教学设备、实验设备、教学资源、校园建设等确实很重要，但大学的灵魂在于教师以至于大师。因此，世界各国的大学普遍重视师资队伍的建设和高层次人才的集聚，很多高校甚至不惜下血本不断提高引进人才的待遇，招贤纳才。欧盟早在 1999 年就出台了《博洛尼亚宣言》（*Bologna Declaration*），确定了到 2010 年建立“欧洲高等教育区”的发展目标，意图构建欧洲范围内的高等教育系统的共同框架，并在这个框架之内建立本科和研究生两个阶段的高等教育结构。该宣言消除了欧洲范围内国家之间学生流动的障碍，增强了欧洲高等教育在全世界范围内的吸引力，提高了欧盟高等教育的竞争力和国际影响力。日本从 1985 年开始就实行了“特别研究员”制度，吸引海内外高层次创新型人才以及青年博士开展博士后研究、

访学、交流等，取得了良好的成效。日本政府还于2009年启动了“构筑国际化据点计划”（Global.30，也称为“全球30计划”），旨在全面提高日本高等教育的国际化程度，打造世界顶尖人才培养基地，之后又推出了“全球顶尖大学”计划，目的是培育一批顶尖大学或特色鲜明的大学，大力提升日本高等教育的国际化水平，创设有利于提升国际竞争力的人才成长环境，抢占世界高等教育的人才高地。美国在2010年颁布了《国家安全战略报告》，其中将发展教育和培养人才看作国家安全的重要战略之一。巴西于2007年颁布了《2007—2010年科学、技术和创新行动计划》，制订了“博士扎根特别计划”，注重培养高层次和重点领域如生物、农业、信息等行业的高层次人才，形成人才资源优势，推动了重点领域的快速发展。[①]

世界各国都深知经济、文化、教育、科技等方面的优势会形成综合国力的竞争优势，但归根结底还是要以人才为根本，“谁把握了21世纪的人才，谁就能在21世纪的竞争中站稳脚跟，取得胜利”[②]。美国的移民政策一直向高层次人才倾斜，美国通过多次修改《移民法》，规定高层次人才不论年龄、国籍，只要符合条件均可定居美国，尤其是“EB-1A”（Alien of Extraordinary Ability）杰出人才可以优先申领“杰出人才绿卡”。同时，实行“H-1B”（Specialty Occupations/ Temporary Worker Visas）签证计划，本科及以上层次人才可以申请为期6年的临时工作签证。美国通过采取大量吸纳优秀人才的灵活政策，加之国内优良的发展环境和科技优势，吸引了全球精英人才集聚本国。同时，美国重视在国外设立研发机构，采用了高薪聘用、股权分配等方式，如微软、英特尔等国际知名公司大量聘用国外高层次人才，尽管这些人才表面上没有流出国门，但他们一直在为美国的科技发展提供服务，因此，将美国称为世界精英人才的“收割机”一点也不为过。英国于1994年发布了白皮书《实现我们的潜能——科学、工程与技术战略》，将高层次创新型人才的开发确定为国家发展战略，2000年又发布了白皮书《卓越与机遇——面向21世纪的科学与创新政策》，提出了对高层次人才开发的扶持政策，放松入境条件，提高博士生在校期间的学习和生活待遇，创造良好的条件吸纳海内外的高层次人才。德国通过建立高层次创业型大学来促进高层次创新型人才的培养。德国的创业型大学是一种将知识的生产、传承和转化融为一体的高等教育机构，“产-学-研”相结合，“教-研-训”为一体，尤其注重对学科的交叉和跨学科创新型、应用型人才的培养，促进国际合作和交流，培养学生的创新意识和国际视野，成为德国当代科学技术发展的新引擎。早在2006年印发的《实施〈国家中长期科学和技术发展

① 金如意. 2008. 欧洲高等教育质量评鉴保证体系之进程. 高校教育管理，(2)：26-30.

② 杨德广. 2002. 高等教育学概论. 上海：华东师范大学出版社：15.

规划纲要（2006—2020年）〉的若干配套政策》就指出，中国要实施国家高层次人才培养工程，《国家中长期科学和技术发展规划纲要（2006—2020年）》则指出，通过“支持鼓励企业成为技术创新主体”，“深化科研机构改革，建立现代科研院所制度”，“推进科技管理体制改革”，“全面推进中国特色国家创新体系建设”，在基础领域、高技术科技领域等培养一大批具有创新能力的高水平学科带头人，形成优秀创新人才群体和创新团队。

人才是教育的基础，高层次人才是高等教育发展的根本，与国家科学技术的发展和社会进步息息相关，是国家综合国力提升的重要推动力，“高层次创新人才是建设创新型国家、推动经济社会发展的第一资源，世界各国纷纷将高层次创新人才的开发上升为国家战略，多举措、多途径培养与引进高层次创新型人才”[①]。国家对高层次、创新型人才的培养，是国家提升全球竞争力的重要内容，也是国家经济实力、科技实力和军事实力永葆优势的关键。

---

① 阳立高，韩峰，杨华峰等. 2014. 发达国家高层次人才创新型人才开发经验及启示. 科技进步与对策，（7）：140-144.

第二章
中国高等教育发展的现状及趋势

中国是人口大国，也是教育大国。高等教育在我国经济社会发展中处于重要的战略地位，尤其是在新时期中华民族伟大复兴的历史征程中，高等教育肩负着民族振兴和科技强国的历史重任，中国从高等教育大国走向高等教育强国是实现伟大的民族复兴和经济社会高质量发展的重要内容。梳理20世纪以来中国高等教育的发展历程，反思现状和预估趋势，对于我们正确把握高等教育的历史脉搏、更好地办人民满意的高等教育具有现实意义。

第一节 新时期中国高等教育发展的现状

2010 年 10 月，我国颁布了《国家中长期教育改革和发展规划纲要（2010—2020 年）》，这是我国新时期教育发展的纲领性文件，其中明确提出了要建设“高等教育强国”的战略目标，十年的时间转瞬即逝，十年的发展成效硕果累累，十年的发展历程艰辛曲折，十年后的发展趋势越发明显。

一、初步确立了具有中国特色的高等教育体系

党的十八大以来，以习近平同志为核心的党中央高度重视高等教育的发展，提出了“坚持把立德树人作为根本任务……培养德智体美劳全面发展的社会主义建设者和接班人”[①]，全面提高人才培养能力，全面推动我国由高等教育大国向高等教育强国迈进的战略构想。

（一）初步形成了以高等院校自主管理为主、省级政府统筹为辅的管理体制，进一步扩大了高等院校的办学自主权和发展权

长期以来，在计划经济体制的影响下，我国高等教育以教育行政部门的统一管理为主，改革开放以来的教育领域的简政放权极大地改善了传统的管理模式，高等教育的管理权限被下放到了省级教育管理部门；1985 年颁布的《中共中央关于教育体制改革的决定》，初步扩大了高等学校的办学自主权；1994 年颁布的《国务院关于〈中国教育改革和发展纲要〉的实施意见》明确提出，“高等教育逐步实行中央和省、自治区、直辖市两级管理，以省级政府为主的体制”；至 1998 年《中华人民共和国高等教育法》出台，我国初步形成了两级管理、以省级政府为主的高等教育管理体制。

自 2010 年以来，我国高等教育的管理体制迎来了又一次重大变革——进一

① 习近平. 培养德智体美劳全面发展的社会主义建设者和接班人.（2018-09-11）[2020-12-10]. http://baijiahao.baidu.com/s? id=1611263919362155482&wfr=spider&for=pc.

步扩大高等院校的办学自主权，将省级管理变为省级政府宏观指导和统筹管理，以 2010 年颁布实施的《国家中长期教育改革和发展规划纲要（2010—2020 年）》为准则，强调要“加强省级政府教育统筹……完善以省级政府为主管理高等教育的体制”。2018 年，《基本公共服务领域中中央与地方共同财政事权和支出责任划分改革方案》出台，进一步强调加强省级统筹；2019 年，《关于扩大高校和科研院所科研相关自主权的若干意见》颁布，指出“进一步完善相关制度体系，推动扩大高校和科研院所科研领域自主权”，这无疑为高等院校发展提供了良好的机遇。

（二）通过“双一流”建设，中国高等教育的结构体系进一步优化

2015 年 8 月，中共中央提出了“双一流”建设的设想——统筹推进世界一流大学和一流学科建设，2015 年 10 月，国务院印发了《统筹推进世界一流大学和一流学科建设总方案》，标志着我国高等教育“双一流”建设正式进入实施阶段。2017 年 1 月，教育部、财政部、国家发展和改革委员会颁布了《统筹推进世界一流大学和一流学科建设的实施办法（暂行）》，对“双一流”建设的实施做出了具体规定。“双一流”建设实施对中国高等教育产生了巨大的影响，为形成具有中国特色的高等教育体系、建设以世界一流大学为目标的中国特色高等教育奠定了基础。中国高等教育在其后的发展中将以立德树人为宗旨，以创新驱动为核心，以服务地方经济建设和社会发展为基础，建成一批世界一流大学，提高高等教育的国际化水平，对形成我国高等教育的国际竞争力产生了深远的影响。

（三）高等教育基本完成了由大众化向普及化的过渡

2020 年 5 月，教育部发布的《2019 年全国教育事业发展统计公报》显示，中国高等教育毛入学率已经达到 51.6%，全国各类高等教育在学总规模为 4002 万人[①]，高等教育进入了普及化阶段，这是一个重要的分水岭，是中国教育走向现代化的重要标志之一，将对国家人力资源的优化和供给产生重大影响。随着高等教育进入普及化阶段，我国将全面提高人口素质和受教育者的文化程度，极大地改善人口的教育结构，重塑高等教育的形态，提高高等教育的国际影响力，为我国综合国力的提升奠定了人力资本基础。

---

① 2019 年全国教育事业发展统计公报.（2020-05-20）[2020-10-06]. http：//www.gov.cn/xinwen/2020-05/20/content_5513250.htm.

（四）高等教育的内部结构发生了深刻变化

新时期我国高等教育的层次结构、科类结构、形式结构以及布局结构发生了重大调整。随着我国高等教育普及的实现，调整高等教育的体系和结构，使之与普及程度相匹配，是我国高等教育自我完善的重要内容。

从层次结构而言，2019 年教育统计数据显示，2019 年，普通本专科在校学生为 3031.53 万人，比上一年增长了 200.49 万人，专科起点本科招生 31.75 万人；在校研究生共计 286.37 万人，其中博士研究生为 42.42 万人，硕士研究生为 243.95 万人①，充分表明中国高等教育形成了以本科教育为主体，本专科相结合，以研究生教育为精英教育的较为合理的"橄榄形"人才培养层次结构。

从科类结构而言，我国高等教育基本形成了包括文、理、工、农、医等在内的结构合理的高等教育类别结构，一个基本的变动趋势是应用型、实用型学科的规模呈上升趋势，而基础性学科的规模和比例下降，人文社会科学的比例略有提高，达到与理工科平衡的走向。

从形式结构而言，高等教育类型趋于多样化，大学、学院、高职高专并存，全日制普通教育、高等职业教育相结合，独立学院、民办高等教育、中外合作办学以及各种非学历证书教育齐头并进，形成了多样化的形式结构。

从布局结构而言，高等院校的设置以省会城市、大城市为中心，逐步向地级市延伸，从东南沿海以及北京、上海、广州等大中型城市向中西部地区倾斜，力图缩小地区差距。

二、高等教育的质量显著提高

在中国由高等教育大国向高等教育强国迈进的历程中，质量是重要的支撑性因素。从根本而言，我国需要的是高质量的高等教育，因此加强质量建设，培养高素质的拔尖创新人才和优秀的社会需要的建设人才成为各大学普遍重视的问题。根据联合国教科文组织在法国巴黎通过的《21 世纪的高等教育：展望和行动世界宣言》的内容，"高等教育的质量是一个多层面的概念，应包括高等教育的所有功能和活动，各种教学与学术计划，研究与学术成就，教学人员、学生、楼房、设施、设备、社区服务和学术环境等"，"也包括国际交往方面的工作如知识的交

① 中商产业研究院. 2020 年全国毕业生就业形势分析.（2020-08-31）[2020-12-06]. http://www.360kuai.com/pc/93d7041e4ca640a85？cota=4&kuai_so=1&tj_url=so_rec&sign=360_57c3bbd1&refer_scene=so_1.

流，互联网、教师和学生的流动以及国际研究项目等，当然也要注意本民族的文化价值和本国情况”[①]。基于对高等教育质量建设的全面把握和深刻理解，党的十八大报告明确提出了高等教育“内涵式发展”的质量观，直指以质量为核心的高等教育发展。

这一时期国家先后出台了多项政策，以落实高等教育“内涵式发展”的方针，包括《国家中长期教育改革和发展规划纲要（2010—2020年）》（2010年），《高等学章程制定暂行办法》（2011年），《国务院关于深化考试招生制度改革的实施意见》（2014年），《统筹推进世界一流大学和一流学科建设总体方案》（2015年），《教育部 国家发展改革委 财政部关于引导部分地方普通本科高校向应用型转变的指导意见》（2015年），《中华人民共和国高等教育法（2016年修订案）》（2016年），《中华人民共和国民办教育促进法（2016年修订案）》（2016年）等法律规定和政策文件。2020年2月，由社会科学文献出版社出版的《高等教育蓝皮书：中国高等教育发展报告（2019）》指出：“2018年，高等教育规模继续保持稳定发展态势，总规模再创新高；系列政策陆续出台落实，高等教育内涵式发展有序推进；体制机制改革全面推进，双一流建设速度加快；狠抓本科教育工作，高等教育教学秩序全面整顿；学校人才体制机制改革创新进一步推动，高等学校教师队伍建设迈上新台阶。”[②]

本科教学质量是决定高等教育质量的关键，狠抓本科教学质量就是抓住了高等教育质量的“牛鼻子”。2018年9月，《教育部关于加快建设高水平本科教育全面提高人才培养能力的意见》颁布，提出了“以本为本”的高等教育本科质量提高原则，同时提出制定实施“六卓越一拔尖”计划2.0等重大项目，将打造一流本科、一流专业、一流人才放在高等教育人才培养的核心地位，本科教育得到了前所未有的重视。

人才培养质量的提高是高等教育高质量发展的基础，高水平的师资队伍是提升高等教育质量的保障。刘保存认为，“通过高水平师资队伍建设，涌现出了一大批在各学科领域中具有国际影响力和竞争力的领军人才，一大批具有全球视野、富于创新、跨学科合作和成果卓著的教学科研团队”[③]。为了创设良好的教师成长

① 世界高等教育大会. 1999. 21世纪的高等教育：展望和行动世界宣言. 见赵中建. 2003. 全球教育发展的研究热点——90年代来自联合国教科文组织的报告. 北京：教育科学出版社：422.

② 陈万灵，郑春生. 2020. 高等教育蓝皮书：中国高等教育发展报告（2019）. 北京：社会科学文献出版社：121.

③ 刘保存. 2012. 高等教育强国建设与我国高等教育改革的政策走向. 河北师范大学学报（教育科学版），（1）：8-13.

环境和科学合理的教师专业发展评价机制，习近平总书记在全国教育大会上指出："要深化教育体制改革，健全立德树人落实机制，扭转不科学的教育评价导向，坚决克服唯分数、唯升学、唯文凭、唯论文、唯帽子的顽瘴痼疾，从根本上解决教育评价指挥棒问题。"①教育部等进行了专项行动，这次专项行动从人才评价、项目评审、机构评估、项目基地建设、重点学科建设、教师职称晋升评审、人才培养指标分配等诸方面进行了整改，形成了广大高校教师潜心教书育人的价值导向，形成了高等教育领域风清气正的良好局面。

三、高等教育的现代治理体系逐步确立，形成了有效治理、高效发展的状态

党的十八大以后，随着国家全力推进治理体系和治理能力现代化建设方略的全面实施，加快推进教育领域治理体系和治理能力现代化的行动也全面开启，为我国大学由传统的"管理"思维向信息社会的"治理"思维的转向构建了话语逻辑。

从管理学的角度分析，"治理"是对利益分配规则的制定过程，是"通过一系列的规则和程序对相互冲突和相互竞争的利益的各方进行调解的一种过程"，治理的实施渠道是通过"参与调解的各方之间的互动而完成的"。②该定义充分吸收了西方公共管理学的话语体系，将治理的核心放在对"冲突"和"竞争"的利益各方，按照一定的规则和程序进行调解，通过确定利益分配规则，确定利益相关方的分配和协调机制，以利于更好地发挥机制的效能。大学治理作为"治理"的下位概念，指的是对大学利益相关者参与大学发展和决策的制度体系的建设。陈金圣认为，"大学治理体系不妨界定为大学各利益相关方有效参与大学重大事务决策的制度体系，包括大学治理结构、大学治理过程和大学治理文化等多个层面的各种体制、机制和制度安排"③。显然，大学治理体系主要由大学治理结构、大学治理过程和大学治理文化三个要素构成。大学治理通过对大学管理的规则和决策程序的建设和厘定，针对大学发展中的相互竞争和相互冲突的利益相关者的权力边界的划分，促进大学更好地发展。教育治理是大学治理的上位概念，孙绵涛认为，"教育治理就是通过一定的规则和程序对教育中相互冲突和相互竞争的利益各方

---

① 中国教育新闻网. 教育评价制度改革持续深入推进.（2019-09-11）[2020-10-20]. http://www.jyb.cn/rmtzgjyb/201909/t20190911_259595.html.

② 孙绵涛. 2015. 现代教育治理体系的概念、要素及结构探析. 教育研究与实验，（6）：52-56.

③ 陈金圣. 2014. 重塑大学治理体系：大学治理能力现代化的实现路径. 教育发展研究，（9）：20-26.

进行调解的一种过程”①。“进行调解”只能是一种外在的、临时性的和应急性的对出现问题后的补救，是缺乏一种良好的体制和机制约束的机制。基于此，李立国将大学治理的核心放在了“去行政化”和“去行政化的管理模式”方面，从而让大学通过治理走向本原和本位。“大学治理就是要去行政化和去行政化的管理模式，使大学回归本原与本位，按照大学的本来面目去治理大学，建立现代大学制度。”这里的核心词眼是大学的“本原与本位”，其进一步指出，大学回归本原是大学治理及大学治理体系建设的首要任务，使大学“回归到以学术性为主旨，以人才培养为核心任务的道路上来，使之成为真正意义上的大学”②。现代意义上的大学肩负四重功能——人才培养、科学研究、服务社会、文化传承，上述四重职能已经包含了追求学术、人才培养等内涵。大学不是纯粹的行政机构，尽管目前的组织系统所形成的组织建制的过度行政化屡遭诟病，但大学行政体系的本原是大学教学和科学研究的服务机构和衍生机构，服务甚至服从于大学教学体系，为人才培养、科学研究等做好服务保障工作。从大学存在的意义而言，大学的教学团队、行政管理团队、后勤服务保障团队缺一不可，共同形成乃至维护着这个系统的运行。

如何构建大学治理体系，既是大学治理体系和治理能力现代化的应然之义，也是国家层面对这一问题的态度在教育领域的必然体现。王秉琦等提出，要以“经营理念”构建大学内部的治理结构，以“经营的自觉性”提升大学的办学水平和办学效益，从而推动大学治理体系和治理能力的现代化建设，“以经营的理念完善大学内部的治理结构，是推进大学治理体系和治理能力现代化、提高办学质量和办学水平的必然选择”③。经营理念下的大学内部治理结构的形成路径在于以良好的外部制度环境来保障大学治理的内部制度优化，提高大学经营的自觉性，坚持市场导向原则，面向社会需求办学，完善大学内部的体制机制，优化政治资源、行政资源和学术资源，进一步提高办学效益和办学水平。甘晖认为，要以“结构—功能”的内在逻辑来构建现代大学的治理体系，进而提升大学的治理能力，这是因为：一方面，“治理体系规定了治理主体的权力结构”，“完善合理的治理体系能够促进治理能力的提升”；另一方面，“治理体系能潜在影响师生的基本价值观和管理理念，影响学校运行的效率和教育发展方向”④。谢红雨认为，“在治理价值理性角度上，强调政府教育管理职能转变，树立服务意识；在治理主体角度上，

① 孙绵涛. 2015. 现代教育治理体系的概念、要素及结构探析. 教育研究与实验，(6)：52-56.
② 李立国. 2015. 大学治理的内涵与体系建设. 大学教育科学，(1)：20-24.
③ 王秉琦，邱必震. 2014. 以经营理念完善大学内部治理结构. 国家教育行政学院学报，(7)：9-12.
④ 甘晖. 2015. 基于大学治理能力现代化的大学治理体系构建. 高等教育研究，(7)：36-41.

深化办学体制改革，强调多元参与；在治理机制角度上，树立政府与高校的分权意识，扩大高校办学自主权；在治理手段上，强调多元化管理，重视管理科学化、民主化、法制化；从而实现政府与大学关系的新突破，由管制型向服务型转变，建立政府大学之间的伙伴关系”。“治理理论为我们如何处理好大学与政府间的关系，寻找二者间权力的平衡，实现政府对大学的合理管理及大学的自我发展提供了新的视角”[①]。章兢认为，大学治理体系与治理能力建设的实质在于形成一整套制度体系，将各种体制、机制、规章制度整合成为一个治理框架，“大学治理体系的现代化建设，就是要以制度治校，以治理体系管理人财物而不是靠领导个人管理人财物；就是要全面梳理当前大学内部的各种规章制度，既要保证每项规章制度的合理性和实效性，又要保证各项规章制度之间的匹配和兼容”[②]。显然，王秉琦等从宏观上提出了大学以制度建设为龙头的治理体系和治理能力现代化建设的制度设想，将党委领导、校长负责、教授治校、民主管理的制度建设作为大学形成治理体系、提升治理能力的核心，而甘晖则是从更微观的视角将大学的治理体系和治理能力界定为以优化结构、厘清功能为主要取向的治理体系建设，形成党委领导、校长负责、教授治校和民主监督的横向体系，从而建立权责分明、互相制约的系统，从纵向上形成“学校-院系”体系和“组织-个人”体系，使管理权责、办学主体地位、个人发展目标进一步明晰化。

从“治理”走向“善治”是新时期大学管理的新议题。褚宏启等认为，“善治”即“好的治理、成功的治理”。如果说治理是一种多元参与的“共治”，那么善治就是治理的直接目标，即通过多元主体的参与，达到治理目标的成功实现。就大学治理的成效而言，有治理，但有无善治，或者说能否达到善治，这不是一个确证性的答案，因为“尽管治理本身包含善治的基因，共治的内在优势有助于达成善治，没有善治就必然没有共治，但是，有共治并不必然有善治”[③]。因此，要达成教育治理的“善治”目标，必然要以多元“共治”求善治，以政府“元治”求善治，以学校“自治”求善治，以厉行“法治”求善治，最终将教育治理的“善治”目标落到实处。刘炎欣等则明确提出了新时期大学亟须从“治理”走向“善治”。[④]基于复杂性思维的理论分析，从“治理”走向“善治”是新时期大学管理的话语逻辑与变革路径，信息时代的大学运行的基本态势是一个复杂的运行系统，

① 谢红雨. 2013. 从《规划纲要》看我国政府与大学关系的新突破. 山西师大学报（社会科学版），S1：123-125.

② 章兢. 2014. 大学治理体系与治理能力现代化建设的内涵与切入点. 中国高等教育，（20）：12-15.

③ 褚宏启，贾继娥. 2014. 教育治理与教育善治. 中国教育学刊，（12）：6-10.

④ 刘炎欣，艾述华. 2019. 从“治理”到“善治”：新时期大学管理的话语逻辑与变革路径——基于复杂性思维理论的分析. 民族高等教育研究，（3）：17-22.

从大学存在的外部要素而言，大学要处理政府、市场、社会、学校的多因素关系；从大学系统的内部因素而言，大学要处理党政机构、学术机构、社会团体、学生群体的权力分享机制和利益诉求，更要处理教育的体制、机制以及活动和要素的关系，这必然要求大学内外兼治，在对外谋求资源、抢抓机遇的同时，更要以内涵式发展为主要途径，追求大学的“善治”，这既是大学自身发展的诉求，更是时代变革赋予大学发展的特殊使命。

基于对大学发展的效能视角的分析，学术界对大学治理的分析是多层面的。学者从不同的视角提出了关于大学治理的不同观点，很好地探讨了大学治理的方式、策略、路径，可谓仁者见仁，智者见智。随着知识经济和信息社会治理文化的发展，治理文化融入大学管理的机体中，为大学治理及其建制的增效带来新的生命力，这也是大学治理发展的必然趋势。

四、高等教育的信息化水平越来越高，形成了迅猛发展的势头

从发展社会学的视角而言，现代社会进入了信息时代，大数据、云计算、人工智能、物联网等将彻底改变人类社会的生活状态和发展态势。高等教育是引领人类文化和知识发展的前沿阵地，需要优先发展信息化来促进自身发展，培养高素质的时代新人。

1995 年 10 月，连接中国 100 所高校的第一批 CERNET（China education and research network，中国教育和科研计算机网）诞生，开启了中国高等教育信息化的历程；1997 年 12 月，《国家教育委员会关于高等学校开展远程教育有关问题的通知》颁布，网络远程教育成为我国教育体系的有机组成部分；1998 年 10 月，教育部颁布了《面向 21 世纪教育振兴行动计划》，经国务院转发，全面实施现代“远程教育工程”，打造终身学习体系和网络平台；1999 年 6 月，《中共中央国务院关于深化教育改革，全面推进素质教育的决定》颁布，提出要大力提高“教育信息化程度”，信息化教育逐步成为国家发展高等教育的重要战略举措。

在新的时期，我国信息化教育工作全面展开，信息化、技术化和普及化的程度不断提高。2000 年 10 月，全国中小学启动了信息技术网络的“校校通”工程；2001 年 5 月，《国务院关于基础教育改革与发展的决定》颁布，提出将大力普及信息技术教育作为基础教育改革与发展的重点工程；2002 年 9 月，教育部发布了《教育信息化“十五”发展规划（纲要）》；2004 年 3 月，国务院批转了《2003—2007 年

教育振兴行动计划》；2012 年 3 月，教育部印发了《教育信息化十年发展规划（2011—2020 年）》，对我国教育信息化工作做出了长远发展规划和整体部署，对全面推动我国高等教育的信息化工作起到了重大作用。

2015 年 8 月，国务院发布了《促进大数据发展行动纲要》，2015 年 11 月，中共十八届五中全会将大数据上升为国家战略，2016 年 6 月，教育部印发了《教育信息化"十三五"规划》，教育信息化进入深度融合阶段；2017 年 10 月，党的十九大报告明确提出要办好"网络教育"，开启了中国信息教育 2.0 时代；2018 年 4 月，教育部发布了《教育信息化 2.0 行动计划》，将"互联网+教育"确定为新的发展方向，构建了"互联网+"背景下的人才培养、教育服务、教育管理、科学研究的新模式；2019 年 2 月，中共中央、国务院发布了《中国教育现代化 2035》，在被列入的教育现代化的十大战略任务中，"加快信息化时代教育变革"是其中之一。

在未来经济社会的发展中，随着 5G 技术和物联网的全面应用、人工智能时代的到来，高等教育智能时代教育的信息化将产生巨大的变革，如信息资源共享、课程信息优化、业务协同、数据融通等，信息技术将为高等教育的教学、科研、人才培养、管理服务等注入新的活力。尤其是在未来信息技术与教育教学的深度融合中，"围绕教学环境建设，特殊资源建设，技术研发和研究推广这四条主线，使平台、教师、学生三者形成合力，将人才培养、教师发展与服务教学融为一体，构建 21 世纪的智慧课堂，促进人才培养模式的改革与创新，进而实现教育治理的创新"①。

五、大学生思想政治理论课作为落实立德树人根本任务的关键渠道初具成效

新的时期，"培养什么人、怎样培养人、为谁培养人"成为高等教育培养目标建构的根本价值取向，也是高等教育必须解决好的重大原则性问题。无疑，要落实这项重大任务，思想政治理论课将担负起立德树人的历史重任，成为关键性的课程。

2019 年 3 月，习近平总书记在学校思想政治理论课教师座谈会上强调："办好思想政治理论课，最根本的是要全面贯彻党的教育方针，解决好培养什么人、怎

---

① 柳贡慧. 2018-05-22. 以信息化助推高等教育新发展. 中国科学报，（第 7 版）.

样培养人、为谁培养人这个根本问题。”他明确指出：“思想政治理论课是落实立德树人根本任务的关键课程。”[①]青少年是祖国的未来、民族的希望，要想培养出一代又一代拥护中国共产党领导和我国社会主义制度，从事中国特色社会主义事业的建设者和接班人，将思想政治教育工作常抓不懈，将成为高等教育培养人才的重要保障。2019 年 4 月，教育部印发了《普通高等学校思想政治理论课教师队伍培养规划（2019—2023 年）》，2019 年 9 月又印发了《“新时代高校思想政治理论课创优行动”工作方案》，前者将“配齐建强思政课教师队伍，努力培养造就数十名国内有广泛影响的思政课名师大家、数百名思政课教学领军人才、数万名思政课教学骨干，推动全国高校思政课教师队伍更平衡更充分发展，整体水平不断提升，切实办好新时代高校思政课”作为思政课教师队伍建设的基本构想，后者提出了 25 条工作举措。

总之，经过多年的发展，我国高等教育取得了前所未有的成果，成为我国社会主义现代化建设的支撑力量，也是中国走向世界强国的重要战略要素，在未来的发展中必将成为中华民族伟大复兴的基础。只有优先发展高等教育，才能为国家发展提供人力资源保障和人才支持。

第二节　中国高等教育发展的未来趋势

高等教育是国家振兴、民族强盛的重要工程。新时期以来，我国高等教育步入了发展的快车道。展望未来，我国高等教育的发展呈现出以下趋势。

一、把握高等教育全球化的时代脉搏

从世界发展的态势而言，随着全球化发展趋势的日渐清晰，经济全球化、文化全球化和信息全球化的发展速度加快，将进一步促进教育的全球化，高等教育的全球化也将成为不可逆转的时代趋势。

① 习近平主持召开学校思想政治理论课教师座谈会.（2019-03-18）[2020-10-20]. http://www.gov.cn/xinwen/2019-03/18/content_5374831.htm.

高等教育的跨国别、跨文化的合作和交流必将成为一种趋势。在此背景下，中国的高等教育要把握全球化的时代脉搏，肩负起振兴中华民族伟大复兴的历史重任，为祖国的强盛和民族的振兴培养拔尖、创新人才和高素质、高水平的建设人才，加强和深化与世界各国的合作和交流，借鉴世界高等教育强国良好的办学经验，在教学手段、教学方法、教学内容以及教学理念方面进行变革；对标国际先进水平进行实验室建设与教学设备、教学条件的改进和更新；在教师培养、国际学生招生以及中国学生出国留学、扩大交换生规模等方面进一步加大力度，打造一批具有国际视野的师资队伍，培养具有国际竞争力的人才队伍。

二、抓住信息技术教育的变革形态

随着当代信息技术的快速发展，高等教育的时空形态将发生重大变革。教学方式、教学手段等将随着自媒体终端的普及而日益泛在化；物联网、大数据、云计算、在线学习等将推动教学方式、学习方式以及评价方式的智能化变革；终身学习成为可能，教师培训、专业发展将无处不在、无时不在；远程教育、数字教育、智慧教育将成为教师“生活世界”的重要组成部分。我国高等教育要紧紧抓住教育信息化的历史机遇，推动高等教育领域的变革，以信息化、智能化、数字化推动传统教学思想的变革，将以“教”为主的教学过程变为以“学”为主的教学过程，培养学生学习的自觉性和主体性，培养学生自主学习、独立选择、深入思考的习惯，注重培养具有创新精神和钻研精神的高素质人才。

三、重视高等教育质量的提升

在我国由高等教育大国向高等教育强国发展的历史进程中，提高教育质量是核心任务，提高人才培养质量是我国高等教育的核心竞争力要素，在这方面丝毫不能松懈。可以预见，在未来很长一段时间内，各高校将以质量为核心谋求发展，尤其是注重提升本科教学质量将成为一种趋势。在教学过程中，贯彻落实立德树人的教育宗旨，注重对学生创新精神和实践能力的培养，为经济社会发展和中华民族伟大复兴培养德智体美全面发展的拔尖、创新人才和高素质的专业人才；以高质量的科学研究带动人才培养，以高水平的研究成果和创新技术服务社会，为国家发展贡献力量，使高等教育真正成为国家振兴的关键性要素。

四、内涵式发展将成为一个永恒的话题

在社会转型和体制转轨的社会背景下，高等教育由外延式发展转向内涵式发展将成为必然趋势。各高等院校应该在探索各自的办学定位、地域特色和学科优势的基础上，形成自己的发展目标，打造优势学科和特色专业，凸显亮点，以吸引优质生源和人才资源；在大数据招生成为定势的信息技术背景下，各高等院校的排位、考生的分数以及学校的学科优势、专业特色将成为大学竞争力的核心要素，决定了学校的发展趋势，并进一步加大了大学的办学压力和发展难度，不进则退将成为一种必然趋势，将更进一步促进我国高等教育的内涵式发展，质量作为高等教育的生命线的地位将更加凸显。

五、教师队伍建设将成为高等教育发展的关键性因素

高等教育要发展，教师队伍是关键。高水平的师资队伍和高素质的教学团队、科研团队直接决定了高等教育的质量。可以预见，未来教师队伍的建设将更加重要，对高层次人才的争夺将更加激烈。因此，进一步加强师德师风建设，打造专业精深、技术优良、品德高尚的教师团队，是高校发展的关键；师德师风是教师队伍建设的基础，要以立德树人为宗旨，以专业发展为核心，打造具有良好政治觉悟、思想水平、道德品质和文化素质的专业教师队伍，形成高等院校办学的人才队伍；促进教师专业发展，以专业发展意识和专业自我提升为基础，从知识结构、能力结构、科研意识、科研水平、科研成果等方面形成具有国际视野的高水平的师资队伍；为教师的专业发展创设更加良好的条件和环境，职称评定、考核评价以及成果厘定等方面应更加合理，注重调动教师教学、科研的积极性和创造性，探索年龄、教龄、职称、职级等相结合的更加合理的晋升办法；改革唯学历、唯论文、唯项目、唯成果的职称评定导向，实行分类型、分层次的职称评定方式，逐步提高教师的待遇；职称评定、聘任的权力进一步下放到各院系，加大高校对教师职称评聘的自主权。

六、以“双一流”建设为契机，打造一流大学和一流学科，形成高等教育的核心竞争力

关于国家层面的“双一流”建设，前文已述，此处不再赘述。在国家全面推进一流大学和一流学科建设的背景下，各省（自治区、直辖市）也纷纷出台政策，启动了省属地方高校一流学科和一流专业建设规划。在此背景下，各地方高校应抢抓机遇，明确办学定位和建设目标，制定学科建设和专业发展的整体规划；结合自身发展的学科优势和区域特色，整合资源，创新发展模式，形成有竞争优势的学科群；探索新的发展方式，打造学科特色，形成专业优势，促进跨越式发展，为地方经济社会的发展服务；进一步调整学科布局结构，优化专业建设，提升科研实力，服务地方经济社会发展。

第三章

内江师范学院高质量发展的理论基础与实践回顾

长期以来，我国大部分地方本科院校在人才培养上存在着教育理念落后、教学内容陈旧、教学方式单一、教学过程封闭、实践教学薄弱等短板。人才培养模式与高等教育高质量发展的内涵存在着明显的差距，深化教育教学改革、创新人才培养模式成为地方本科院校的必然选择。

从 2000 年升本建院至今，内江师范学院以人才培养模式改革为抓手，推动学校工作的整体发展，经历了四轮教育改革：2000—2007 年，提出了“教学做合一”的育人模式；2008—2012 年，开创了“以发展为中心，教学做统一”的育人模式；2013—2016 年，创立了“教学做统一：‘三层四阶’教师教育人才培养模式改革”。2017 年至今，为适应经济社会发展和高等教育内涵式发展以及高质量发展的要求，内江师范学院创新人才培养路径，在总结前三轮教育改革经验的基础上，凝练了“三三三”人才培养体系，探索人才培养的新方法和新路径，取得了良好的育人成效，得到了社会的一致认可。

第一节 “教学做合一”育人模式的探索与实践

内江师范学院自2000年升本建院以后，传承学校优良的办学文化，进一步弘扬学校办学理念，凝练形成了“教学做合一”育人理念，深化教育教学人才培养模式研究与改革，形成了特色鲜明的“教学做合一”育人模式。该模式以课堂教学为基础，引导学生“做中学”[①]，形成了理论联系实际的教学育人平台；以校内活动为载体，强化学生“做中学”，形成了学做互动的实践育人平台；以社会课堂为阵地，突出学生“做中学”，形成了校地联动的社会育人平台。

一、“教学做合一”理论的内涵

“教学做合一”是陶行知先生教育思想的核心，这一思想是在对中国传统教育的批判与改造中诞生的，并引起了当代中国高等师范院校的广泛关注，研究、探讨、践行“教学做合一”人才培养模式，也成为地方高等师范院校在实施教育教学改革过程中重点研究的课题。

（一）“教学做合一”育人模式的理论内涵

陶行知先生提出的“教学做合一”主要包括三个方面的内涵。其一，“教学做合一”是对教学法的界定。陶行知先生认为，“在方法方面，它主张教的法子根据学的法子；学的法子根据教的法子。不然，便要学非所用，用非所学了”[②]。他强调教师必须首先弄懂教的方法和做的方法才能去教学生。其二，“教学做合一”是生活法的说明。陶行知先生十分重视和强调教学过程中的“做”，认为“先生拿做来教，乃真

① “做中学”是2001年国家启动的科学教育改革项目的简称，国际上称为“探究式科学教育”“探究式学习”“研究性学习”等。2001年，教育部和中国科学技术协会共同启动在中国开展这项具有划时代意义的科学教育改革项目，命名为“做中学”。

② 陶行知. 1984. 陶行知全集（第一卷）. 华中师范学院教育科学研究所主编. 长沙：湖南教育出版社：161.

教；学生拿做来学，乃是真学。不在做上用工夫，教不成教，学也不成学”[①]。他认为，教师与学生没有严格的界限，谁掌握了“做”，谁就是先生。其三，“教学做合一”是真知识的源泉。在陶行知先生看来，“真知是由思想和行动结合而产生的知识，倡导教学过程中，激励学生在‘做’中探索真知”[②]。因此，陶行知先生的“教学做合一”理论强调的是“做”，是实践，是在行动中思考，用思想指导行动，是一种以实践为基础的思想和行动相结合的创造性教学。

（二）“教学做合一”育人模式的三大教育观

内江师范学院在长期凝练“教学做合一”育人理念和践行育人模式的过程中，不断吸收先进的教育思想观念，形成了与实施“教学做合一”人才培养模式相符合的三大教育思想观念，即“实践第一”的哲学观、素质教育人才培养观、社会即学校的大教育观。

“实践第一”的哲学观是构建、探索“教学做合一”育人模式的理论基础。学校在探索、构建“教学做合一”育人模式的过程中，非常重视“做”的教学实践，构筑了以实践为核心的教学实践平台和社会实践平台，并在教学制度设计、教学实践过程、教育教学改革等诸多教学环节全面融入了“实践第一”的教育观念。“实践第一”的哲学观成了学校构建与践行“教学做合一”育人模式的理论基础。

在人才培养模式的探索中，内江师范学院转变传统“应试教育”的质量观，牢固树立了素质教育人才培养观，把思想道德教育作为实施素质教育的灵魂，以创新教育作为教育的核心，改变教学过程中重知识灌输、轻消化理解，重书本、轻实践，重分数、轻能力，重智育、轻德育人才培养模式的状况。素质教育人才培养观成为内江师范学院构建和实施“教学做合一”育人模式的政策基础。

在践行“教学做合一”育人模式的过程中，内江师范学院注重践行陶行知先生倡导的社会即学校的大教育观。陶行知先生认为，“‘教学做合一’是生活为中心——怎样做，就怎样学，就怎样教。所有的问题，都是从生活中发生出来的，从生活中发生出来的困难和疑问，才是实际的问题，用这种实际的问题来求解决，才是实际的学问”[③]。内江师范学院在构建和实施“教学做合一”育人模式的过程中，把校内资源、社会环境、自然环境、信息环境都纳入了人才培养模式中，拓展了学校教育的空间和时间。社会即学校的大教育观具有突出的开放性，实

① 陶行知. 1984. 陶行知全集（第一卷）. 华中师范学院教育科学研究所主编. 长沙：湖南教育出版社：162.

② 谌安荣. 2004. 陶行知“教学做合一”的理论内涵及教学论意义. 云梦学刊，25（6）：91-93.

③ 陶行知. 1991. 陶行知全集（第一卷）. 成都：四川教育出版社：90.

现了信息资源的多元、文化要素的多元、教育手段和方式的多元、培养人才的多元。

坚持用三大教育观念指导教育教学的理论探索与人才培养模式改革，促进了学校“教学做合一”育人模式的构建与实施，促进了学生在学习过程中走向了生活、走向了创新、走向了社会、走向了科学的自主探究式学习。

二、“教学做合一”育人模式的应用

在构建“教学做合一”育人模式的过程中，内江师范学院不断凝练育人理念，通过人才培养模式的改革，不断优化人才培养方案，逐渐形成了教学育人、实践育人、社会育人的三大育人平台和人才培养模式。

（一）以课堂教学为基础，引导学生“做中学”，形成了理论联系实际的教学育人平台

课堂教学是大学教育的主渠道，也是大学生获取新知识、培养能力与素质的主阵地。因此，在探索、构建与践行“教学做合一”育人模式的过程中，内江师范学院十分重视课堂教学环节，重视课程体系建设，注重培养学生的人文精神，教会学生做人；注重专业基础培训，教会学生做事；注重课堂实践教学，教会学生学会学习、学会生存。在践行“教学做合一”育人模式的过程中，内江师范学院大力扶持关于人才培养理念的课题研究和教育教学改革项目，先后完成了省级以上课题 30 项，获省、市政府奖励 20 项。升本建院后，有 12 门教学改革特色突出的课程获批为省级精品课程。学校围绕“教学做合一”育人模式，构建了以提升学生实践能力为核心的“通识教育+专业教育+实践教育+教师教育”实践教学新体系，搭建了以课堂教学为基础，引导学生“做中学”，形成了理论联系实际的教学育人平台，实现了以课堂内为基础向课堂外的延伸。

（二）以校内活动为载体，强化学生“做中学”，形成了学做互动的实践育人平台

在探索、践行“教学做合一”育人模式的过程中，内江师范学院十分重视对校园文化活动的科学规划与制度建设，把一些重要的实践活动纳入学校的学分制管理制度中。《内江师范学院创新学分实施办法》《内江师范学院大学生科研项目

管理办法》等一系列规范的校园实践活动管理办法，将校内实践活动在内容上分为理论学术活动板块、文化艺术活动板块、体育竞技活动板块、科技创新活动板块、支教服务活动板块、综合学习活动板块。

在校园文化活动中，学生的科研活动已成为学校践行“教学做合一”育人理念与育人模式最具代表性的学做互动的实践育人活动。从2004年开始，学校每年投入专项学生科研经费20余万元，由科技处牵头发布科研项目指南，各二级学院教师指导学生撰写科研立项申报书，学校选择有研究价值的项目进行资助，由教师指导学生完成课题研究。学生在参加学术活动的实践过程中形成了较多优秀品牌，如“沱江学子”讲坛、“沱江学者”讲坛、“沱江风采”讲坛、大学生艺术节、大学生少数民族节等都成为校园文化建设的形象标志，产生了积极的示范效应。大学生科研活动和其他各类活动真正体现了以教师为主导、学生为主体、教学互动与学做相结合的育人观念，培养了学生的创新意识、创业精神、团结合作精神，实现了课堂教学与校内活动的科学整合，提高了校园文化活动的质量，促进了严谨求实的学风建设。大学生科研活动已逐渐成为学校践行“教学做合一”育人模式的重要途径。

（三）以社会课堂为阵地，突出学生“做中学”，形成了校地联动的社会育人平台

社会即学校的大教育观突破了传统的人才培养只限于课堂的局限，是一种强调生活即教育、社会即学校的新育人观。学校在践行“教学做合一”育人模式的过程中，重视利用地方教育资源，主动与地方合作，搭建了让学生走向生活、走向创新、走向科学的社会实践育人平台。升本建院后，学校注重与地方有关部门实行共建共管的相关机制与措施建设，建立实习、实训基地178个，其中师范专业实习基地62个，非师范专业实习基地87个，实训基地29个。2002年，学校还启动了“大学生义务支教接力行动计划”，鼓励学生以教师职业身份进入内江市相关社区和村镇做志愿者，开展针对贫困家庭、留守儿童、城镇低保家庭、双职工下岗家庭义务家教服务活动。学生义务支教活动已由当初的15名志愿者、1个社区和5户受支援的家庭，发展到2007年底每学期有400名志愿者，覆盖内江市48个社区，惠及907户贫困家庭的学生。志愿者的真诚奉献引起了社会的广泛关注，得到了社会各界的高度赞誉。学校义务支教团队连续多年被省团委评为社会实践先进集体，2007年被团中央确定为国家级重点团队，并获得全国大学生志愿者暑期“三下乡”社会实践活动优秀团队荣誉称号。

学校在凝练育人理念与践行人才培养模式的过程中，始终坚持一个核心理念——“教学做合一”，将其贯穿于人才培养全过程，始终做到“两个延伸”，即人才培养以课堂内为基础向课堂外延伸，以校内为基础向校外延伸。“教学做合一”育人模式的实践充分体现出了人才培养模式的可操作性、教师主导性、学生主体性、学生创新性四个基本特征。

三、践行“教学做合一”育人模式的成效

内江师范学院实施的“教学做合一”育人模式取得的成效显著，真正取得了学生成才、学生家长满意、用人单位肯定的多赢效果。就毕业生综合素质来看，科学素质和文化素质提高显著，达到了理论基础知识扎实、知识面宽、实践能力强、综合素质高的人才培养目标要求，为基础教育领域和地方经济社会输送了数以万计的、具有创新精神和实践能力的高级应用型人才。据内江师范学院相关人员的调研，学校所在地四川省内江市所辖县级市隆昌市 2018 年有高初中教师 2536 名，其中有 1628 名为内江师范学校毕业生，占 64.2%；全市教师获省以上奖励 789 项，其中 571 项为内江师范学院毕业生获得，占 72.4%；全市有高级教师 409 名，其中有 204 名为内江师范学院毕业生，占 49.9%；全市有副县级以上干部 40 名，其中 18 名为内江师范学院毕业生，占 45.0%。①

内江师范学院在构建与实施人才培养模式过程中，始终坚持把教育思想观念的更新作为提高人才培养质量的重要前提，以转变教育思想观念为先导，始终坚持用先进的教育观、人才观、质量观指导教育教学研究与改革，形成了以师生为主体的教育人本观、以质量为生命的教育发展观、以创新为动力的教育改革观、以需求为导向的人才培养观。学校在构建与实施“教学做合一”育人模式过程中，以“实践第一”的哲学观立论，秉承和发展了陶行知先生“教学做合一”的教育理念，牢固树立了素质教育的人才质量观，确立了社会即学校的大教育观，始终围绕培养基础教育和经济社会发展所需要的高级应用型人才与实施人才培养理念及育人模式大做文章，构建了与“教学做合一”育人模式相适应的“三大教育观念”和“三大育人平台”，实现了人才培养由重知识传授、轻实践运用向学生学以致用，由局限于培养专业技能向注重学生全面发展，由局限于校内培养向注重社会实践的“三个转变”。因而，在不断探索与践行人才培养模式的过程中，学校的

① 此处为内江师范学院通过调研得出的数据。

人才培养质量和办学水平显著提高，“教学做合一”的育人理念也充分彰显了其理论和实践价值，并成为学校的办学优势和鲜明的办学特色。

第二节 “以发展为中心，教学做统一”理念的贯彻落实

一、提出“以发展为中心，教学做统一”育人模式的主要理论依据

《国家中长期教育改革和发展规划纲要（2010—2020年）》明确要求，“创新人才培养模式……促进高校办出特色”，高等教育改革育人模式，走创新发展的道路势在必行。“教学做统一”育人模式的提出，主要基于以下理论依据。

1）符合《国家中长期教育改革和发展规划纲要（2010—2020年）》的要求。该纲要指出：“坚持以人为本、全面实施素质教育是教育改革发展的战略主题。”

2）符合时代发展的要求。“以发展为中心，教学做统一”为世界生产方式发展的大趋势，是高科技、信息时代社会经济结构转型对人才的要求，符合“以人为本”的科学发展观。

3）是对杜威和陶行知先生的教育思想的继承和发扬。他们强调“人”，强调人的内在发展、主体性发展；强调活动中发展、个性发展、兴趣发展、情感发展，这也是杜威和陶行知先生教育思想的精华。

4）与当前的中小学课程改革具有一致性、同步性。

5）有充分的理论根据。以马斯洛为代表的人本主义心理学、美国罗杰斯的无指导教学论、苏联教育家苏霍姆林斯基的人本教育理论、中国古代深厚的人文主义和人本主义的教育思想以及辩证唯物主义的人本学说等，都是提出这一育人模式的理论依据。

二、“以发展为中心，教学做统一”育人模式

“以发展为中心，教学做统一”是内江师范学院独创的育人模式。该模式包括五大要素：观念系统、操作模式、评价体系、管理方式、校园文化。

（一）观念系统

观念系统包括“以发展为中心”的教育观、“五统一”的人才观、“教学做统一”的教学过程观、教学过程贯彻“五强化”。

（二）操作模式

其操作模式是“一条主线，两个延伸，三个平台”。所谓“一条主线”，即以发展为中心，教学做统一。当然，也不能局限于课堂，而是要开放课堂，实现“两个延伸，三个平台”。其中，“三个平台”，即形成以课堂为中心的教学育人平台，以校内活动为载体的活动育人平台，以校外实践为依托的实践育人平台。“两个延伸”“三个平台”使学生有了更多的实践空间，可以走出课堂、走向社会，从而形成了一个多元的、整体的、综合的育人系统。

（三）评价体系

学校构建了以能力为中心的、全方位的综合评价体系。该评价体系实现了“五个结合”：总结性评价和形成性评价相结合，知识性评价和能力性评价相结合，专业课评价与通识教育课、选修课评价相结合，课内教学评价与课外活动评价相结合，客观性评价与主体性评价相结合。

（四）管理方式

学校坚持的是以人的需要为中心的人性化管理。在管理过程中，学校以人为出发点，重视人的需要，围绕着激发和调动人的主动性、积极性、创造性开展教学过程管理、班级管理、行政管理、后勤保障管理等。

（五）校园文化

学校坚持构建育人为本的动态的校园环境，深化学风建设；铸造大学精神，

崇尚学术、追求卓越、发扬民主、彰显创新；讲究真才实学，摒弃浮夸虚假；倡导“独立自主”“自强不息”的精神；培养勤奋好学、勇于开拓的良好风范。其最终目的是让学校成为历史文化的源泉、精英人才的摇篮、自由精神的家园、文明儒雅的典范。

三、“以发展为中心”的教育观

学校坚持“以发展为中心”的教育观，这也是创新育人模式的理论基础。

（一）教育的本义

传统观念认为，“教育是根据社会需要……有目的、有计划、有组织地引导受教育者获得知识，发展智力和体力的一种活动……”[①]，或者说是“影响”受教育者，使其“获得知识”。

这样的教育定义强调集中、统一、计划性，强调知识性，强调对人的社会化、工具性，忽视了人的个性和创造性，体现了计划经济时代的生产方式和思维模式。

这样的教育理论必然会导致教育对象的工具化，教学过程的教材中心、教师中心、课堂中心、考试中心，从而导致出现社会本位、灌输式教育，把人作为社会工具来进行“制造”。

从历史上看，19 世纪，人类社会的生产方式从小生产方式走向大规模的机器生产，教育观念出现了创新，规模化的课堂教学传授知识代替了个别教学，出现了以赫尔巴特为代表的教育学理论。20 世纪，人类社会走进后工业化时代，教育观念不断得到创新，以杜威为代表的实用主义教育学更注重对学生能力的培养。

马斯洛的人本主义心理学认为，“人总是不断地寻求一个更加充实的自我，追求更加完美的自我实现”[②]，自我实现就是自身发展。“人类有成长、发展、利用潜力的心理需要”[③]，“人的本质中是有一种发展的趋势”[④]。人的潜能是巨大的、与生俱来的、先天固有的，是人的本性，发展就是潜能的展现和发挥，发展使人的潜能由潜在性的变为现实性的；人的潜力的发挥靠教育来实现。教育是推动人

---

① 贾旭东. 1993. 论教育实践的系统结构. 内蒙古社会科学，（2）：21-24.
② 弗兰克·戈布尔. 1987. 第三思潮——马斯洛心理学. 吕明，陈红雯译. 上海：上海译文出版社：25.
③ 弗兰克·戈布尔. 1987. 第三思潮——马斯洛心理学. 吕明，陈红雯译. 上海：上海译文出版社：27.
④ 弗兰克·戈布尔. 1987. 第三思潮——马斯洛心理学. 吕明，陈红雯译. 上海：上海译文出版社：33.

的潜能不断变为现实的决定性力量。

辩证唯物主义认为，“人是一个能动的、有意识的自然存在和类存在”[①]。人的发展是社会劳动能力的再生产，是社会延续的必要。发展是人类的最高理想，“每一个人的自由发展是一切人的自由发展的条件”[②]。那么发展既是自然的，也是人的权利。教育存在的功能和价值归根结底是为一切人的发展。

为什么要“以人的发展为中心”？因为这是教育的本质和基本功能。教育的目的归根结底是实现人的发展。这是内江师范学院改革育人模式的基本依据，也是逻辑起点。

教育“以人的发展为中心”强调人的各方面发展，包括人的创造性、能力、个性、生理机能和智力等方面的发展，目的就是培养在信息化时代学会学习、学会生存、学会交往、学会创新的开拓型、创新型人才。

教育“以人的发展为中心”，首先是要承认和重视人的潜能。潜能是蕴藏在遗传素质之中尚待发展的生理和心理潜质，是人发展的基础。人的潜能具有发展的可能性、必然性和差异性。所谓“教育”，就是提供一切可能，创造一切条件，让这种可能性成为现实性，而不至于丧失这种可能性。

人的潜力是巨大的，也就是说，发展的可能性是巨大的。潜力需要发展，这是一个必然性规律。发展的各种客观条件就是发展的现实性。刚出生的婴儿在一般人的眼里是一个再柔弱不过的小人儿，可是在教育家的眼里却是人的最具开发机会的阶段，因为此时的人最具发展的可能性。

（二）发展的含义

什么是“发展”？发展就是事物的扩展、增长、壮大和进步。但“发展”在教育学中有更深层次的含义，是一个专门的学术概念。发展是指人在适应自然和社会环境的生活中，在社会交往活动中，潜在的能力得以展现，有规律地表现为人的属性的过程。首先，发展承认人的自然属性，是人类历史发展进化形成的结果；其次，发展还意味着潜能的展现是必然要求；再次，个体潜能的展现是一个有规律的由量变到质变的过程；最后，发展是在适应环境的过程中通过主动积极的活动实现的，而不是等待“生产”的过程。

“以人的发展为中心”充分强调人，体现“以人为本”。三岁的小孩为什么喜

---

① 马克思. 2000. 1844年经济学哲学手稿. 中共中央马克思恩格斯列宁斯大林著作编译局译. 北京：人民出版社：5.

② 马克思. 2000. 1844年经济学哲学手稿. 中共中央马克思恩格斯列宁斯大林著作编译局译. 北京：人民出版社：5.

欢被表扬？因为他希望得到肯定，因为他要求发展，发展是一种需要。苏联教育家赞科夫就提出了人的“一般发展”[①]，认为教育过程就是人的一般发展的过程，是包罗万象的发展，是各种心理因素和生理要素的发展。

“以人的发展为中心”的革命性意义在于，强调了人的学习动力来源于内部本身，来源于自己内部本身的需要，而不是外部强加的结果。以达尔文为例，父亲要他学医，他却整天打猎、与动物玩耍。在父亲看来，他是一个没有学习动力的人。在达尔文看来，父亲的要求限制了自我本身的发展。由此可见，发展是一个人内在的成长。

（三）人本教育三原则

“以人的发展为中心”必须贯彻人本教育三原则。根据马克思主义人本学说，人是自然属性、社会属性、意识性、能动性的统一，所以教育要贯彻发展中心原则、主体性原则、爱与尊重原则。

1. 发展中心原则

在承认人有巨大潜能的基础上，一切教育都是为了实现人的发展。我们应该正确处理人的潜能和发展的关系，正确认识发展的实质和发展的动力。从心理学的角度来说，人的发展本质上是“越来越高的心理要求不断得到满足的过程”，而发展的动力来自人的内在的矛盾和冲突。内在矛盾概念是我国著名心理学家潘菽根据辩证唯物主义原理提出来的。他认为，在积极的活动中，“客观外界环境和教育不断对人提出各种新的要求，所引起的新需要，与原有心理水平所具有的旧需要之间产生的矛盾冲突”[②]是人的心理发展的动力，使人在适应环境的过程中逐步向着未来的目标前进。

2. 主体性原则

这一原则要求学校承认和保证学生的主体性。主体性是人作为社会实践活动的主动者，在对象性活动中的关系属性是人的根本属性，是人与动物、人与事物的区别之所在。人总是能动地认识世界和改造世界，表现出主动性、自觉性和追求自由发展的趋向。教育要充分尊重人，使学生的潜能得到充分的展现。主体性原则是教学中以学生为主体的理论依据。

3. 爱与尊重原则

这一原则要求教育要尊重和爱护学生的人格。著名心理学家罗森塔尔用心理

---

① 赞科夫. 2008. 教学与发展. 杜殿坤等译. 北京：人民教育出版社：10.

② 潘菽. 1984. 心理学简札. 北京：人民教育出版社：56.

实验证明：爱与尊重本身就是一种教育力量，是一种神奇的力量。心理学把爱的效应称为罗森塔尔效应。[①]爱与尊重是人的高级基本需要。马斯洛的人本主义心理学对此也做过充分的论证。

社会本位教育观反对潜能的发展，也反对个性的存在，还反对内部的动力。其认为“全面发展的教育应该以社会为本位，而以社会、时代的要求为教育的价值取向……而不能以人为本，不能以人的个性作为价值的尺度……”，“教育其实就是对人的发展做价值限定……使大部分潜能不得不处于荒芜的状态……也可以说是分割了潜能的发展，甚至可以说是扼杀了人的潜能的大部分可能性发展”，“教育的任务……就是根据教育者的需求，限定人的发展方向、内容和发展水平”，是“对教育者加工的过程”[②]。社会本位教育观把学生作为“物器”，而人的潜能、个性、尊重的需要等都被忽视。所以，社会本位教育观是取消人本身发展的“外塑”观，已经不能适应高科技时代、信息化社会的需求了。

四、创新教学过程操作模式：“教学做统一”

“教学做统一”是育人模式的核心环节，是育人模式的教学操作过程。在确立了“以发展为中心”的教育基本理念以后，学校要解决的问题就是采取何种教学方式。如果教学环节的核心问题解决不好，育人模式的育人功能就会落空。

（一）“教学做统一”的基本含义

传统的教育观只讲究教和学两个要素，多年以来，许多教育学教科书都说“有教有学，就是教学”。例如，有研究者认为，“教学是教育目的规范下的、教师的教与学生的学共同组成的一种教育活动”[③]。

“以发展为中心，教学做统一”包含三要素，就是在“教、学”的基础上加上“做”。之所以特别突出强调“做”，就是强调教学要注重实践，注重通过实践使学生能力得到发展。

教，是教师的活动，不仅包括在课堂上传授知识，还包括内容的安排、情景

① 皮格马利翁效应（Pygmalion effect），亦称“罗森塔尔效应”或“期待效应”，也有的译为“毕马龙效应”“比马龙效应”，由美国著名心理学家罗森塔尔和雅各布森在小学教学的基础上予以验证提出，指人们基于对某种情境的知觉而形成的期望或预言，会使该情境产生适应这一期望或预言的效应。

② 赵耀祖. 2020. 我国社会教育价值取向的历史沿革及当代建构. 沈阳师范大学硕士学位论文.

③ 汤书翔. 2001. 小学教育学. 武汉：华中科技大学出版社：87.

设计、教学示范、提出问题、教学讲授、教育评价、对教学过程的掌控等。

学，是学生的活动，不仅仅是听讲，还包括模仿、回答问题、参与讨论、探讨研究、搜集信息、实验、完成作业、实习和实践活动等。

做，是在教师的引导下，学生应用知识解决实践问题，完成学习任务，提高能力的实践活动过程，包括动手的操作行为和动脑的智力操作。“做”是教师和学生的互动活动，包括认知活动、实践活动、交往活动、信息活动。其中，认知是教师指导下的认知，实践是教师领导下的实践，交往是教师指导下的有目的的交往，信息活动是教师和学生之间的信息交流活动。“做”就是知识结构改造的过程，是主观体验、知识外化的过程，是对客观世界进行改造的过程。从认知心理学的观点来看，在教学过程中一切经验的改造[①]都叫“做”。经验可以分为感性经验和理性经验。发展的过程是连续不断的经验改造，是主观心理的改造。例如，认知改造、情感改造、个性改造、能力改造、生理机能改造等都可以叫“做”。具体来说，“做”包括教学的对话、实验、课堂练习、课堂交流、解答问题、项目设计、实习、见习、课堂表演、信息交换等，总之，一切经验的改造都叫“做”。

这里讲的“经验改造”中的“经验”与杜威讲的“从做中学”的“经验”有本质上的不同。杜威所说的经验是人在活动中主观感觉的总和。“经验既包括人们所做的，所遇的事情，人们所追求的、所爱的、所信的、所忍受的事情，也包括人们怎样活动和接受活动，人们行动和遭受、情欲和享受、观察、信仰、现象的方式……总之，包括各种经验的过程。”[②]经验就是一切，经验就是整个世界。我们说的经验则是辩证唯物主义的经验论，是人们主观认识的组成部分。辩证唯物主义认为，人的认识是相对于客观实践而言的。人的主观认识分为感性认识和理性认识，感性认识是认识的初级阶段，也叫“经验”，它具有直观性、真实性。但经验同时又具有片面性、表面性，经验属于感性认识，有待于深化、上升为理性认识。理性认识是关于事物内部联系、规律性的认识。通过“做”，学生的感性认识可以上升为理性认识，掌握规律，在学习理论的同时，学会运用理论解决实际问题。

（二）教、学、做三者之间的关系

“教”“学”“做”是三件事，而不是一件事。三者既具有相对独立性，又具有相互制约性，既是矛盾的，又是统一的，是对立中的统一。

---

① 教育即经验的改组或改造，教育过程即个人亲身获得的经验不断改造和改组的过程。

② 约翰·杜威. 2012. 经验与自然. 傅统先译. 北京：中国人民大学出版社：156.

在这一点上，其不同于陶行知先生提出的“教学做合一”。这里的“做”是教学的一个环节，陶行知所说的“做”与生活是等同的，“生活即教育”。陶行知不承认三者的独立性，只承认三者的同一性，这就混淆了教学与生产、教学与生活的界限，把教学完全与生产、生活等同。陶行知先生说：“教学做是一件事，不是三件事。我们要在做上教，在做上学”，“在劳力上劳心”。[①]“做”的概念包罗万象，他说：“做是发明、是创造、是实验、是建设、是生产、是破坏、是奋斗、是寻找出路。”[②]（“教学做合一”之教科书）。陶行知先生所说的“教学做”，在强调实践方面是正确的，但是教学与生产、生活本身毕竟不是一回事。他的教学观在小生产条件下是行得通的，可以师傅带徒弟，但在高科技条件下是行不通的；培养操作工匠是行得通的，但培养高科技创新型人才是行不通的。所以，我们提出“教学做统一”，既肯定实践在教学中的重要性，又不能用“做”代替对前人的理论知识、技能的继承，三件事有相对独立性，但又不能割裂，而是一种辩证统一的关系。

“教学做统一”中的“统一”应该落脚在什么地方？教师的教，是为了学生的发展；学生的学，是为了自身的发展；教与学的联动，形成了“做”，是为了促进人的发展。三大要素既相对独立，又相互联系；既相互制约，又相互促进，没有教就没有学，没有学也就没有做，教、学、做三者最终统一落脚在“人的发展”上。

教学过程中，教师对学生的要求很严格，为了学生的未来发展，会采取一些必要的纪律约束措施，有时候可能会引起学生的不满意，这就是矛盾，这种矛盾有时甚至很尖锐。但是，教与学的目的都是促进学生发展，使学生成才，从长远来说，这对于学生是有益的，因为教师是为了学生的发展，这就是统一性。但是，严格不能苛刻，严格过了头就会伤害学生的学习积极性，使教师和学生之间产生矛盾。教学是一种人际关系，这种关系是由发展来维系的，教制约学，学制约教，教与学互动，这就是一种统一。

“做”特别注重在教学过程中学生的主体性建构。主体性建构实际上就是在教师的教育下，学生的心理素质不断提高，能改造旧的行为方式，形成符合要求的行为方式系统。为此，教师应尽可能地调动学生主动参与教学过程，参与思考，参与操作，参与体验，参与交往，教师与学生互动；注重知识的建构、行为方式的建构、情感的建构；注重直观体验。学生应该由教师引导参与过渡到独立完成任务，能运用所学知识解决实际问题。

因此，我们所说的“教学做统一”是一种教学过程操作模式，以课堂为主，

---

① 方明. 2005. 陶行知教育名篇. 北京：教育科学出版社：182.

② 方明. 2005. 陶行知教育名篇. 北京：教育科学出版社：190.

但又不局限于课堂。

有一个争论不休的问题，即教学到底是“特殊的认识过程”还是“一个促进学生身心发展的过程”？“教学做统一”就把二者统一起来了。也就是说，有教、有学、有做，既可以实现认识提高目标，又可以实现身心发展目标。

五、课堂教学贯彻“五个强化”

“五个强化”是在“教学做统一”的教学过程中，对操作模式的具体要求，是实现教、学、做三者统一的保证。只有充分贯彻“五个强化”，才能真正实现“教学做统一”。

（一）强化学生的主体性

强化学生的主体性，是针对“塑造”的教育观念提出来的。传统的教育注重“塑造”，主张外在力量对人的心理的改造、加工、约束、规范。也就是说，按教育者主观设定的要求，对人（学生）进行塑造，要求学生只能这样，不能那样。这种“教育就是系统地将年轻一代社会化”，“也就是根据教育者的需求限定人的发展方向、内容和发展水平”，“是教育主体根据自身的需要对受教育者‘加工’的过程”，“教育的出发点是社会的需求，而不是潜能”，“所以，可以说教育是分割了人的发展，甚至可以说是扼杀了人的潜能的大部分可能性发展”[①]。说到底，学生只是一种被加工成理想工具的材料，根本谈不上主体性。

什么是主体性？主体性是人在对象性活动中的关系属性，是主体存在的体现。人的主体性具有三个特点：自觉性、主体创造性、追求自由意志的趋向。自我的发展表现在自觉性上。儿童到了一岁半就开始不听话，两岁半以后，非常不听话，这就是主体性发展的表现。主体性体现了个体活动的主观意识性，其特征是主体自觉、主动、积极、独立等。

强化学生的主体性的依据是什么？主体性是人的本性，体现了人改造世界的自觉。动物没有主体性，一切人本主义哲学都强调人的主体性。后现代主义哲学从人的根本规定性出发强调人的主体地位。存在主义哲学提出，人的本质是人的存在，一切以人为出发点。存在主义强调人的主观性，即人的主观选择性和能动性。萨特认为，“人”的根本规定是后天发展的结果，是个人后天自由选择的结果。

① 孙喜亭，靳希斌，陈孝彬. 1987. 教育学. 北京：中央广播电视大学出版社：26.

你选择了当兵，你就是个军人；你选择了从商，你就是个商人……但是在你选择以前，你只是一个存在，而非本质。[①]这一论述非常精确地说明了人的主体价值。

马克思主义也强调人的主体性。不过，有关人本主义主体性，马克思主义更强调人的本质的社会群体性，强调人的经济关系的规定性。“人，不是单个人的抽象物，在其现实性上，他是社会关系的总和。”[②]马克思是从社会性革命的角度谈人的本质的。有的人就用马克思的理论来反对人的主体性，其实马克思并没有否定人的主体性，只是揭示了人的本质的阶级性。

在存在主义基础上发展起来的过程哲学进一步论述了人的主体价值。过程哲学认为，人的本质不仅仅是“存在”，而且是一个“过程”，人的本质不是静态的而是动态的。生命的存在就是一个生机勃勃的过程，是一个生存过程。著名人本教育家罗杰斯认为，人无时无刻不处在动态的变化之中。“一个人是一个流程，而不是一种固定的静止的实体；是一条流动变幻之河，而不是一团固定的材料，是不断变化的潜能之星座，而不是一组稳定的特征。”[③]

人的存在就是一条不断地“超越”“创新”的“流动变幻之河”。人格发展便成了衡量教育成效的尺度。当今世界强调人和人的主体性，在教学活动中，教师的主体性是通过学生的主体性来体现的，同时教师的主体性要转化为学生的主体性。

（二）强化教学的互动性

强化教学的互动性，针对的是灌输式的教育方法。灌输式的教育观念根深蒂固，教师走上讲台，就滔滔不绝，讲解知识从头到尾一“灌”到底。学生只能专心听课、记笔记，复习背笔记，考试抄笔记，然后就算是有了学问。学生走出学校，不会自己解决问题，更不要说发明创新了。

发展观必然是要求学生主动学习，把课堂交给学生，让学生成为课堂的主角，通过互动、讨论、探索等促进学生的发展。

内江师范学院的不少教师根据不同学科的特点、不同课程的性质，创造了各种互动教学模式。例如，文学院的“世界文学”课程就采用了“参与式”教学，“文学概论”课程采用了“讨论式”教学；数学与信息科学学院使用了“导学讲评模

---

① 萨特. 1988. 存在主义是一种人道主义. 周煦良，梁永宽译. 上海：上海译文出版社：215.

② 马克思，恩格斯. 1995. 马克思恩格斯选集（第 1 卷）. 中共中央马克思恩格斯列宁斯大林著作编译局译. 北京：人民出版社：60.

③ 马克思，恩格斯. 1995. 马克思恩格斯选集（第 1 卷）. 中共中央马克思恩格斯列宁斯大林著作编译局译. 北京：人民出版社：60.

式”教学；体育学院采用了“快乐教学”方式等，都取得了良好的效果。师生互动能使课堂活跃起来，不是削弱了教师的作用，而是对教师的要求更高了，要求教师掌握前沿知识信息，能更灵活地解决问题。

（三）强化知识的实践性（体验性）

实践就是亲自操作、切身体验，就是要让理论知识、前人的知识、一切间接的知识都有直接经验来支撑。直接经验既包括自己亲身实践的经验，也包括通过他人获得的间接经验。20 世纪 60 年代，瑞士心理学家皮亚杰对人的认知进行了分析，提出了“最具革命含义”的知识观，认为“任何知识都是一种能动地不断改造的心理结构”[①]，这强调的就是实践。毛泽东同志在其《实践论》中谈到认识对于实践的依赖关系时说：“你要知道梨子的滋味，你就要参加变革梨子的实践，亲口吃一吃。”[②]吴季松在《知识经济学》一书中说：“知识是一种探索的行动和创造的过程。”[③]也就是说，知识的“感性”和“理性”是不能截然分开的，感性中包含理性，理性中包含感性，知识是理性和感性的能动的统一。离开体验，知识只能是概念性的。

强化知识的体验性，对课堂教学提出了更高的要求。各门学科教师都要根据自身的特点加强实践，通过体验进行教学，要克服知识的片面性。

（四）强化生活的关联性

强化生活的关联性，就是要注重学有所用，注重教学知识与现实生活相联系，关注知识在生活中的应用。具体而言，包括学习要有目的性，要有利于就业；知识要有前沿性，避免过时的、无用的知识；要追求高端的知识，要跟上学科不断发展的步伐。

（五）强化教师的主导性

教师在教学中的地位和作用是一个争论不休的问题。传统教育观强调教师的主导作用而否定学生的主体地位，所谓的“进步教育观”则强调学生的主体地位而否定教师的主导作用。人本教育观是辩证唯物主义的教育观，既强调学生的主体地位，又重视教师的主导作用。

---

① 皮亚杰. 2006. 结构主义. 倪连生，王琳译. 北京：商务印书馆：59.

② 毛泽东. 1966. 毛泽东选集（第一卷）. 北京：人民出版社：265.

③ 吴季松. 2007. 知识经济学. 北京：首都经济贸易大学出版社：125.

其实，没有教师的主导性，也就没有学生的主体性。教学是一种特殊的社会活动，教师的主导性是由学生的主体性规定的。学生的主体性要有很好的发展，全靠教师主导作用的发挥。教师的主导作用发挥得越好，学生的主体性就发挥得越好。

我们绝对不能因强调学生的主体性而忽视教师的主导作用。在教学实践中，有的教师借口发挥学生的主体性，在课堂上放任自流，不引导、不提问、不评价、不讲解，听之任之，学生没有收获，美其名曰“教学改革”，实际上是阻碍了教学改革。

六、“五统一”的人才观

人才观也是一个争论不休的问题。1957 年，毛泽东同志提出“我们的教育方针，应该使受教育者在德育、智育、体育几方面都得到发展，成为有社会主义觉悟的有文化的劳动者”[①]。从此，德智体全面发展就成为占主导地位的、经典的人才观，被贯彻执行了多年。时代在发展，人类社会已经进入了科技尖端化、社会信息化、经济全球化的新时代，人才观急需完善、充实、提高、扩展。内江师范学院根据前人的人才观思想，结合时代的发展需要，提出了“五统一”的人才观。

（一）潜力与发展的统一

人才应该是潜在能力得到充分发展的人，这是从发展的角度来看人才的。人的潜力是巨大的，人的潜力是发展的基础，没有这种潜力，就不能实现人的发展，没有发展，人的潜力就会泯灭。潜能提供发展的条件，人的潜力是人的自然本质，在潜力基础上发展出来的现实能力是人的社会本质。一个人的潜力得到充分发展，一方面需要主观努力，另一方面需要客观条件，只有满足一定的条件，潜力的激活才有可能。教育的功能就是创造条件、提供条件，使人的潜在能力充分展示出来。

（二）继承与创新的统一

继承是创新的基础，创新是继承的发展。善于继承，才有可能创新；善于创新，必定善于继承。一切成功者都是非常注重继承的。马克思主义是继承了康德

① 毛泽东. 1999. 毛泽东文集（第 7 卷）. 北京：人民出版社：226.

和黑格尔的古典哲学、欧文和傅里叶的空想社会主义而产生的。牛顿的经典力学曾经被认为是顶峰，但牛顿说自己只不过是站在了巨人的肩上。

继承，就是要善于学习和掌握人类已经获得的一切文明成果。对前人的积累一定要学精学通，融会贯通才能出新。

新的时代非常强调创新的价值。创新能力从哪里来？无论什么领域，都是与继承分不开的。但是继承又不可因循守旧，陷入固有的模式，而是要在继承的基础上开拓、升华。继承和创新是矛盾的统一，不仅善于继承，又要善于创新，这是当今一切人才应该具备的基本品质和基本素质。

（三）自我自主性与社会制约性的统一

什么是自我自主性？自主性就是主体的自觉能动性，这是从人格心理学的角度来说的。心理学中的“自我”的概念，是弗洛伊德于 1895 年提出的。其基本含义是相对于本我和超我的一种过渡状态，表现为基本需要。人格心理学家埃里克森把自我看成一种独立的力量。“自我是人的过去经验和现在经验的综合体。能够把人进化过程中的两种力量，即人的内部发展和社会发展综合起来，引导心理能力向合理的方向发展。”[①]

自我自主性是由生理和心理两个方面要素构成的内在的动力系统，包括自我意识、自我判断、自我评价和自我调控。其特点是具有自主性、意识性和能动性。青少年的自我发展是非常重要的，例如，自我判断就非常不容易，青少年很难正确地估计自己，要么过高，产生骄傲情绪；要么过低，产生自卑情绪，都不利于青少年的成长。初中生的自我调控能力发展就很艰难，其在心理和生理矛盾中不断整合和发展，在不同的年龄阶段表现出不同的特征与水平。自我自主性的形成和发展是人的人格发展的显著标志，自我的外化就是人格。自我自主性的发展是人成长和成熟的显著标志。自我自主性是在内在矛盾中发展的，是由内在矛盾推动的。

社会制约性指社会规范性，是为了满足社会需要而对个人的限制，包括社会价值限定、道德范畴、社会习俗、群体纪律、法律法规等。总之，只要产生了两个人以上的社会关系，就有了社会制约性。社会制约性是人的外在力量，是异己的力量，具有历史性、目的性、规范性，同时反映了社会生产力发展水平、生产关系状态和社会文化状态，从而形成价值体系。社会制约性本质上是代表统治阶

---

① 杜安·舒尔茨，西德·尼·艾伦·舒尔茨. 2016. 人格心理学：全面、科学的人性思考. 张登浩，李森译. 北京：机械工业出版社：85.

级利益，反映统治者意志及其观念的行为规范体系。

人是要生活在一定的社会关系之中的，不能脱离环境而孤立地生存和发展，其发展会受到环境的制约。可以说，在生活中，人时时、事事、处处都会受到制约。

人一定要有主见，要有自己独立的个性和见解，因为缺乏主见，就会失去自我，无法实现个人价值，同时也必须要考虑客观条件是否允许。个体要接受社会的制约，要善于与他人合作，否则就是自我中心、刚愎自用，是难以在社会上立足的。个人的自我自主性与社会制约性始终处在矛盾和对立之中，二者是辩证统一的关系，是创新人才很重要的品质之一。

（四）理论与实践的统一

我们讲的理论与实践是从人才学以及人的基本素养、品质结构角度来说的，是从人认识世界和改造世界的关系角度来探讨的，而不是探讨一般的哲学意义上的理论和实践的关系。

所谓理论，是将在实践中获得的认识和经验加以总结和概括而形成的知识体系。理论是主观的，相对于感性经验来说，理性认识能更深刻、正确、全面地反映事物的规律和内部矛盾。一个优秀的人必须重视理论，精通自己从事的专业或行业的有关理论知识体系，掌握丰富的知识，具备较高的理论修养。

所谓实践，是指人们运用掌握的知识能动地改造和探索现实世界的一切社会性的客观活动。实践是人们的物质活动和思想活动的统称。相对于理论而言，实践具有直观性、生动性、丰富性、现实性。通俗地说，实践就是能干实事。理论是认识世界的活动，实践是改造世界的活动。一个优秀的人不仅要掌握理论，懂得事物的发展规律，更重要的是还要善于处理和解决实际问题。理论脱离实践是人们常犯的毛病，表现为学而不用、纸上谈兵、教条、死记硬背，理论联系实践表现为学以致用、从实际出发、有的放矢。

因此，可以说理论与实践相结合、理论与实践相统一是优秀人才应该具备的基本品质之一。

（五）德与才的统一

德，即品德，是遵循人类社会公认的道德规范，通过长期修养而形成的个人稳定的行为方式系统。《道德经》认为，德是合“道”的行为方式，合“道”就是有德，不合“道”就是无德。德是“道”的表现，“道”是德的属性。德的根源是“天道”，天道就是自然。世界从无到有，一生二，二生三，三生万物……不断地发展，是自然的规律。反过来说，自然就是天道。德的功能就是保证人类社会，包括个人和家庭、社会团体繁荣兴旺。因此，任何历史时期，人们都把“德”看得很重要。无论对于个人还是社会群体而言，德都是促使其发展的重要因素。

从内容上看，德有历史性、阶级性、时代性，但有部分内容也具有普遍性。春秋时期，孔子把德归结为“仁”，管仲提出“礼义廉耻，国之四维”。当今，社会主义核心价值观是人人都应该遵守的道德。

“才”是一个人知识和能力的统称。通常，人们都把某些专长，如博闻强识、随机应变、富有文采、思维敏捷、善于创新、观察敏锐、知识广博、远见卓识、多谋善断等视为有才。“才”有专才、全才和通才之分。

德与才是什么关系？才是德的生存土壤和基础，德是才的统帅和主导。它们的关系犹如行船过程中掌舵和划桨的关系，射箭过程中方向和力量的关系。因此，我们要以才资德，以德润才。司马光在《资治通鉴》中说：“才者，德之资也；德者，才之帅也……是故才德全尽谓之圣人，才德兼亡谓之愚人，德胜才谓之君子，才胜德谓之小人。”①

君子有才，可以推行善事，那么善就可以惠及天下，即所谓的“挟才以为善者，善无不至矣”；小人有才，就可以作恶，往往产生的危害特别大，即所谓的“挟才以为恶者，恶亦无不至矣”。因此，人才应以德为先，德才兼备为要。我们必须坚持德与才统一的人才观，有德无才与有才无德都是社会不能接受的。

我们所说的“五统一”，就是潜力在发展中统一，继承在创新中统一，社会制约性在自我人格的完善中统一，理论在实践中统一，德与才在成就中统一，只有如此，方可称为全面发展的人才。因此，“五统一”的人才观与德智体全面发展是一致的，而且更合乎时代需要。

综上所述，“教学做统一”理论的新发展，体现在以下几个方面。

第一，着眼于 21 世纪高科技、信息化时代发展潮流的大教育观。

第二，立足于贝塔朗菲系统论，构建了包含五个要素的育人模式。

第三，提出了以发展为中心的教育理念，作为育人模式的理论基础。

第四，提出了人本教育三原则，作为教育的基本指导原则。

第五，运用辩证唯物主义方法，继承并发展了陶行知的“教学做合一”观念，

① 司马光. 2016. 资治通鉴. 北京：北京联合出版公司：125.

提出“教学做统一”，并将其作为育人模式的中心环节。

第六，为了保证和落实“教学做统一”，提出教学过程“五强化”，使教学模式更具操作性。

第七，提出“五统一”的人才观，使“以发展为中心，教学做统一”育人模式的人本方向更加具体化。

由此可见，“教学做统一”不是一个简单的、孤立的“教学方程式”（孤立地讲要怎么教，怎么学），而是一个全方位的育人模式体系，具有充分的理论依据和坚实的实践基础。内江师范学院从理论上构建了育人模式整体系统，通过改革并践行这个系统，获得了实实在在的育人效果。

“教学做统一”论是人本发展论、系统发展论，是辩证唯物主义统一论。一切为了人的发展，发展为了人的一切，“教学做统一”论就是为一切人发展的教学论。

第三节　“三层四阶”人才培养模式改革

内江师范学院的“‘三层四阶’人才培养模式改革”主要依托四川省重点教学改革项目“地方本科院校人才培养模式的改革与实践”（2013—2016 年）凝练形成。该成果在教育家陶行知“教学做合一”的基础上，创新地提出了“教学做统一”理论，并将其用于职前教师教育领域，在院校、专业、课程三个层面建立“三层”操作模式，在实践教学方面建立见习、演习、实习、研习“四阶”统整模式，形成了四套质量标准，出版了专著《教学做统一：理论与实践的新发展》（高等教育出版社，2016 年），发表论文 9 篇。该成果被《中国教育报》（2014 年 11 月 10 日第 7 版）报道，在教育部转型发展培训会、四川省院校研究会和四川省高等教育学会会议上交流并获得与会专家的认可，在成都师范学院、西昌学院和四川文理学院推广应用，并取得了良好效果。

一、成果产生的沿革

自 2000 年以来，内江师范学院先后开展了 3 个具有代表性的教学改革项目：

一是“地方高师院校‘教学做合一’育人模式”研究与实践（2000—2007年校级项目）；二是“地方高等院校育人模式的改革与创新”（2009—2012年四川省高等教育学会立项项目）；三是“地方本科院校人才培养模式的改革与实践”（2013—2016年四川省教育厅立项项目）。三个教学改革项目对教师教育的“教学做”问题不断深化，形成了本成果。

二、解决的主要问题

1）“教学做”合力不够，如教学互动少，学生动手不够，重书本知识、轻教育实践，对人文素质、职业素养的重视不够等。

2）人才培养模式不科学，如功能单一、可操作性不强、实证研究不足，院校模式缺乏专业和课程模式作为支撑等。

3）质量标准不健全，如培养目标笼统、操作标准不明确、评价标准不完善等。

4）实践教学质量不高，如见习与实习脱节、试讲与见习脱节、教育研习缺位、对教育实践的重视不够、教师指导不力等。

三、解决教学问题的方法

内江师范学院的人才培养模式改革过程分为模式设计、改革实施和项目总结三个阶段，采用了系统法、层级法、递阶法、标准研制法和行动研究法等多种方法。

（一）系统法

在文献研究的基础上，学校针对国内人才培养模式存在的观念落后、内涵单一、功能不足、可操作性差等问题，采用系统法把培养目标、培养理念、培养方式、活动平台等要素统合起来，建构了职前教师人才培养“教学做统一”模式，如图3-1所示。

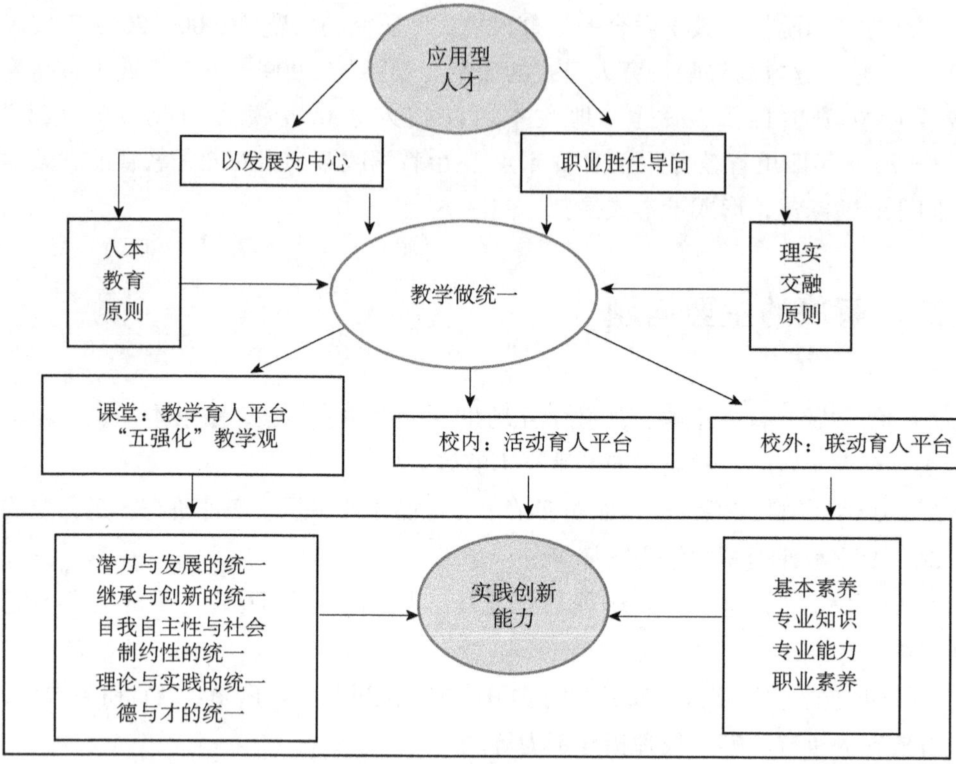

图 3-1 “教学做统一”模式

（二）层级法

针对国内院校人才培养模式缺乏专业、课程模式作为支撑的问题，学校采用层级法在宏观、中观、微观三个层面上分别建立了院校、专业和课程操作模式。其中，专业操作模式由各专业根据专业特点和院校模式自主创建，如汉语言文学专业建立了“学、练、研、做、养”五维模式，数学与应用数学专业建立了“导、讲、评、研”四环模式，体育教育专业建立了“情、试、评、协、练”五步模式；课程操作模式由教师个人根据院校模式和专业模式自主探索，如汉语言文学专业多门课程采取了以“读”“说”“写”能力为本的教学模式，数学与应用数学专业多门课程采取了以思维训练为主的对话、探究、体验教学模式，体育教育专业多门课程采取了教师示范、学生观摩讨论、教师指导训练和师生互评的教学模式。学校采用层级法建立了职前教师教育的三层操作模式。

（三）递阶法

针对职前教师教育实践环节存在互相脱节、研习缺位的问题，学校根据内化学说、建构主义理论、教师知识论，以职前教师实践胜任为取向，以知识、能力和品性为三维目标，确立建构生长理念，采用递阶法，第2—8学期依次设置教育见习、演习、实习和研习，构成前后衔接、渐次演进、相互作用的递阶体系，确保教育实践在职前教师学习期间四年不断线，在内容设置、目标定位、操作要求和评价指标四个方面实现统一设计和多维整合。通过采用递阶法，学校建立了职前教师教育实践递阶的“四阶”统整模式。

（四）标准研制法

针对职前教师教育质量不高的问题，学校通过明确办学定位和人才目标，解读国家文件，查阅相关文献，借鉴同行标准，组织专家评议，听取部门单位意见等环节，研制了《专业人才培养标准》《课堂教学质量评价标准》《教师教育专业实践教学标准》《人才质量评价标准》四套质量标准。

（五）行动研究法

针对国内院校人才培养模式实证研究不足的问题，学校采用行动研究法，遴选汉语言文学、数学与应用数学、教育学、体育教育和电子商务5个专业作为试点专业，制定研究线路和改革线路，逐步推进项目实施和校内外应用推广，实现了行动与研究的循环、理论与实践的融合。

在研究线路上，学校先后开展了对2000年以来人才培养模式改革的反思总结、师生对人才培养的意见调研、文献研究等活动，以及试点专业遴选、项目研讨会、项目论证会、人员培训会等改革准备活动。

在改革线路上，学校先后组织了试点专业人才培养方案、课堂教学方式、实践教学、教师能力、教学管理等研讨活动，以及专业人才培养方案修订、教师公开示范课、实践教学改革、教师系列培训、专业课程评估、教学管理制度修订等改革活动。在成果总结阶段，先后开展了实践成果、理论成果、推广应用等研讨活动，以及教师教案汇编、教师论文集编印、学生获奖资料汇集、管理文件印制、专著出版、研究报告撰写等实践总结活动。2013—2016年，“教学做统一：‘三层四阶’人才培养模式改革”由5个专业试点逐步推广到校内41个专业，占校内专业总数的80%，通过研讨、培训、赛课、评估和宣传报道等方式，在校内持续形成了人才培养模式的改革热潮，取得了可喜的成绩。

四、取得的具体成果

（一）“教学做统一”理论

1. “教学做”的内涵

“教”，即教师面向学生的施教行为；“学”，即学生在教师引导下的认知性、静听性学习行为；“做”，即学生在学习情境中的自主操作活动和在现实情境中的实践活动。“学”与“做”的区别在于，前者是基于理解操作的认知学习，后者是基于价值实现的身体行动。“做”可以有三种解释：一是生活中的“做”，即操作之“做”，指人按照习俗惯性行事的操作或行动；二是哲学中的“做”，即陶行知先生讲的实践之“做”，指人在特定情境中探索如何解决实际的复杂问题；三是教育中的“做”，即学习之“做”，指学生的自主操作活动和社会实践活动，包括对话、实验、课堂练习、课堂交流、解答问题、项目设计、实习、见习、社会实践活动等。

2. “教学做”的关系

在课堂教学中，“教”为主导，“学”为主体，“做”为辅助。课堂中的“做”是“教”和“学”的一种方式，是辅佐“教”或“学”的手段。

在课外活动中，学生以“做”的形式进行活动学习、操作学习，“学”为主导，“做”为核心，“教”为辅助。

在校外实践中，学生必须独自面对社会情境、问题情境，没有了教师的现场教导，没有了认知性、静听式学习，“做”处于核心地位，“教”“学”均处于辅助地位。

3. “教学做”的统一

统一，即各部分协调一致、合为整体。在教育学中，教育的要素有“五统一”：①目的性统一，即“教学做”统一于培养学生成人成才；②方式性统一，即“教”指导、促进“教”“学”相长，“做”在课堂中辅佐“教学”，在课外主导“教学”；③时间性统一，即在时间上同步、连续展开；④功能性统一，即“教”“学”“做”相辅相成、互相促进；⑤过程性统一，即“教”“学”“做”互相转化、互相融合。

4. “教学做统一”的原因

1）“教学做”之所以要变成三件事，是因为时代不同了。陶行知处在农业经济时代，研究的是基于作坊式生产的“小教育”，“小教育”可以是师傅带徒弟、小量学习、边做边学；今天是信息时代，研究的是基于大生产、大科学的“大教育”，在“大教育”背景下，学生只能广泛合作、海量学习、多元学习。在这种情况下，教学无法做到边做边学、教学做合一，而是必须先把“教学做”分开进行，然后再进行整合，如先讲解高深知识，然后实验，而后实践，或者先实验后实践，最后回到理论学习。

2）“教”“学”“做”既然是三件事，那就可分开，可合一，可统一。我们主张“教学做统一”，是因为它符合高校培养人才的基本规律，即课堂教学、课外活动、校外实践中的“教”“学”“做”不能合一，只能相互协调、统一。

（二）“教学做统一”模式

学校把“教学做统一”理论应用于职前教师教育领域，建构了院校、专业、课程三个层面的操作模式和实践教学方面的见习、演习、实习、研习“四阶”统整模式。

1.“三层”操作模式

1）院校模式。院校模式是指导全校教师进行人才培养的宏观模式，包括教师教育人才，培养理念，“教学做统一”主张，课堂、校内、校外育人平台和培养目标，如图3-1所示。

2）专业模式。汉语言文学专业建立了“学、练、研、做、养”五维模式，数学与应用数学专业建立了“导、讲、评、研”四环模式，体育教育专业建立了“情、试、评、协、练”五步模式。

3）课程模式。汉语言文学专业多门课程采取了以“读”“说”“写”能力为本的教学模式，数学与应用数学专业多门课程采取了以思维训练为主的对话、探究、体验教学模式，体育教育专业多门课程采取了教师示范、学生观摩讨论、教师指导训练和师生互评的教学模式。

2.“四阶”统整模式

学校在第2—8学期安排了教育见习、演习、实习和研习四大环节，以职业胜任为取向，依次实施岗位情境与职业素养见习、基础教育学情见习、课堂情境与教学操作见习、学科教学流程与策略见习、教学设计与操作演习、教师实习、教育研习七个模块，构成了四年不断线的教育实践演进体系。

（三）固化成果

在此基础上，学校形成了相应的专业人才培养方案、专业建设方案、教学管理文件和四套质量标准，出版了专著《教学做统一：理论与实践的新发展》，发表论文 9 篇。

五、成果的推广效果

（一）校内实践效果

育人模式改革研讨课、“五强化”系列公开课、骨干教师系列公开课持续推出，教学指导委员会、教学督导委员会听课点评，校园网跟踪报道，学校内形成了持久的教学改革热潮，并推广应用到校内 41 个专业。学校委托麦可思数据公司进行的跟踪评价显示，内江师范学院 2015 届毕业生的基本工作能力总体满足度（85%）、核心知识总体满足度（85%）均分别高于全国非“211 工程”本科院校平均水平（分别为 82%、81%）。全校师生对育人模式的认同率分别为 98%、80.62%。内江师范学院学生 2013—2016 年获得省级及以上奖项的增幅达 55%，其中，大学生数学建模竞赛获得全国一等奖 10 项、国际一等奖 10 项。

（二）校外推广效果

学校取得的成果在教育部转型发展培训会（2015 年）、四川省高等教育学会会议（2014 年）和四川省院校研究会（2016 年）上交流，获得与会专家的认可。

另外，学校取得的成果被成都师范学院、西昌学院、四川文理学院推广应用。其中，成都师范学院借鉴了内江师范学院的课堂教学“五强化”和实践教学操作标准；西昌学院应用了内江师范学院“以人为本、发展为中心、职业胜任为导向”的教育理念，以及“教学做统一”课堂教学模式和“五强化”教学观；四川文理学院应用了内江师范学院的人本教学原则、三大教学平台建设理念、综合评价体系。三所同类院校的推广应用均取得了良好成效，表明内江师范学院取得的成果内涵丰富，有进一步的发展空间和面向全国地方本科院校教师教育专业推广应用的前景。同时，内江师范学院取得的成果得到《中国教育报》（2014 年 11 月 10 日第 7 版）的报道，取得了良好的社会反响。

第四节 “三三三”人才培养实践探索

在新的历史时期，中国经济社会全面进入了高质量发展阶段，意味着中国经济社会从高速度增长阶段进入高质量发展阶段。党的十九大报告明确指出，“实现高等教育内涵式发展”，这是党在新的历史时期审时度势，为高等教育的发展指出的方向。内涵式发展是以高等学校内部要素的优化和配置为主要方式的发展，也是以教育质量的全面提升为核心的发展，将发展目的和发展方式相统一，以实现规模与效益、质量与结构、外延与内涵的整体提升，是一种协调与公平、均衡与优化的可持续发展。

人才培养是高校内涵式发展的关键。中共中央办公厅、国务院办公厅于2017年9月出台的《关于深化教育体制机制改革的意见》中明确指出，要“系统推进育人方式、办学模式、管理体制、保障机制改革，使各级各类教育更加符合教育规律、更加符合人才成长规律、更能促进人的全面发展，着力培养德智体美全面发展的社会主义建设者和接班人，为实现‘两个一百年’奋斗目标、实现中华民族伟大复兴的中国梦奠定坚实基础”。在新的时代背景下，内江师范学院积极响应，迅速行动，通过设计论证，出台了贯彻落实高等学校内涵式发展的实施方案——以“三三三”人才培养模式改革为龙头的全校性改革工作，实行“分类别指导、分阶段培养、分模块推进”的人才培养机制，形成了全方位、立体化的育人模式，学校的教学质量得以有效提升，整体办学取得了良好的成效。

一、地方本科高校人才培养模式改革与内涵式发展的政策背景

（一）顺应新时期高等教育的发展趋势

改革开放以来，我国高等教育首先围绕“简政放权，扩大学校的办学自主权”，充分发挥“高等学校的潜力和活力”，提出了改革大政方针，确立了高校自主发展

的核心理念[①]，明确提出“深化高等教育体制改革”，“建立政府宏观管理、学校面向社会自主办学的体制”[②]的具体举措。随着改革的进一步推进，党的十八大报告提出“推动高等教育内涵式发展”，党的十九大提出“实现高等教育内涵式发展”的要求，这一系列改革措施培育了高校自身的办学主体性，提高了自主发展的动机与动力，为“创新高校人才培养机制，促进高校办出特色争创一流”[③]奠定了坚实基础，进一步丰富了发展内涵。因此，在新的历史时期，各高校必然要根据自身的实际情况主动探索、改革创新，形成有自身特色的内涵式发展模式，以顺应新时期高等教育改革发展的趋势。

（二）实施应用型转型发展的突破口

应用型高校的人才培养目标定位于培养高素质应用型专门人才，其根本路径是“产教融合、校企合作”，这就要求各高校找准“类型定位”，实行“转型发展”。[④]地方应用型本科院校的产教融合在于培养服务地方经济社会发展的应用型人才，推动区域产业升级发展。因此，面对高速发展的信息社会，新技术、新产业、新业态层出不穷，地方高校要准确定位自身的办学类型，定位服务社会的功能特点，采取相应的转型发展策略，而应用型人才培养模式的构建是转型发展的突破口。

（三）改革传统人才培养模式的关键举措

高等教育改革的核心价值取向是提高教育教学质量，培养社会主义事业的建设者和接班人。因此，所有的方针、政策都要由各高校转化为具体的教育教学措施。然而，由于固化的人才培养观念的影响，人才培养目标忽视了社会需求和个人特点，造成学生就业难与被动适应的消极状态依然存在，“办学趋同化与社会需求多元化、人才培养划一化与个体发展差异化的矛盾”突出[⑤]；人才培养方式对教育规律和学生成长规律的尊重不够，大学课堂“满堂灌”依然盛行，逃课率高、

① 中共中央关于教育体制改革的决定.（1985-05-27）[2020-01-25]. http://old.moe.gov.cn/publicfiles/business/htmlfiles/moe/moe_177/200407/2482.html.

② 中国教育改革和发展纲要.（1993-02-13）[2020-01-25]. http://old.moe.gov.cn/publicfiles/business/htmlfiles/moe/moe_177/200407/2484.html.

③ 中共中央关于全面深化改革若干重大问题的决定（中国共产党第十八届中央委员会第三次全体会议通过）.（2013-11-12）[2020-01-25]. http://www.gov.cn/jrzg/2013-11/15/content_2528179.htm.

④ 教育部 国家发展改革委 财政部关于引导部分地方普通本科高校向应用型转变的指导意见.（2015-10-21）[2020-01-25]. http://www.moe.gov.cn/srcsite/A03/moe_1892/moe_630/201511/t20151113_218942.html.

⑤ 周进. 2016. 大数据时代的高校个性化教育：一种过程支持框架. 高教探索，(5)：11-15.

厌学严重[①]，本科学生导师制形式主义难以克服[②]，“陷入了制度低效困境”[③]，学业压力与学习成效差并存[④]；人才培养路径单一，缺乏与社会行业企业的有效对接，人才培养效率低下，不能培养“产业发展所需要的、多层次的、不同规格的人才”，“满足企业转型升级的不同需求”[⑤]，造成了企业“用工荒”与学生“就业难”同时存在的悖论。因此，从发展趋势而言，地方本科院校积极主动探索内涵式发展的有效路径，以及设计符合自身办学条件的人才培养模式势在必行。

二、人才培养模式改革的基本理念、制度设计、主要举措及基本成效

近年来，内江师范学院以教师教育为主体，实现了文学、理学、教育学以及经济学、农学等多学科的协调发展。在学校实现内涵式发展的过程中，凸显顶层设计，从人才培养理念转型、教学制度改革以及学生培养措施等诸方面进行优化，取得了良好的改革成效。

（一）尊重教育规律，凝练“三大融合”培养理念

任何人才培养体系的构建都要依据学校的办学定位和特色化发展的目标，凝练与之相匹配的培养理念，并以此作为学校教育教学体系构建的理论基础。为此，内江师范学院凝练了三个“融合”的教育理念，形成了“三二”培养理念。

1. 融合两个“面向”

两个“面向”：一是面向学生，强调以人为本；二是面向社会，强调以市场为导向。以人为本是马克思主义的基本思想，是我国社会主义科学教育观的核心理念。面向学生是以人为本的理念在教育中的集中体现，提供适合每一个学生的教育就是马克思主义和中国特色社会主义教育思想的具体表现。市场导向、面向社会是当前我国倡导的 OBE（outcome-based education）教育模式，并在各专业认证

① 周阳敏. 2013. 本科生厌学调查与竞争性选择机制研究：基于消费者主权理论的解释. 河南社会科学，(1)：73-78.

② 安宇，张国强，罗茗. 2019. 本科生全程导师制实施现状分析. 学校党建与思想教育，(7)：14-16.

③ 唐汉琦. 2019. 我国高校实施本科生导师制的成效、问题与出路. 重庆高教研究，(4)：98-109.

④ 田澜，向领. 2010. 大学生学业压力研究综述. 江苏高教，(4)：64-67.

⑤ 辜胜阻，王敏，李睿. 2013. 就业结构性矛盾下的教育改革与调整. 教育研究，(5)：12-19.

评估中得到贯彻的一个重要理念。当前倡导的目标导向的教育模式和理念，其核心是美国学者斯派帝（Spady）倡导的“清晰地聚焦和组织教育系统，使之围绕确保学生在未来生活中获得实质性成功的经验”[①]。学校的改革充分为学生发展和未来生活考虑，在通识教育课程、专业基础课程学习之后设置学生自由选择的课程，在教师的引导与辅导下，构建面向社会需求与就业的个性化课程知识结构与学习方式，试图让整个教育培养体系围绕学生未来的就业与成长成才，切实达到学有所获，体现了市场导向的知识结构和面向社会的素养结构的自主构建。

2. 融合两个“自主”

两个“自主”：一是促进学生自主发展，发挥主体性；二是引导学生自主建构，生成主体化的知识结构与能力。“自主发展”是中国学生发展核心素养的三大维度之一，基本素养是“学会学习”和“健康生活”，基本要点是“乐学善学、勤于反思、信息意识、珍爱生命、健全人格、自我管理”[②]，依据主体教育思想研究的深入发展，其根本宗旨是培养学生的主体性素质。[③]“自主建构”是西方建构主义心理学理论的核心思想。皮亚杰认为，儿童的思维结构正是在他们的“现实的建筑”的过程中发展的，是通过儿童自己的动作操作使得外在客体的信息或同化或顺应的不断发展与平衡内化为运算结构。[④]皮亚杰将知识的获得看作“一个主体之外的知识转化为主体之内的知识”的过程和主客体相互作用不断生成的过程。[⑤]因此，在课程设计中，强调课程知识本身是在教师引导下的学生的自主建构，课堂教学中的知识传授强调的是学生通过自己的讨论、实验操作、相关文献资料收集和整理，通过一系列的自主活动而实现知识的主体内化，实现知识结构的自主建构与生成。

3. 融合两个“依据”

两个“依据”：一是依据学生的“最近发展区”，因材施教；二是依据学生的学习兴趣，创造成功者效应。维果斯基的“最近发展区”理论强调的是教育教学要求必须与学生的发展水平相适应，提出的要求和目标既不能超过现有发展水平过多，也不能过于接近已有发展水平，因为前者可能会造成学生因达不到目标而

---

① Spady W D. 1994. Outcome-based Education：Critical Issues and Answers. Arlington：American Association of School Administrators.

② 林崇德. 2017. 构建中国化的学生发展核心素养. 北京师范大学学报（社会科学版），(1)：66-73.

③ 陈理宣. 1999. 主体性教育思想研究述评. 山东师大学报（社会科学版），(5)：65-69.

④ 皮亚杰. 2015. 皮亚杰教育论著选. 卢濬选译. 北京：人民教育出版社：1-3.

⑤ 陈理宣. 2011. 知识教育论. 北京：人民出版社：308.

产生挫败感，后者可能会造成虽然能够取得成功，但是没有挑战性。因材施教的教育思想强调的是学校要依据学生的个体差异性，实施不同的教育，让每个学生都能在自己已有发展水平的基础上获得最佳发展。内江师范学院把维果斯基提出的教育教学需要发现学生的"最近发展区"的思想与孔子提出的"因材施教"相结合，作为自身教育教学改革的核心理念，要求教师在教育教学改革过程中进行课程设计、教学设计、作业设计以及学习辅导必须依据学生的"最近发展区"，依据每一个学生的学习情况，做到因材施教。依据心理学家发现的"胜利者效应"规律[①]，教师要尽量激发学生学习的动机，并创造环境与条件使学生获得成功，以此促进学生发展，激发学生的主观学习动机与学习愿望。

"三大融合"培养理念的凝练和出台，是内江师范学院办学智慧的集中体现，是审时度势、顺应时代发展的实践举措，为学校的发展确定了方向，指明了路径，为学校的整体改革奠定了基础，具有先导性意义。

（二）创造适合学生的教育，构建"三分"式人才培养机制

有了明确的教育思想和教育理念的指导，还需要落实到具体的教育教学以及教育管理过程中。为此，内江师范学院构建了"三分"式人才培养机制，即"分类别指导、分阶段培养、分模块推进"，以打造立体化的人才培养体系结构。

"分类别指导"立足于"培养什么人"的问题，"分阶段培养""分模块推进"着眼于"怎样培养人"的问题。学校坚持以学生的发展需求为根本导向，在学生发展的倾向性上，注重学生的学业需求，并兼顾学生的专业潜力、知识基础、能力结构以及发展意向，将课程模块设计与社会需求相结合、与教学的实践过程相结合、与学生的未来发展取向相结合。根据学生自主选择与自主建构知识和技能的原则，在统一学完学科基础知识的条件下，学校为学生提供三大类别的课程与能力组合模块，即"潜力开发与深造类""创新创业类""基本技能与就业类"，学生可以根据自己的兴趣、意愿和学习能力、基本素养，灵活选择课程模块，以及自主建构个性化的课程模块和能力结构，指导教师依据不同类别学生，进行有针对性的教学和个别化指导，真正做到自主建构与因材施教，如图 3-2 所示。

① 浙江胡海岚团队. 成功经历如何重塑大脑.（2017-07-14）[2020-01-10]. http://www.sohu.com/a/157104756_450839.

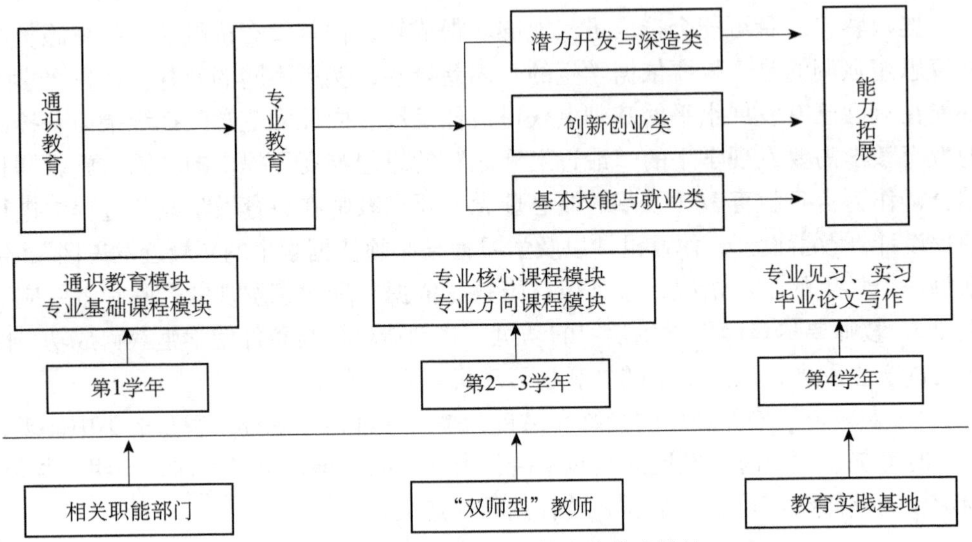

图 3-2　“三三三”人才培养改革模式结构

1. 分类别指导

“分类别指导”指向学生发展的主体性，深化学生对专业学习目标的认识，激发学生进行专业学习的兴趣。在第 1 学年，学生以通识教育课程和专业基础课程学习为主，通过为期一个学年的适应性学习和了解，学生更加明确了自己的学习兴趣和发展意愿。在此基础上，学校组织学生自主选择，进行专业分流，按照“潜力开发与深造类”“创新创业类”“基本技能与就业类”三个类别划分专业学习通道。针对以上三个类别的学生，其专业核心课程模块和专业发展方向课程模块是不同的，在确保基本教育内容的前提下，培养方向有明显的不同：对于选择“潜力开发与深造类”的学生，偏重理论学习和升学辅导，学习的方向更加明确，理论深度会更大，以培养学生在升学考试中的理论建构和分析问题以及解决问题的能力；对于选择“创新创业类”的学生，侧重于对其应用能力、开发能力的培养，同时进行一些有关创业知识和创业能力、创业方向、信息整合等方面内容的辅导和训练，为他们进行自主创业奠定基础；对于选择“基本技能与就业类”的学生，更偏重对其专业技能（师范专业学生则表现为师范技能）的培养、训练，为其毕业后成为合格的专业工作者（师范专业毕业生则是成为合格的中小学教师或教育工作者）奠定扎实的理论基础和实践技能基础。

分类别指导的人才培养改革思路凸显了大学生的主体需求、个人发展目标与社会需求的结合，在学生适应大学生活后的专业分流措施使每个学生更加明确了自己的发展定位，对未来发展方向有了更加清晰的认识，使人才培养真正做到了因材施教、有的放矢。

2. 分阶段培养

“分阶段培养”指向人才培养的过程性和阶段性，使学生的成长成才轨迹更加清晰，培养社会发展所需的各类人才。按照布鲁姆的掌握学习理论，学校通过将目标确定和目标达成相结合，要求学生必须在完成当前学习目标内容、达到目标任务后才能进入下一学习过程。因此，第二个“三分”将学生培养分为“四年三阶段”：第一阶段为第1学年，为“通识教育阶段”；第二阶段为第2—3学年，为“专业教育阶段”；第三阶段为第4学年，为“能力提升阶段”。从“通识教育阶段”到“专业教育阶段”再到“能力提升阶段”，每一个阶段都会具体划分人才培养的核心素养指标，其评价以指标体系的量化为标准，使学生在第一阶段夯实通识教育的基础上进入第二阶段的专业学习，专业核心能力和核心素养得到明显提高，培养的方向更精准。在第三阶段，根据不同的类别进行有针对性的综合素质训练和专门能力培养，使学生的专业能力有明显的提升。各阶段的划分是相对的，具体的时间需要根据学生自主学习的意愿和目标达成情况来确定。

学校将分阶段培养的阶段性和学生发展的顺序性有机融合，既考虑学生专业成长的一般规律和共同要求，又根据学生的发展定位和发展方向有针对性地进行能力提升训练，培养通专结合的人才。同时，分阶段培养的理念要求根据学生的差异性来确定学习目标、架构知识结构，因材施教，将掌握教学与目标导向的教学相结合。

3. 分模块推进

《中华人民共和国国民经济和社会发展第十三个五年规划纲要》明确提出了“改革人才培养机制，实行学术人才和应用人才分类、通识教育和专业教育相结合的培养制度”的要求。[①]为此，内江师范学院提出了“分模块推进”的教学改革措施。这项改革指向知识生成的层次性，使学生的专业胜任力明显提升，毕业生走向社会的专业适应性明显增强。专业模块主要依据专业核心素养指标来确定，采用三分法——由基础模块（基本知识、基本素养）、技能模块（基本应用技能、应用开发技能）和能力提升模块（科学研究方法、研究能力）构成。基础模块=通识教育课程+专业基础课程。技能模块=专业技能课程+综合应用技能课程。能力提升模块需要按照三个类别来选择，即“潜能开发与升学类”课程主要是为了解决学科专业综合知识体系与学科专业综合问题，“创新创业类”课程主要是为了解决专

① 中华人民共和国国民经济和社会发展第十三个五年规划纲要.（2016-03-17）[2020-01-25]. http://www.xinhuanet.com/politics/2016lh/2016-03/17/c_1118366322.htm.

业应用问题与应用开发及创业问题，“基本技能与就业类”课程主要是为了解决专业相关职业基本技能综合训练与实践等问题。这三类不同的选择与毕业论文相结合，作为对学生综合能力提升的统一要求。在这三个课程模块中，第一和第二类课程的设置主要根据专业的学理逻辑，第三类课程的设置则主要根据学生自主选择与专业的应用相融合的原则，应用型转型的教育理念在这里得以体现，三类课程的结构分别体现了专业知识和技能的进一步深化，或偏向基本职业技能，或偏向创新创业能力，或偏向基础学习能力。三类课程分模块推进，以专业核心素养为依据来划分专业模块，专业模块课程中的能力提升子模块课程由于个性化程度高，更多采取专业导师辅导的方式，学生在教师的指导下自主建构课程的具体内容结构，并不一定会实施统一的课堂教学，以学生学习过程和教师辅导过程作为标志，以学生理论知识学习和专业能力提升相结合的模块化结构来制订人才培养方案，使人才培养体系更加灵活、多样与优化。由此，教与学的融合与活力激发更加充分，学生的主体性发展更加完善。

（三）探索新路径，实施“三大”创新举措

1. 立足学生生命场域，构建学生自主发展模式

学生是发展的个体，更是发展的主体，发展什么与如何发展都需要坚持“以生为本”的原则，这是学校“教书育人”的立足点。内江师范学院“三三三”人才培养模式改革注重学生的自主发展性，依据学生的兴趣、水平、能力，结合社会需求，促进学生个性化专长发展，发挥主体性，提升创造力。在对学生进行专业方向分类时，学校主要以学生的自主选择为根据。“潜力开发与深造类”“创新创业类”“基本技能与就业类”的课程设置主要以学生的发展需求为核心，同时兼顾学生的个性特点、能力、倾向性以及兴趣等非智力因素。不论是分阶段、分类别还是分模块都是动态的分化，即使是在具体的类别之中的具体课程结构也具有动态调整性，实行动态管理和灵活调整策略，让学生在不同阶段、不同类别、不同模块以及模块中的不同课程内容等方面都充分发挥其主观能动性，自主构建知识、技能、素养结构，即在模块化教学的过程中，学生可以根据自己的学习状况随时申请类别转换，灵活的动态管理模式为学生的发展提供了平台，使学生的自我成就感与自我效能感得到提高，进而激发了学生的生命活力。

2. 搭建校地、校企合作平台，构建产学研协同育人机制

学校办学面向社会、面向市场，培养学生面向社会、面向市场，这两者是统一的。社会服务是高等学校的重要职能之一，同时也是提升人才培养质量、

拓展办学资源的重要手段。内江师范学院坚持“扎根地方、追求卓越”的办学理念[①]，积极建构校地、校企协同育人机制，注重在社会服务理念的指引下增强人才培养的社会适应性，实现内涵式发展与转型发展“两促进”，真正构建了面向社会、面向市场的办学机制。近年来，内江师范学院先后与中国水产科学研究院长江水产研究所等 9 个学术机构，亚马逊、雅马哈等 40 多家企业，自贡市、遂宁市、隆昌市、凉山彝族自治州越西县等 20 多个地方政府或部门共建了实验室、实训基地、实习基地等近 400 个，为学生教育见习、实习、研习以及联合开发创新创业项目等提供了平台，形成了校企、校地与产学研统一的协同育人机制，完全满足了应用型人才培养的需要。

3. 提供个性化服务，推动科技竞赛与创新创业融合发展

内江师范学院将科技竞赛与创新创业教育融合为一体，既发现了有进行科学研究、参加科技竞赛潜力的学生，为其组建了指导教师团队，又为全体学生普及创新与创业知识搭建了平台，为其创造了成功的机会。学校组建数学建模竞赛、电子设计大赛、大学生“挑战杯”竞赛指导教师团队，指导学生参与各级大赛；给学生提供学校省级重点实验室、科学研究平台、教学示范中心以及校地共建平台等资源，与地方政府、企业联合建设大学生创新创业基地，服务大学生创新创业训练，支持大学生参与各项创新创业大赛等。学校着力于提升学生多方面的能力，为学生提供多样性与个性化的服务，让每个学生都能够获得应有的成功，体验自我效能感。近年来，学生的科技、创新创业竞赛成绩有了显著进步。

三、改革的基本经验和借鉴意义

“三三三”人才培养体系适应了高等教育内涵式发展的要求，采用“通专结合”的培养模式，依据学生的客观差异性和自主性来自主选择，因材施教，促进学生的个性化发展。针对当下高等教育培养中“流水线作业”的弊端，“三三三”人才培养体系弥补了传统人才培养体系中过于强调标准化和统一性，扼杀了学生个性成长、专长发展的缺憾。其以因材施教为出发点，注重专业发展和课程学习的过程性、内容设计的针对性，使人才培养模式构建的灵活性、多样性与学生的自主选择与自主构建相结合，充分体现了既重视学校人才培养模式的统一性与多样化操作的可选择性，也重视学生自主构建的自主性和灵活性；既重视理论学习的专

① 马元方，谢峰，刘毅等. 2008. 地方高师院校人才培养模式的研究与实践——以内江师范学院“教学做合一”育人模式为例. 教育研究，(8)：106-109.

业性与系统深刻性，也重视技能素养锻炼的实践性与应用性；既能满足学生精准化发展的需要，也能满足社会对所需人才的精确性培养需求。

内江师范学院始终坚持服务学生全面发展的理念，历经十多年，持续深化教育教学综合改革，探索形成了“教学做合一”的特色育人模式 ①，以及在此基础上进一步完善与发展的“教学做统一”的教育改革 ②，得到国内外同行院校的一致认可和广泛赞誉。“三三三”人才培养体系的建立，既是对“教学做合一”育人模式的发展，又是在新的历史背景下对高等教育内涵式发展思想的具体实践。近年来，学校以教育教学综合改革为突破口，满足社会“产业结构升级和经济转型发展对复合型、应用型人才”的迫切需要，人才培养水平得到了切实提升。③

（一）潜能开发与升学的成绩彰显

作为应用型地方本科院校，虽然内江师范学院的重点是培养为地方经济社会发展服务的应用型人才，但是也不能忽视深挖具有高发展潜质的学生，要把他们培养成为社会、国家需要的具有创新能力的高层次人才。因此，内江师范学院在人才培养体系构建过程中，充分重视将制度的多样性、灵活性及其与学生的已有发展的适切性和学生发展的自主性、选择性相结合，培养了一批发展潜能高的学生，在学科竞赛与研究生升学方面取得了突出的成绩。2016—2020 年，学生在学科竞赛中获省部级以上奖项累计 899 项，其中获美国数学建模竞赛特等奖 1 项、一等奖 24 项、二等奖 36 项，连续两次跻身“中国高校创新人才培养暨学科竞赛”300 强，考研率也由 6.5%上升到 12%，其中，生物科学专业 2017 年考研录取率达到 40.74%，地理科学专业 2018 年考研录取率达到 41.46%。

（二）创新创业能力有了较大提升

相对于“潜力开发与深造类”“基本技能与就业类”来说，“创新创业类”课程培养的人才主要是针对先进科学技术的开发与应用。这是在工业化生产与生活中不受重视的教育体系，而在后工业社会背景下，却是今后整个社会的发展方向和人类的一种生活方式，因而也是教育发展的趋势。因此，内江师范学院的人才

---

① 马元方，谢峰，刘毅等. 2008. 地方高师院校人才培养模式的研究与实践——以内江师范学院“教学做合一”育人模式为例. 教育研究，（8）：106-109.

② 覃华艳. 内江师院：“教学做统一”育人才.（2018-11-08）［2020-01-25］. http：//www.jyb.cn/zgjyb/201811/t20181108_1259617.html.

③ 张亚群，庞瑶. 2019. 通专结合培养模式的变革：历史省思与现实选择. 华中师范大学学报（人文社会科学版），58（6）：25-34.

培养体系改革适应社会发展趋势，响应国家教育改革战略号召，将创新创业类人才培养作为最具发展潜力的发展方向，自 2016 年以来取得了突破性进展。在“创新创业类”中，2016—2020 年，大学生创新创业训练计划项目由 40 项增加到 436 项，其中国家级的有 226 项。2018 年 11 月 8 日，《中国教育报·新闻综合版》以《内江师院：“教学做统一”育人才》为题，专题报道了学校高素质应用型人才培养取得的成效。①

（三）基本技能与就业能力普遍提高

地方本科院校在类型定位上属于应用型，主要任务是为地方经济社会发展培养高素质的应用型专门人才。这其实也是对学生能力培养的一个基本的保障，让他们每一个人都能够就业。因此，内江师范学院的人才培养体系改革重视培养学生的基础知识与基本技能，重视专业的应用性与地方性，培养“下得去、用得上、留得住、发展好”的广受用人单位青睐的人才。2016—2020 年，学校人才培养质量不断提升，毕业生初次就业率从 90%上升到 93.8%，并在 2019 年跻身中国大学本科生就业质量排行榜，位列第 243 位，在四川省位居第 7 位。②

（四）学校办学核心竞争力快速提升

办好一所学校需要树立先进的办学理念，建设数量充足、素质优良的师资队伍，购置充裕的图书、教学实验仪器设备，建立充分的实践教学基地与平台以及科学、先进的管理机制等，最终体现为人才培养质量的提高，这也是一所高校办学实力和综合竞争力的具体表现。经过近几年的改革实践探索，内江师范学院的办学实力和核心竞争力显著提升，在软科中国最好大学排名从 482 名跃升到 384 名，在武书连中国大学排名从未上榜上升到 458 名（表 3-1）。

表 3-1　2017—2019 年软科中国最好大学和武书连中国大学综合实力排行榜数据表

名称	2017 年	2018 年	2019 年
软科中国最好大学排名	482	479	384
武书连中国大学排名	未上榜	536	458

注：表中数据来源于上海软科教育信息咨询有限公司、武书连《中国大学评价》课题组

① 覃华艳. 内江师院：“教学做统一”育人才.（2018-11-08）[2020-01-25]. http：//www.jyb.cn/zgjyb/201811/t20181108_1259617.html.

② 张志远. 2020. 扎根地方，追求卓越：地方本科院校发展核心价值诉求. 内江师范学院学报，35（1）：1-5.

（五）结语与展望

内江师范学院“三三三”人才培养体系的构建，是基于内涵式发展的实践探索，也是自主探索的创造性举措，是对长期以来积淀的办学模式和教学改革的继承与创新。通过充分激活学生、教师乃至整个学校发展的活力，避免了人才培养体系单一、结构不合理的弊端，探索出了具有鲜明特色的办学路径；通过整合资源优势，形成发展合力，抢占发展先机，站位优势明显，取得了良好的成效。但是，改革始终是一个不断发展与完善的前进过程，旧的问题解决了，新的问题又会产生，这是辩证唯物主义的基本规律。因此，学校将一如既往地坚持改革创新的发展思路，认真分析存在的不足，探寻最佳的发展方向。在今后的人才培养体系建设中，学校会进一步完善机制，更加重视人才培养机制的统一性与灵活性，以创新求突破，适应后工业社会特别是人工智能时代生产方式与生活方式变革对教育提出的新要求，更加重视内部管理的机构与职能设置的优化与创新，健全管理制度，提高教育治理能力，真正把习近平总书记“激发各类人才创新活力和潜力”[①]的指示转化为学校的发展目标和行动指南。

① 习近平. 为建设世界科技强国而奋斗——在全国科技创新大会、两院院士大会、中国科协第九次全国代表大会上的讲话.(2016-05-30)[2020-03-14]. http://www.xinhuanet.com//politics/2016-05/31/c_1118965169.htm.

第四章 汉语言文学专业人才培养改革与实践

我国正处在由高等教育大国向高等教育强国迈进的关键时期。为了推动高等教育强国目标的早日实现，国家提出并实施了“双一流”建设等一系列重要举措，随着这些规划和措施的不断落实，我国高等教育改革已经进入了深水区。在当前的千校争先、万众竞进、追求卓越，奋力建设一流本科、一流专业和培养一流人才的大背景下，内江师范学院汉语言文学专业的发展既面临着机遇，也面临着挑战。例如，如何医治长期以来形成的培养目标单一化、教学内容纯文学化、教学方式脱离时代背景等痼疾？如何拓宽办学路径？如何培养出适应性更强、水平更高的新时代大学生，解决就业面窄的难题？这些实实在在的问题实实在在地摆在学校面前，急需我们深入反思造成这些困境的原因，从而科学应对，有的放矢地突破困局。

第一节 汉语言文学专业人才培养面临的困境

内江师范学院开设汉语言文学专业的历史悠久，师资力量较强，办学声誉良好，社会认可度高，但随着社会发展转型及专业需求的变化，尤其是面对新时代对人才规格的新需求，汉语言文学专业在人才培养方面出现了瓶颈。

一、人才培养忽视社会需求

人才培养必须符合社会需求，适应时代发展的需要。当今时代，科学技术突飞猛进，社会经济高速发展，国际交流越发频繁，国际竞争更加激烈，要想在这场角逐中胜出，归根结底要靠人才。高校既要吸引世界级高水平人才，更要自己培养高素质的人才。高校自主培养的人才应当具备什么样的素质？或者说什么样的人才符合我国的社会需求？《中华人民共和国高等教育法》规定："高等教育的任务是培养具有社会责任感、创新精神和实践能力的高级专门人才，发展科学技术文化，促进社会主义现代化建设。"这里很明确地指出，我国高校培养的人才应该具有"创新精神"和"实践能力"。培养具有创新精神和实践能力的高水平人才，是国家发展的需要，更是高校人才培养工作的中心任务。

（一）对创新精神培养的重视不够

创新精神是时代发展的动力，而青年大学生是创新的生力军，承担着促进国家发展的神圣使命。如果青年人缺乏创新精神，那么国家在世界竞争中就会缺少竞争力，因此培养青年大学生的创新精神是对高等教育提出的必然要求。对标国家要求，内江师范学院汉语言文学专业在教育教学实践中越来越重视对学生创新精神的培养，在持续改进的人才培养方案中，对创新精神的贯彻不断深入。然而，现实与理想仍存在着很大差距，比如，课程设置仍偏重传统课型，缺少贯穿创新理念的新课程；课堂教学仍然以教师教为主，并没有完全实现变讲堂为学堂、以学生学为主的创新型课堂；课程安排过多，学生缺少独立思考与钻研的时间与空间，对其发展创新思维、提升创新能力造成了极大的阻碍，这都不利于学生的创新能力养成。这就需要汉语言文学专业加大对这方面的重视程度，有针对性地破除传统观念的束缚，勇于改革培养模式，培养符合国家和社会需要的具有良好创新精神的新时代大学生。

（二）对实践能力培养的重视不够

实践能力与创新精神是相辅相成的，创新需要通过实践来实现，实践也必须具有创新性，没有实践的创新就是无本之木，没有创新的实践就是原地踏步。内江师范学院汉语言文学专业也面临着如何解决这些矛盾的问题。

比如，针对师范方向，汉语言文学专业提高了实践性课程的比例，如“语文设计与教学”“中学语文课程标准与教材研究”“班级管理艺术”“语文微格教学训练”“中学语文写作教学研究”等课程的开设，无疑对提高学生的语文教学能力、师范技能起到了重要的作用。除开设相关课程外，汉语言文学专业还通过教学实习、教学竞赛等为学生提供更多的实践机会。与过去相比，可以说汉语言文学专业对学生的实践能力养成更加重视，但从实际效果来看，学生的实践能力仍未完全达到理想的标准，还有相当比例的学生教育教学实践方面的能力欠缺，不能适应中小学的教学要求。非师范生的情况也大致相同，即所学非所用、所用非所学的情况还是较多，在高质量就业、考研等方面的表现还不尽如人意。凡此种种都说明汉语言文学专业的人才培养方案需要持续改进，需要在开设课程、教育实习等方面进行更多的创新。通过创新，教师能更好地指导学生进行实践，学生能在实践中更快地成长。总之，培养出适应国家经济社会发展需要的具有创新精神和实践能力的优秀新文科人才，仍然是汉语言文学专业努力的目标。

二、人才培养缺乏创新性

社会发展的需求是多元的，然而汉语言文学专业的培养理念比较传统，注重共性教育，在人才培养目标的设置上相对整齐划一，在课程设置、教学内容、教学方式等方面都过于追求标准化、统一化，使得培养的人才较为单一，缺乏个性与创造性，不能适应社会发展对人才的多元需求。这种培养模式无法很好地满足学生的个性化发展需求，亟须改革。

（一）课程结构不够合理

课程结构对于人才培养质量的提高非常重要，没有科学、合理的课程结构，就不可能培养出全面发展的人才。汉语言文学专业师范类培养方案的课程矩阵有“通识教育”“学科基础”“专业发展方向”“教师教育”“综合实践”五大课程类型（内部又细分为必修与选修），可以说从丰富、完整的角度而言，这种设置已经比较完善了。但我们也看到，“通识教育”所占比例偏大，压缩了专业课程空间；虽然教育见习与实习的时间加起来有 19 周（一学期），但相对于培养一名合格的师范生应该用到的实践时间而言还是不足，以致很多学生到工作岗位后仍然要经过较长的“实习期”，才能成为一名合格的中小学语文教师。为解决这一问题，加强对师范技能的锻炼，汉语言文学专业在“教师教育”板块为学生提供了很多机会，这些实践也可纳入“实习”时间的统计中，这样师范生的实习时间就得到了延长。当然，如果“学科基础”“专业发展方向”两个板块也加大对师范技能培养的力度，无疑就更理想了。

综上所述，因为课程结构方面的不尽合理之处仍然存在，或者说在落实培养方案过程中存在不到位的情况，使得所设置的课程矩阵没有更好地发挥作用，这些都是汉语言文学专业将来需要高度重视的，同时也应该在这方面对任课教师加以引导。

（二）教学方式仍然是传统的

正如上文所言，我国社会发展需要具有创新精神和实践能力的高水平人才，作为师范类高校要培养具有创新精神和实践能力的人才，首先要求教师必须具有创新精神和较强的实践能力，否则培养具有这两方面素质的人才就无从谈起。当今时代，教育理念随着经济、科技的快速发展而日新月异，教师需要跟上时代步伐，掌握最新理念和教育教学技能，这是时代发展的必然要求，也是内江师范学院建设新时代师范大学的必然要求。但事实很不理想，学校大部分教师仍然坚守传统的阵地不动摇，依然是以讲授为主，粉笔加黑板或者多媒体加白板，很少利用翻转课堂、慕课、微课、雨课堂等先进的教学模式或教学平台，缺少师生的有效互动，教师缺少对学生动手能力、实践能力的指导，学生学习的主动性没有被充分激活。总之，教师的教育教学理念陈旧，与时代脱节，制约了教育教学水平的整体发展与提高，这是必须要改变的。

（三）人才培养途径单一

学生终究要走向社会，成为社会的建设者，对他们而言，实践能力是至关重要的。高校有义务通过多种渠道、多条途径培养学生的实践能力，这是高校的重要使命。汉语言文学专业目前存在的问题是，教育教学仍然以课堂教学为主、其他形式为辅，甚至有时会流于形式，对实践缺乏跟踪指导，因而无法取得应有的效果，学生的实践能力养成也就成了空话。在以课堂教学为主的现实情况下，学生多数时间处于被动学习状态，没有与社会实践相结合，没有与丰富多彩的综合性活动相结合。教师缺乏校地合作、服务地方的意识，不能将自己的专业与地方经济文化建设需要有机结合，无法将这些资源应用到人才培养过程中，从而使对学生实践能力培养的要求在教师层面落空了。因此，汉语言文学专业不但应注重校地结合，更应将这种理念传达给每位教师，使这种理念成为他们的思想自觉，从而创造性地将专业与社会对动手能力强的复合型人才的需求对接。这样就形成了“学校-学院-教师”三位一体的人才培养途径创新开拓体，将争取社会资源与服务社会结合起来，积极、有计划地将学院的智力资源和学术优势转化为获取社会支持的竞争优势，切实为提高学生的实践水平搭建了平台。

以上列举了汉语言文学专业存在的主要不足，虽不免挂一漏万，但我们已经深刻认识到改革的迫切性。汉语言文学专业要抓住审核性评估、师范专业认证的机遇，审视自己的不足，以解剖麻雀的精神来剖析这些问题，以本为本，以高质量发展的精神为指引，从完善人才培养方案做起，持续改进，为提高人才培养质量做出应有的贡献。

第二节　汉语言文学专业人才培养模式改革的设计理念与思路

一、人才培养规格

汉语言文学专业要培养的是具有良好的道德品质、科学精神和人文情怀，适应我国语言文字改革发展需要，热爱语文，具备语言文学等方面的知识，具备文字运用能力，能胜任教师、公务员、企事业单位文职岗位等工作，具备较强的社会适应能力、实践能力和创新能力的高素质应用型人才。具体要求如下：师范方向的大部分学生能够从事中小学语文教育工作；潜力开发与深造类学生尽可能地考取研究生，进一步深造。

（一）践行师德

1）师德规范。①贯彻党的教育方针，以立德树人为己任；②遵守中小学教师职业道德规范，具有依法执教意识，立志成为有理想信念、有道德情操、有扎实学识、有仁爱之心的好教师。

2）教育情怀。①具有从教意愿，认同教师工作的意义和专业性，具有积极的情感、端正的态度、正确的价值观；②具有人文底蕴和科学精神，尊重学生人格，富有爱心、责任心，工作细心、耐心，做学生锤炼品格、学习知识、创新思维、奉献祖国的引路人。

（二）学会教学

1）学科素养。①掌握语文学科的基本知识、基本原理和基本技能，理解语文学科知识体系的基本思想和方法；②了解语文学科与其他学科的联系，了解语文学科与社会实践的联系，对语文学科相关知识有一定的了解。

2）教学能力。在教育实践中，能够依据语文学科课程标准，针对中学生身心发展和学科认知特点，运用学科教学知识和信息技术，进行教学设计、实施和评价，获得教学体验，具备教学基本技能，具有初步的教学能力和一定的教学研究能力。

（三）提升综合素质

1）德智体美劳全面发展，身心健康、精力充沛，养成良好的锻炼习惯、卫生习惯和生活习惯，体质健康测试成绩达到 50 分及以上，军事训练达标。

2）具备一门外语听、读、说、写等方面的综合素养，以及计算机基础理论、信息素养及信息化教学能力等综合素养。

3）毕业时应取得普通话水平测试二级甲等证书、“三笔字”合格证书。

（四）学会育人

1）班级指导。①树立德育为先的理念，了解中学德育原理与方法；掌握班级组织与建设的工作规律和基本方法。②能够在班主任工作实践中参与德育和心理健康教育等教育活动的组织与指导，获得积极体验。

2）综合育人。①了解中学生身心发展和养成教育规律；②理解学科育人价值，能够有机结合学科教学进行育人活动；③了解学校文化和教育活动的育人内涵和方法，参与组织主题教育和社团活动，对学生进行教育和引导。

（五）学会发展

1）学会反思。①具有终身学习与专业发展意识；②了解国内外基础教育改革发展动态，能够适应时代和教育发展需求，进行学习和职业生涯规划；③初步掌握反思方法和技能，具有一定的创新意识，运用批判性思维方法，学会分析和解决教育教学问题。

2）沟通合作。理解学习共同体的作用，具有团队协作精神，掌握沟通合作技能，具有小组互助和合作学习体验。

（六）提高创新创业能力

1）建立创业思维，了解创业的基本知识、基本理论、基本方法。

2）树立创新意识，提升创新思维与创新能力。

二、课程体系

汉语言文学专业分为师范专业和非师范专业，课程内容各有侧重。

（一）师范专业主干学科及核心课程

主干学科：中国语言文学。

核心课程：现代汉语、古代汉语、语言学概论、中国古代文学、中国现代文学、中国当代文学、外国文学、文学概论、大学写作。

主要实践性教学环节：教育见习、教育研习、教育实习、毕业论文（设计）等。

通识教育课程：思想道德修养与法律基础、中国近现代史纲要、马克思主义基本原理概论、毛泽东思想和中国特色社会主义理论体系概论、形势与政策、大学生心理健康教育、大学体育、大学外语、应用外语、大学计算机、信息检索、大学生职业生涯规划、大学生创业基础、大学生就业指导、考研英语、考研政治。

专业基础课程：古代汉语、现代汉语、中国古代文学、中国现当代文学、外国文学、文学概论、大学写作。

专业拓展课程：中国古代文论、西方文论、美学、中国传统经典导读、中国现代经典导读、外国文学经典赏析、《文心雕龙》研究、《红楼梦》研究。

（二）非师范专业主干学科及核心课程

主干学科：中国语言文学。

核心课程：文学概论、中国古代文学、中国现代文学、中国当代文学、外国文学、语言学概论、现代汉语、大学写作。

主要实践教学环节如下。

1）基础实践：思想政治实践课、大学外语实践课、形势与政策实践课。

2）专业实践：秘书实务操作实践课、社会调查方法及应用实践课、办公自动化及其应用实践课。

三、课程设计

汉语言文学专业的课程设计注重因材施教、分类培养。

（一）重视学生多样化发展，分类培养

汉语言文学专业根据实际情况，按照学生自我发展意愿和特长，将学生分为师范类和非师范两大类，并在此基础上再分为三个类型，即“潜力开发与深造类”“基本技能与就业类”“创新创业类”，并设置了相应的课程进行分类培养。

1）师范类学生。培养热爱祖国教育事业，适应我国教育改革发展需要，具有良好的思想品质、职业道德、科学精神、创新意识和人文情怀，具备系统的语言、文学等专业知识，具备扎实的语文教学能力和班级管理能力，具有较强的教育实践能力和教育创新精神，综合素质优良，服务地方基础教育，能适应新课程改革需要，胜任中学语文教学与研究的专业化教师。卓越师范方向培养的是具备突出的师范技能，具备职前教师素质，具有高质量就业的潜质，以及自我发展能力突出的卓越的中小学语文教师。

2）非师范类学生。培养热爱祖国语言文字事业，适应我国经济改革发展需要，具有良好的思想品质、职业道德、科学精神和人文情怀，具备语言、文学等专业知识，具备组织、写作能力，以及具备一定的行政管理知识和能力，能在相关企

事业单位从事组织和写作等工作，具备较强的社会适应能力、写作实践能力和创新能力的高素质应用型人才，并促使其成为能力突出、业务优秀的应用型复合人才。

汉语言文学专业的分类培养主要有三种类型："潜力开发与深造类""基本技能与就业类""创新创业类"。其依据社会行业发展需求，构建三类人才各自顺畅的通道，并确立相应的人才核心素养指标，设计相应的课程，主要解决培养什么人的问题。学生根据个人需求和发展定位，在学院的指导下自主选择人才培养类别通道进行学习，并且可以在不同培养类别通道之间自由流动。

（二）重视学生个性化发展，优化育人环境

汉语言文学专业以育人为目标，设定全方位的育人模式，促进学生的成长。

1）课堂育人。①对标专业核心素养，推进教学改革；②改变传统的单向讲授灌输法，以话题启动教学，以问题驱动教学，以讨论、表演等形式开展、推进教学，形成开放式、生成式、创作式的教学场面；③大力推进"翻转课堂""情景模拟""实操演练"等教学方式，改革教学手段；④既重视发挥传统板书"写"的示范功能，也注意采用多媒体手段激发学生的兴趣；⑤课堂上，教师精心引导，学生积极参与，根据学科特点，减少教师主讲课时，增加教师引导、督查的学生自主学习课时；⑥教学过程包括教师主讲、学生学讲、问难答疑、主题讨论、即兴表演、学生讲座等，变"传授—接受"模式为"问题—发现"模式；⑦教师在教学中以问题导入，提出新观点，激励学生去发现、思考、创新；⑧改革课堂教学形式，大力建设精品在线开放课程，实现以教为主向以学为主、以课堂教学为主向课内外结合为主的转变，对于实践性较强的课程，采取由专业教师和兼职导师联合授课的形式。

2）社团育人。①强化专业核心素养，培养学生的志趣。②重点建设"读、说、写、演"相关社团，并配备指导教师。写作课程以文学社团"笔会"、文学刊物《荷韵》为载体，激发学生创作热情。③学院还与《四川文学》合作共建创作基地，通过举办小说、诗歌创作大赛，提高学生的文学创作能力。④在学生课外活动中通过传统文化"六艺"观摩、"祭孔"活动、"沱江学子"讲坛、书法表演、寝室文化主题展示、汉字听写大赛、中华吟诵等活动，培养学生的人文情怀，培育优美性情，将"做""养"与专业学习融为一体。总之，通过"多维导学"，教师坚持以学生为主体，努力成为学生学习的引领者、促进者、参与者和合作者，构建了平等、互动、合作、探究的新型教与学的关系。

3）赛场育人。①提升专业核心素养，以赛促训；②在校级、市级、省级、国家级的相关比赛中着眼于学生专业核心素养的提高；③学生斩获了四川省“教师技能比赛”一等奖、全国教师技能大赛二等奖，教研论文获得第六届全国新概念教育教学论文大赛一等奖，等等。

4）社会优质资源育人。①高端引领，拓宽视野；②学院强力推进“多方协同培养合作共同体”，实现了与基础教育的深度融合；③学院先后与内江、自贡、资阳、南充、达州的多所中学签订了校际合作协议。这些学校有国家级示范学校、省级示范学校，如隆昌第二中学、内江第二中学、自贡市蜀光中学等，更多的是一批基层中学。根据协议，地方教育局和普通中学参与汉语言文学专业师范教育改革、建设与发展，大力支持汉语言文学专业在教师教育专业建设、中学教师培养、强化师范生教育实践能力等方面开展的各项改革；加大对实习工作的支持力度，落实高校、中学协同培养的“双导师”制，切实配合做好师范生的教育见习、实习工作；进一步推动、参与内江师范学院与中学加强基础教育改革与发展研究等工作。

四、课程建设

（一）课程专业性强，高度重视专业学科素养

汉语言文学专业的教师专业水平整体较高，2020年，有教授13人，副教授15人，博士（含在读）20人。其中，有省级教学名师1名，省级学术和技术带头人后备人选1名，四川省有突出贡献的优秀专家1名，内江市拔尖人才和学科带头人1名，四川师范大学硕士生导师4名，学校领军人才1名，学校领军人才培养对象团队负责人1名；1名教师获校“我最喜爱的老师”金奖，并先后被四川省妇联、全国妇联授予“四川省三八红旗手”“全国巾帼建功标兵”称号，被四川省教育厅表彰为“四川省情牵教育优秀教师”；1名教师被四川省人力资源和社会保障厅、四川省教育厅评为“四川省优秀教师”。

汉语言文学作为母语学科，课程结构较为成熟，“弘基格致，守正创新”是其发展的基本方向。①在国家标准的基础上，根据行业要求、先进学校的经验，汉语言文学专业着力服务区域社会经济发展和基础教育，在人才培养方案的修订过程中注重不断提升学生的学科素养；②强化教学管理与改革，以高水平的科研促进教学，教学质量提高有专业保障；③革新专业教学内容，注重教学方法的改革，强调课堂教学要由“知识传授”向“能力培养”转变，改革传统的教学方法，探

索形式多样的教学模式，采用了项目教学法、问题式学习教学法、讨论式学习、教师学生角色互换式教学法；④以现代教育思想为指导，强调师生互动，合理运用现代信息技术等手段；⑤对教学内容进行重新设计、布局，突出学生素质和能力培养；⑥建立有效、可信的考试机制，重视过程考核，降低期末考试成绩所占比例，实施多样化的考核评价机制，调动学生自主学习的积极性。

（二）突出“课程思政”的教育性

习近平总书记明确指出：“思政课是落实立德树人根本任务的关键课程。”“办好思政课，就是要开展马克思主义理论教育，用新时代中国特色社会主义思想铸魂育人。”[①]“中国现代文学史”可以被理解为一部以中国共产党人为代表的近代知识分子的思想史和政治活动参与史，这门课程本身蕴含着丰富的思想政治元素，关键问题是如何有力、有效地释放这些元素，从而实现对大学生进行思政教育的目标。在汉语言文学专业富有成效的“学、练、研、做、养”育人模式的基础上，考虑到当下大学生思维意识薄弱、思维能力低下的现状，“中国现代文学”的“课程思政”建设思路如下。

1）强化文学思维训练。它是指强化文学的求真、求善、求美的思辨性，让学生通过思辨将红色元素、家国情怀、社会责任、人文情怀内化为自己的精神品格。

2）强化中国现代文学的现代性品质。其目的在于，让学生强烈感受到“五四文化”“五四精神”所倡导的科学与民主观念对中国现代化进程的强大推动力、引导力和纠错力，从而将法治意识、文化自信内化为自己的民族品格。

3）强化中国现代文学的现实性。它是指强化中国现代文学的学习对理解当下国家政策的启发性，更好地领会习近平新时代中国特色社会主义思想、社会主义核心价值观的历史逻辑和现实创新，从而内化为大学生自己的政治品格，而不是“鹦鹉学舌”、有口无心般地死记硬背一些话语。针对以上建设思路，“中国现代文学”的“课程思政”特别注意“两个结合”。

其一，知识引导与价值引领相结合。在传授专业知识的同时，培养学生的政治理想信念，凸显思想政治教育元素，提升学生关注当前社会问题的能力，培养其具备理智的道德选择能力，培养其家国情怀，培养其形成正确的历史观。

其二，培养学生的社会责任与社会担当相结合。在教学中，要结合具体作家、作品、文学思潮、文学现象等诸多专业知识，不断增强学生的社会责任感，强化其法律意识、公德意识、担当意识，将习近平新时代中国特色社会主义思想、社

---

① 习近平. 2020. 思政课是落实立德树人根本任务的关键课程. 求是，(17)：4-16.

会主义核心价值观内化在专业发展和人生成长过程中。在具体的教学过程中，要培养学生的个人伦理意识与公共伦理判断能力，培养求真、求精的责任心，培养合作探究的团队意识，培养诚信守善的品质，坚定文化自信，努力实现文化复兴。

五、教学改革

美国教育家杜威认为，“教育即生长”，“学校教育的价值，它的标准，就看它创造继续生长的愿望到什么程度，看它为实现这种愿望提供方法到什么程度”①。汉语言文学专业2018年版人才培养方案在对专业人才培养模式改革的思考中，特别注重对教学方法的改革，基本原则是育人为本、因材施教，围绕着“学生中心，因材施教，个性发展”展开。

（一）加大公共课教学改革力度

汉语言文学专业的公共课有“应用文写作”“大学语文”“普通话与教师口语”“三笔字技能”。“普通话与教师口语”采用课堂教学与实践课相结合的方式，课堂教学为10学时，师范技能实训中心实践课为16学时（其中2学时为组织学生在师范技能实训中心完成课程考核）。“三笔字技能”采用课堂教学与实践课相结合的方式，课堂教学为8学时，实践课为16学时，在学校师范技能实训中心上实践课8次，每次2学时。“应用文写作”“大学语文”采用课堂教学与网络课程（学校教务系统“尔雅通识教育课”中的相关课程或教学大纲要求的相关网络资源）相结合的方式，课堂教学为8学时，网络课程为8学时。在这方面，授课教师要加强对网络课程的管理，加强对学生的辅导；网络课程和课堂教学要紧密相关，不能两相脱离，网络课程中学生学习的内容要明确。

公共课教学改革是为了更好地培养学生的能力、实现教学目标，任课教师必须认真履行职责，加强过程管理。为适应“三分式”人才培养改革的需要，今后教师应该更加注重线上与线下、理论与实践的结合，探索更为有效的教学模式，进一步提高学生的学习效率。

（二）有效推进专业课课程教学改革

汉语言文学专业所在的文学院是学校“三分式”人才培养改革的首批试点单

① 约翰·杜威. 2001. 民主主义与教育. 王承绪译. 北京：人民教育出版社：62.

位，按照学校的有关要求，建立了“潜力开发与深造类”“基本技能与就业类”“创新创业类”相应的人才培养通道，针对不同类别培养通道制订了相应的人才培养方案。在2018年版人才培养方案中，在专业课设置上，关于不同类型通道发展方向课程之间的重复率，必修课差别不大，师范方向的选修课差别较大，非师范方向的必修课、选修课差别都较大。

1）教学内容体现人才培养目标要求，基础阶段强调对学生汉语言能力的培养，高年级注重学生专业核心知识和专业能力的发展，以此优化人才培养规格，扩大所培养人才的知识面，提高其综合运用知识的能力和整体素质。学院重视课程设置的科学性、合理型、系统性，重视合理设置公共基础课、专业基础课、限选课、任选课以及实践性教学环节的比例，在教学各环节中实施“学、练、研、做、养”模式，协同推进学生专业素养的发展。

2）积极探索小班上课模式，转变教师的教学观念与习惯和学生的学习观念与习惯，推动教学方法与手段改革。教师更多地引导学生通过自主学习等新的学习途径与教师一起参与到课程建设中来，自主、合作、探究的新型学习方式正成为各门课程主要的课堂教学形态。

3）积极推动“三分式”人才培养改革的研究。教育教学改革事关教学质量是否能够得以保证、提高，汉语言文学专业遵循教育规律，结合人才培养和专业发展的特点，支持、鼓励教学改革，准备就“文学院一流学科教师队伍建设与探索”“第二课堂与第一课堂深度融合探究”“汉语言文学专业非师范方向校外实践教学基地建设”“三分式教改下师生参与式古代文学课程教学改革研究”等课题展开研究并组织申报相关教学改革项目，鼓励教师将教学改革、教学研究成果运用到课堂中，使教学内容得到有效更新。

（三）严格课程考核，建立激励性评价体系

汉语言文学专业由单纯强调期末考试成绩逐渐变为平时成绩与期末考试成绩并重，强调对学习过程的管理，评价更加公平、合理。同时，考试方式灵活多样，如“三笔字技能”课的考试，将学生的作品临摹能力、书写能力作为考核重点，不再局限于做试题，起到了很好的导向作用。

六、实践教学

汉语言文学专业的实践教学设计秉承“以教师为主导，以学生为主体，以实

践为主线，以能力提升为目的”的理念，在实践教学多元化、课程教学个性化、考核方式多样化三个方面下足工夫。

（一）实践教学多元化

1）教育实践课程分为教育见习、教育实习、教育研习三个基本环节。教育见习分布在第3—5学期，每学期有1周的见习期，将其安排在师范类理论课程之前，目的是让学生通过见习了解当前一线中小学的教学现状，了解语文新课程改革的基本情况，为第6—8学期的学习奠定基础。教育实习安排在第7学期，共12周。教育研习安排在第8学期，共4周。学生通过实习对语文教学工作和班主任工作有了更清晰、更全面的认识，在此基础上选择进行研习就能更有心得和体会。

2）专业实践课程主要是指毕业论文写作，时间集中在第7—8学期。毕业论文写作主要分为写开题报告、写文献综述、列论文提纲、写论文等几个基本环节，其中论文写作要求至少修改三稿。

3）综合实践课程主要包括“思想政治”“形势与政策”“大学外语”“大学计算机”“信息检索”“现代教育技术”“三笔字技能”“普通话与教师口语”等，集中在第1学年和第2学年。这类课程由理论和实践两部分构成。

（二）课程教学个性化

汉语言文学专业的实践课程的课堂教学内容丰富，为突出个性化教学，常常采用以下方式展开。

1）视频观摩与分组讨论相结合。比如，“教育见习1”主要组织学生观摩中小学名师课堂教学视频，在此基础上教师引导学生分组讨论中小学名师课堂教学的优缺点，引导学生初步理解语文教学的基本情况。

2）学生实操，提升综合素质。“普通话与教师口语”这门课程是在理论课结束后，学生自主上机进行普通话训练和测试。通过反复训练，学生的实操能力得到了很大的提高。除了这门课之外，“三笔字技能”“大学外语”“大学计算机”“现代教育技术”“形势与政策”等都在实践环节强调学生的亲身体验和实际操作，将理论知识和实际运用有机结合。

3）走进一线中小学，深入了解一线课堂的基本情况。在“教育见习2”、“教育见习3”和教育实习时，学生都会深入中小学课堂进行实践，以切实提升教学设计能力、教学实施能力和班级管理能力。

（三）考核方式多样化

与理论课程相比，实践课程的考核更关注学生在实践过程中的综合表现，考核的内容不仅包括知识的理解、迁移与运用，还包括学生的动手能力、沟通协调能力、心理素质、思想道德修养等。因此，考核的方式非常灵活，常用的考核方式有以下三种。

1）提交作品。比如，对于三笔字技能的考核，往往会让学生现场提交书法作品；对于普通话与教师口语的考核，会让学生提交展示自己普通话水平的视频。

2）高校和地方中小学联合考核。教育见习、教育实习和教育研习结束后，实习（见习、研习）单位、实习（见习、研习）学校的指导教师和本校的实习指导教师会根据学生的签到情况、课堂教学情况、班级管理情况对学生进行综合评价，最终评定成绩。

3）实操考核。任课教师根据学生的上机操作情况评定成绩。比如，对于“大学计算机”“现代教育技术”“信息检索”等课程，学生上机操作的情况就是得出课程考核结果的重要依据。

七、“三全育人”

“三全育人”即全员育人、全程育人、全方位育人。

（一）学生活动设计原则

1）贯彻思想政治教育原则。习近平总书记说：“当前形势下，办好思政课，要放在世界百年未有之大变局、党和国家事业发展全局中来看待，要从坚持和发展中国特色社会主义、建设社会主义现代化强国、实现中华民族伟大复兴的高度来对待。”①加强和改进大学生思想政治教育，培养德才兼备的合格人才，是事关国家前途和民族命运的战略工程，是事关高校建设和发展的振兴工程。因此，在设计学生活动时，汉语言文学专业积极贯彻思想政治教育的原则，具体体现在第二课堂的素质活动和德育活动中。第二课堂的素质活动和德育活动共 10 学分，其中思想政治素养占 5 学分，占比为 50%，活动的内容主要有入学教育、军事理论、

① 习近平. 2020. 思政课是落实立德树人根本任务的关键课程. 求是，（17）：4-16.

军事训练、社会实践和心理认知等。这样分阶段、多角度地加强学生的思想政治教育，学生能在潜移默化中提高思想觉悟和政治素养，推进学生政治理论学习自主化、常态化。

2）遵循“三全育人”原则。“三全育人”是中共中央、国务院在《关于加强和改进新形势下高校思想政治工作的意见》中对高校育人提出的要求。《国家教育事业发展“十三五”规划》提出“坚持立德树人”。立德树人是高校的立身之本，只有把握好这一点，才能培养出社会需要的人才。因此，汉语言文学专业在设计活动时严格秉承《关于加强和改进新形势下高校思想政治工作的意见》《国家教育事业发展“十三五”规划》的要求，积极贯彻“三全育人”、立德树人的原则。第二课堂的 10 学分的素质活动和德育活动是全校学生的必选课，而且这些课程根据学生和学校的具体情况安排在第 1—4 学年，贯穿整个大学学习过程。第二课堂的课程设置，在把握好思想政治教育这一根本的基础上，还为文科生开设了科学素养课程，鼓励学生进行学术竞赛和科技创新，力求全方位育人。在立德树人方面，汉语言文学专业开设了道德品质素养方面的课程，强调学生的行为自律与文明养成，培养学生的文明、诚信、和谐、友善等品质，增强学生对教师职业的认同感，促进学生全面发展。

（二）学生活动设计与专业实践相结合

学生活动不应该是盲目的、随意的，它应该与专业实践结合起来，以提升学生的专业能力为主要目标。因此，汉语言文学专业的学生活动与专业实践紧密结合，指导学生进行语言学调查、民间文学调查、民俗调查等。在这个过程中，学生将所学专业知识运用到社会生活中，同时通过体察社会生活来促进专业知识的内化和吸收，提高了学生的专业水平。

第三节　汉语言文学专业的教育评价与质量监管

近年来，汉语言文学专业结合自身的学科特点、学生个性化发展的具体情况、社会实际需求等方面对专业人才培养开展了教育评价与质量监管，具体包括如下方面。

一、教育评价的基本方式

（一）基于学生个性发展的“三分式”目标评价

根据学校“扎根地方、追求卓越”的办学理念，坚持“以人为本，综合改革，社会合作，错位发展”的办学思路，汉语言文学专业探索出了“分类别指导、分阶段培养、分模块推进”的“三分式”人才培养改革的模式与路径，保证各类人才皆发展、皆有成功机会。基于学生个性发展的“三分式”目标评价具体包括如下内容。

1）分类别评价。依据社会行业发展需求，汉语言文学专业构建了相应的人才培养类别（“潜力开发与深造类”“基本技能与就业类”“创新创业类”）的人才核心素养指标，以尊重学生个性发展。例如，对于“潜力开发与深造类”学生，以考研率、学习能力、自我规划能力等为主要评价标准；对于“基本技能与就业类”学生，以社会适应能力、实践能力和创新能力为主要评价标准；对于“创新创业类”学生，以创新创业意识、创新创业能力、创新创业实践成果等为主要评价标准。

2）分阶段评价。依据学生核心素养发展指标，汉语言文学专业探索出了“121”模式（三段式）。第一个阶段（第1学年即第一个“1”）为通识教育阶段，第二阶段（第2—3学年即“2”）为专业教育阶段，第三阶段（第4学年即第二个“1”）为能力提升阶段。在通识教育阶段，以学生职业认知、基本知识和基本能力等方面为主要评价标准；在专业教育阶段，根据“三分式”人才培养改革方案，分别对潜力“开发与深造类”“基本技能与就业类”“创新创业类”学生的知识、情感、能力、方法等方面进行评价；在能力提升阶段，面向现实需要和培养目标，提高对三类学生的评价标准和要求。

3）分模块评价。汉语言文学专业根据“潜力开发与深造类”“基本技能与就业类”“创新创业类”三种不同培养通道，确立了不同的人才核心素养指标，构建了以能力培养为核心的由“B（basic，基本模块）+A（ability，能力提升模块）+O（overseas study，出国留学模块）”三个课程模块构成的培养目标体系。对于基本模块，结合通识教育课、专业基础课、专业核心课的培养目标进行评价；对于能力提升模块，结合三类学生的专业发展方向课的课程目标进行评价；对于出国留学模块，结合辅修课程的目标进行评价。

（二）基于学科专业特点的“新中文”课程评价

当前，“新文科”理念受到越来越广泛的关注和重视。“新文科是相对于传统文科而言的，是以全球新科技革命、新经济发展、中国特色社会主义进入新时代为背景，突破传统文科的思维模式，以继承与创新、交叉与融合、协同与共享为主要途径，促进多学科交叉与深度融合，推动传统文科的更新升级，从学科导向转向以需求为导向，从专业分割转向交叉融合，从适应服务转向支撑引领。”①在“新文科”的理念下，为建设和发展新的中国语言文学，汉语言文学专业结合专业特色和“新中文”应用型人才特征，提出了“知识能力内化于素养”的育人理念，基于本专业特点，从两方面建构了“新中文”的课程评价体系。

1）聚焦核心素养的课程评价体系。汉语言文学专业师范教育是文学院的传统优势专业，根据新时期语文学科核心素养要求，促进师范生的综合素养提升，是培养学生教师教育能力的关键。汉语言文学专业根据本专业特点，从语文新课程标准的语言建构与运用、思维发展与提升、审美鉴赏与创造、文化传承与理解素养等四个方面评价学生的核心素养。

2）深化课程融合的课程评价体系。汉语言文学专业探索出了“新中文”模式，将“读、说、写、演”相关课程纳入主干或核心课程，适当压缩理论课程，增加部分心理学、哲学、历史学、演讲与口才、创意写作等实践课程，促进课程融合。其评价体系不再以分科评价为唯一方式，而是在文史哲等课程融合的基础上对课程内容和学习成效进行评价。

（三）基于社会实际需求的“教学做”方式评价

基于社会发展的实际需求，汉语言文学专业以“读—说—写—演”为评价内容，以“课堂—社团—赛场—社会”为评价场域，对学生的能力发展加以综合性评价。为此，汉语言文学专业以中华优秀传统文化传承为主线，突出“国学”特色，如承办学校传统文化节、祭孔典礼、道德讲堂、汉字听写与诗文朗诵比赛，在全校范围举办经典晨读、国学经典全民诵读、诗词大会、中华吟诵活动，建设传统文化长廊等。通过在活动中育人，汉语言文学专业形成了评价和激励机制，

---

① 王铭玉，张涛. 高校“新文科”建设：概念与行动.（2019-03-21）[2020-01-15]. http://ex.cssn.cn/zx/bwyc/201903/t20190321_4850785.shtml.

融入了学生的学、行、住、练等日常规范和素养，形成了“诵、释、礼、研、传”礼敬中华优秀传统文化的个性文化气候。在对这些课程的评价上，汉语言文学专业更加注重学生在实践教学环节的专业能力表现，通过“课堂—社团—赛场—社会”“线上线下”“第一课堂与第二课堂”等多种渠道评价学生的专业能力。

二、汉语言文学专业质量监管的主要举措

（一）形成了多主体、多方式、多层级的教学质量监控和反馈体系

1）多主体监管。重视教学质量管理队伍建设，尤其是学院专业负责人、教学秘书、教研室主任、教学指导委员会和教学督导委员会相关人员的选聘及培训是重点。通过多种途径加强教学管理队伍的培训工作，提升思想政治素质、管理水平和业务能力。

2）多方式监管。注重使用多种评价方式进行评价，如形成性评价与总结性评价相结合，等等。同时，注重评价的诊断和发展功能，对课程和教学的实施情况进行及时反馈。在对学生的考核中，全面覆盖“学、练、研、作、养”五大方面。改变以往单一的书面测试形式，采取多种评价方式相结合的评价体系。

3）多层级监管。例如，人才培养方案中的三级评价体系，既有对不同类别学生的总体要求，又有对不同维度的具体要求，如对师范生“践行师德”“学会发展”“学会育人”“学会教学”几个维度的评价要求。每个维度具体包括多个方面，如“践行师德”主要从“师德规范”“教育情怀”等方面评价；“学会发展”主要从“学会反思”“沟通合作”等方面评价，体现了外在规范与内在情感统一原则；“学会育人”从“班级指导”“综合育人”等方面评价；“学会教学”从“学科素养”“教学能力”“综合素质”等方面评价，体现了育人能力的场域性和综合性的特点。对非师范生主要从“基本素养”“专业知识”“专业能力”“职业素养”“创新创业能力”五个维度进行评价，具体某个维度又有层级清晰的评价要求，如“基本素养”从“社会人文素养”“社会适应素养”“英语”等方面评价；“专业知识”从“核心知识”“方法知识”“应用知识”“学科知识”等方面评价；“专业能力”从“学习能力”“应用能力”“研究能力”“表达能力”等方面评价；“职业素养”从“行业认知素养”“行业体验素养”“岗位规范素养”“岗位实操素养”等方面评价，“创新创业能力”从“创新思维”“创业意识”等方面评价，层级分明、监管内容明确。

（二）建立了多元、有效的教学质量监督机制

汉语言文学专业教育质量监控在范围上从课堂教学延伸到课堂之外，在时间上从新生入学到毕业，在内容上贯穿了教学的每个环节。在实践教学管理方面，建立了见习、演习、实习、研习“四阶”统整模式，体现了职前教育行业标准，并建立了长期跟踪调查评价和校外评价相结合的评价机制。

从学校招生就业处跟踪调查反映的情况看，2015—2017 年，文学院汉语言文学专业毕业生就业率分别为 93.2%、93.8%、92%。其中，2015 年，毕业生总人数为 331 人，高质量就业人数为 138 人，高质量就业率（公务员、公立学校、国企、事业单位、“三支一扶”、银行、选调生、考研）为 41.7%；2016 年，毕业生总人数为 312 人，高质量就业人数为 110 人，高质量就业率为 35.3%；2017 年，毕业生总人数为 263 人，高质量就业人数为 91 人，高质量就业率为 34.6%。2015—2017 年，对口就业率分别为 61.5%、52.1%、69.6%。

据第三方评估机构麦可思公司对内江师范学院 2015—2017 年毕业生的满意度评价报告，在接受调查的聘用汉语言文学专业的 21 家用人单位中，党政机关数量最多，占比为 48%，其次是中小学，占比为 38%；所处行业以教育行业的数量居多，占比为 53%。此外，在 21 家用人单位聘用汉语言文学专业毕业生的原因中，排名前三位的分别是“专业基础扎实”“有吃苦精神”“工作态度认真负责”，占比分别为 85.71%、80.95%、71.43%。

（三）统一学生学业评价标准

1）所有通道的学生都须修满学校规定的所有学分。

2）所有通道的学生都须学好汉语言文学专业课，基础过硬。

3）所有通道的学生英语、计算机、普通话、三笔字均能顺利通过。

4）所有通道的学生都须有较为突出的语言表达能力与写作能力。

5）师范方向“基本技能与就业类”的大部分学生能够从事中小学语文教育工作。

6）非师范方向的学生能胜任办公室工作。

7）“潜力开发与深造类”学生尽可能考取研究生，进一步深造。

8）所有学生无论将来从事何种工作，均应具备终身学习的基础与能力。

这些统一标准既是汉语言文学专业教育质量的底线，也体现了对学生学习与发展的基本要求。同时，这也为基于“学生特点”“专业特点”“社会需要”的质量监控体系的构建奠定了基础，为学生的全面发展提供了人才培养方面的基本保障。

第四节　汉语言文学专业人才培养的成绩与效果

一、学生在校获奖情况及就业典型

大学生第二课堂具有提升学生综合素质、增强学生综合能力的育人功能。[①]汉语言文学专业高度重视第二课堂对培养学生专业素养、提高学生专业技能的重要作用。近年来，其积极开展了全方面、多种类的第二课堂活动，如学科竞赛、技能竞赛、学术科研、文体活动和科技活动等，以促进学生的学科素养发展、专业技能提升。其中，文体活动包含各级别的文化活动、运动比赛、暑期社会实践等，且开展的次数最多。另外，汉语言文学专业学子在学校、学院组织的短跑比赛、接力跑比赛、垒球比赛、三级跳比赛等赛事中屡次获得佳绩。

我国一直强调实行素质教育，其中一个重要的途径就是通过大学生社会实践活动来实现。开展大学生社会实践活动，能够使大学生和社会有效地联系、融合起来，同时，大学生社会实践活动也是高校加强学生思想政治教育的一个重要途径，能够充分发挥育人的效果。[②]汉语言文学专业学生积极投身于社会实践，利用假期时间在各种社会实践活动中提升社会责任感和使命感，将理论与实践紧密结合，开阔视野，丰富知识。在各项社会实践活动中，常常能看见该专业学子的身影，例如，“美在内心”凉山义务支教服务队于 2017 年走进贫困地区昭觉县，通过家访等活动了解当地的教育情况，为当地学生献出爱心。又如，嶲望志愿服务队在 2018 年暑期走进了越西，在为期半个月的暑假社会实践中进行政策宣讲、推广普通话、绘制文化墙，以支教、走访、问卷调查等形式践行着“受教育、长才干、做贡献”的信条。与此同时，学生参与学术科研的热情高涨，并取得了斐然成绩，体现出了汉语言文学专业学子求真、求实的科研态度。在 2017 年度大学生科研项目立项中，梁莹蔚、彭润秀、郑婷予、赵婷婷等脱颖而出。

---

① 曾剑雄，宋丹，刘晏如. 2019. 大学生第二课堂：现实困境与消解途径. 高等理科教育，(3)：81-88.

② 查理. 2020. 大学生社会实践活动育人功能研究. 青年与社会，(6)：92-93.

学生参加技能比赛是提升学习能力的重要途径，有必要探索学生学习技能比赛与日常教学互通的新机制，以提升学生的学习能力。①另外，学生还积极参加各项技能比赛，在比赛中提升专业能力水平。其中，最具有代表性的是汉字听写大赛、经典诵读大赛和师范技能大赛。学生在各项比赛中大展风采，赢得了各界的广泛好评。近年来，汉语言文学专业学子在师范技能大赛中多次取得优异成绩。2015 年，曾慧在四川省师范技能大赛中荣获二等奖。2016 年，曾从清在四川省师范生教学能力竞赛中荣获三等奖。2017 年，朱学梅在第四届“西部语文教育论坛暨全国大学生语文微课教学大赛”中荣获二等奖。同年，陈镜西和李施怡在第七届“华文杯”全国师范院校师范生语文教学技能大赛中斩获特等奖，秦娟、罗怡获得一等奖，张宇清获得二等奖。2018 年，王国丽、李玉霞在第八届“华文杯”全国师范院校师范生语文教学技能大赛中分别获得教学技能特等奖、二等奖，刘科利、向玲、易梦婷 3 人获得三等奖。学生在各级各类比赛中赛出了成绩，赛出了水平，赛出了风格，更在比赛中切实提高了专业技能。

此外，汉语言文学专业学生积极参加大学生作文大赛，多人获全国一、二、三等奖，更为可喜的是，涌现出了习修鹏、李航等一批学生诗人、作家，特别是不少学生参与网络小说创作，体现出不俗的创作实力。

1）汉语言文学专业毕业生近年来就业情况总体良好，在全校 50 余个专业中，高质量就业率、对口就业率处于中游水平。2012 届毕业生中，向峰、黄林、王冬梅、夏雪等十余名学生进入成都七中育才学校、乐至中学、隆昌第一中学等国家级、省级示范中学就业；2013 届毕业生范燕被丰都县第一中学录用；2014 届毕业生伍佳美、梁丽顺利通过公招考试，进入资中县第二中学；2015 届毕业生覃瑶被南充一中录用，王祥凤、鲜聪通过公招考试，被南部中学录用。优秀师范生实验班毕业生更是入职即有很好的发展，例如，诸江获得成都市青羊区“教师技能比赛”一等奖，其教研论文获得第六届全国新概念教育教学论文大赛一等奖，谭洁的教研论文获全国教师技能大赛二等奖等。近年来，300 余名学生考上北京师范大学、西南大学、陕西师范大学、四川师范大学等语文教学论专业硕士研究生。

2）毕业生的工作能力普遍受到社会好评。第三方评估机构麦可思公司的统计结果表明，用人单位对内江师范学院毕业生的总体满意度为 98%，其中满意为 45%，很满意为 53%，很不满意为 2%。在来内江师范学院招聘过的用人单位中，100%表示未来愿意继续招聘本校毕业生。对于内江师范学院毕业生，用人单位中

① 严娟娣，方轶群，张创伟等. 2018. 学习技能比赛与常规教学互通机制研究. 天津电大学报，22（3）：40-43.

74%的评价是“能力和知识结构合格”，48%认为“符合本单位职场文化和价值观”。①

二、教师教学科研成果以及教学改革经验

（一）教学科研成果

1）汉语言文学专业现有省级精品开放共享课程 1 门、精品课程 4 门，省级优秀教学团队 1 个，省级专业综合改革项目 1 项，省级“卓越教师培养计划”改革项目 1 项。有 13 人次获省级教育教学成果奖，18 人次获校级教育教学成果奖，3 人获校优质课比赛一等奖，2 人获校青年教师讲课比赛一等奖。自 2000 年以来，文学院教师主持国家社会科学基金项目 5 项、省部级科研项目 14 项，出版教材、专著近 40 部，发表论文 1000 余篇，10 人获得省级以上科研成果奖。

2）课堂教学改革成效明显，“多维导学”教学成绩突出。王彤教授主持的教学改革项目“师范院校外国文学参与性教学研究与实践”获得四川省高等教育优秀教育教学成果二等奖。该项目实施中的莎士比亚戏剧学生参与式教学持续 10 余年，成为文学院学生参与式教学的一大亮点，是内江师范学院“教学做统一”改革的重要成果。王彤老师因此被学生评为“最受欢迎的老师”，被四川省人民政府评为“三八红旗手”，被全国妇联评为“巾帼建功标兵”。徐祝林教授主持的教学改革项目“构建三大模板，培养创新人才——古典文学教学改革新模式探索”于 2011 年获四川省高等教育优秀教育教学成果三等奖。青年教师李国博士、滕斌博士等积极开展曹禺戏剧学生参与式教学，也取得了很好的效果，使文学院的学生参与式教学形成了良好梯队。

3）专业综合改革稳步推进，成效明显。以曾良教授领衔的古代文学教学团队积极开展教学改革，在学校“以发展为中心，教学做统一”育人模式的改革项目中扮演了重要角色。在教师的科研成果中，学生的参与度有较大提升，学生在古诗、赋、对联创作等方面取得了喜人的成绩；邓国军教授主持的省级教学改革课题“高师汉语言文学专业教学转型研究及改革”、刘云生教授主持的省级教学改革课题“全面提高汉语言文学专业学生核心能力和创新意识的改革与实践”正在扎实推进。

（二）教学改革经验

习近平总书记对青年地位的充分肯定、青年成长的殷切期盼和青年工作的

① 此处借用全校毕业生数据来体现汉语言文学专业的情况，未做细分。

高度重视，为高校教育指明了方向。[①]内江师范学院出台了《关于实施“三分式”人才培养改革的意见》《“三分式”人才培养改革实施方案》等文件。“三分式”人才培养改革是学校在推进教育体制改革中的重点建设项目。该项目旨在构建学生发展分类别、培养过程分阶段、课程教学分模块的人才培养体系，促进教学多元化和学生个性化。在“三分式”人才培养改革中，必须遵循我国社会主义教育的基本价值观和目的观，把握高等教育分流规律，明晰模块化人才培养的建构路径，符合国家对高等教育改革的要求，在教育教学实践中加以凝练和深化，并逐渐形成成熟的理论。[②]按照文件精神及学校分流分类培养要求，文学院 2018 级汉语言文学本科专业实行与“三分式”人才培养相适应的、同时体现了汉语言文学专业特点的“三优目标，五维导学”的模式。其中，“三优”是指所培养的职前教师具有情操优良、知识优化、能力优秀的素养。“五维导学”主要体现在“学、练、研、做、养”五个方面。重点是切实转变教师的教学行为，利用基础教育的优质资源，全面提升学生的研究能力、自主学习能力、专业与职业技能、实践能力，使学生尽快成为全面发展的职前教师。目前，已取得的成果如下。

1）在职前培养方面，该专业教师取得了一系列相关研究成果，为进一步落实并深化改革奠定了基础。例如，邓国军教授与隆昌第一中学高级教师王典馥领衔编著了供职前教师和基础教育教师使用的丛书，包括《古文经典名篇新评鉴》《外国文学经典名篇新评鉴》《现代文学经典名篇新评鉴》。该丛书由汉语言文学专业教师和大量优秀一线教师共同编写，在写作过程中相互切磋，提高了教研科研水平。

2）与中学构建了“多方协同培养合作共同体”，构建了多方联动、共同培养职前教师的实践教学体系，并积极构建了“职前培养和职后培训一体化”的职前教师培养机制。在四年的学习中，依托中学，通过“双导师”对学生实行多方位的协同培养，深化、完善了实践教学体系。

3）与地方合作，搭建更多平台，不仅提高了服务地方的能力，也通过这种实践推动了人才培养。例如，张文彬与内江市国兴咨询有限公司开展的档案编目项目，使学生将所学用于实践，不仅为地方文化建设做出了贡献，也切实促进了学生的专业成长和服务地方思想的养成。

---

① 王盼. 2018. 习近平新时代的青年观对高校思想政治教育的启示. 吉林工程技术师范学院学报，34（5）：11-13.

② 杨雪梅，张志远，王淯. 2020. “三分式”人才培养改革的理论基础——以内江师范学院为例. 内江师范学院学报，35（5）：74-77.

第五节 汉语言文学专业人才培养方案修订的总结与反思

一、人才培养方案修订的调查研究工作

文学院根据学校《关于实施“三分式”人才培养改革的意见》《“三分式”人才培养改革实施方案》等文件精神及学校分流分类培养要求，对学院2018级汉语言文学本科专业实行“三分式”人才培养改革。该次人才培养方案修订以“学生中心，因材施教，个性发展”为核心，根据学生个性发展定位，自主选择人才培养类别，实施分类别培养，完善和创新人才培养体制机制，努力解决人才培养改革中的深层次矛盾。

（一）重视人才培养方案的修订，征集各方意见

近年来，汉语言文学专业取得了长足的进步，教师学历层次不断提高，学缘结构进一步改善，学科前沿科研信息及时汇聚。目前，该专业已经具有较为先进的办学条件，形成了水平较高的师资队伍，产生了一批具有一定影响力的教学、科研成果，学科水平有所提高，学科优势与专业特色得到彰显。2018年1月，教育部发布了《普通高等学校本科专业类教学质量国家标准》，使本科专业设置、本科专业建设和本科专业教学质量评价有了基本遵循。应用型本科高校在以标准为指导修订本科人才培养方案时，不应机械套用，而应结合学校办学定位及专业特点，科学合理地确定本专业人才培养目标，构建适合应用型人才培养的课程体系，体现应用型高校人才培养的特点。[①]在此基础上，文学院抓住汉语言文学专业良好的发展势头，充分发挥老中青结合的教师队伍的潜力和后劲儿，修订了人才培养方案。

学院成立了以院长为组长，分管教学副院长具体负责，专业负责人、教研室

① 高文丹. 2020. 吕梁学院本科专业人才培养方案修订及其思考. 吕梁学院学报，10（2）：72-74.

主任和教师代表参加的人才培养方案修订工作小组。学院两次召开人才培养方案修订工作小组会议，学习《内江师范学院关于修订师范类专业人才培养方案的意见》、中学教育专业认证标准（第二级）及认证指标、中学教师专业标准，讨论2018级师范类专业人才培养方案的修订；组织教师及教学管理人员开展相关讨论；学工办调研了前三届师范方向毕业生的就业及工作情况。专业负责人根据调研情况组织教研室主任讨论培养目标、毕业要求以及两者的支撑关系，按照学校的相关要求组织教研室主任及教师进行人才培养方案的修订，组织各教研室对课程设置反复讨论，并广泛听取校外专家、中学教师代表、高年级学生代表的意见，进行人才培养方案的修订。同时，将人才培养方案修订稿发布在学院的工作群，收集每位教师提出的修订意见，由学院教学指导委员会进行审核。最终，综合各方建议，达成如下修订共识：积极落实立德树人根本任务，汉语言文学专业发扬自身师范教育之长，构建教学质量可持续提高机制，培养德智体美全面发展，适应社会经济建设和基础课程改革，知识面宽、能力强、素质高，具有扎实专业基础、深厚人文素养、创新精神、突出的实践技能和实践能力，能够在中学语文学科教学和教研、汉语言文学等领域专业自主发展、服务区域社会经济发展的汉语言文学人才，全面提高人才培养质量。

（二）人才培养方案修订的调研论证

1）调研汉语言文学专业就业情况。因教师工作的稳定性、自主性和教师待遇的节节拔高，教师职业已成为最受欢迎的职业之一。就业情况统计显示，就业市场对汉语言文学专业师范类学生的需求量很大。其毕业的主要去向是到中小学任教、考取研究生、考公务员或到事业单位做文职工作人员。统计发现，自2018年以来，文学院汉语言文学专业毕业生总体就业情况较好，几乎所有学生都找到了自己较为满意的工作。

汉语言文学专业的实际情况与用人单位对本专业人才的诉求基本一致。据调查，用人单位对汉语言文学专业毕业生各项能力的评价都较高，对内江师范学院毕业生的综合素质的满意度达90%以上。用人单位对文学院毕业生继续学习和自我发展的能力，尤其是在教学中的自我反思、举一反三、融会贯通等方面的能力，给予了充分的肯定。可见，汉语言文学专业人才的综合素质培养取得了较好成效，毕业生具备良好的职业素养和职业能力，符合高等院校汉语言文学专业的基本培养目标。另外，用人单位对汉语言文学专业毕业生的创新精神的评价则相对较低，说明在这方面尚有提升空间，对汉语言文学专业修订人才培养方案极具参考意义。

根据这些调查数据，汉语言文学专业及时调整人才培养方案，注重学生的均衡发展。

2）调研重庆师范大学的做法与经验。重庆师范大学文学院（原中文系）是重庆师范大学 1954 年创办之时设立的几个院系之一，经过几十年的建设与发展，特别是近年来在富于开拓创新意识和注重科学、规范管理的院领导班子的带领下，全院教职工紧密团结、努力进取，使文学院成为全校最具规模，最有影响，最富教学、科研实力的二级学院之一。[①]汉语言文学专业是重庆师范大学最早开办的专业之一，是其博士学位中期立项建设的重点学科，也是该校的国家级特色专业和重庆市特色专业，还是国家级专业综合改革的试点专业。该校文学院创建了重庆市第一个“中学语文卓越教师人才培养模式创新实验区”。为了修订人才培养方案，内江师范学院文学院精心组织，调研重庆师范大学汉语言文学专业的做法与经验，从人才培养模式、教学内容与课程体系、教学管理、改革和创新四个方面进行了分析与比较。

其一，在人才培养模式方面，重庆师范大学秉持“夯实学养，增长学识；尊重个性，重视兴趣；多头对接，分段培养”的办学理念，对汉语言文学专业教师职业兴趣坚定、专业原创力强、语文教师特质鲜明突出的优秀师范生实施阶段式培养，旨在为中学培养一批具有引领和示范效应的中学语文卓越教师后备人才。

其二，关于汉语言文学专业的教学内容与课程体系，重庆师范大学的相关资料和数据显示，其汉语言文学专业注重课程体系对毕业要求的支撑，1 学时为 45 分钟，除部分重点强化课程外，原则上理论课 16 学时为 1 学分，实践课 32 学时为 1 学分，毕业论文和教育实习每 3 周为 1 学分，教育见习和教育研习每 6 周为 1 学分，总共 165 学分。其课程结构体现出了通识教育、学科专业教育与教师教育的有机结合，理论课与实践课、必修课与选修课的设置合理。该专业设置的各类课程学分比例恰当，通识教育课程中的人文社会与科学素养课程学分不低于总学分的 10%，学科专业课程学分不低于总学分的 50%，教师教育课程达到教师教育课程标准规定的学分要求。其汉语言文学专业开设了写作、现代汉语、古代汉语、文学概论、中国古代文学、中国现当代文学、外国文学、语言学概论、文学研究方法、语言研究方法、语文课程与教学论等主干课程。专业课程针对学生的基础、学习能力以及中学教育对学科专业素质的要求，强调课程内容的基础性、科学性、综合性和实践性，将思想政治教育和师德养成教育充分融入课堂教学中。

其三，在教学管理方面，重庆师范大学文学院按照师范类专业认证的要求和

---

① 佚名. 2004. 重庆师范大学——文学与新闻学院. 重庆社会科学，（3）：F002.

汉语言文学专业的培养目标与毕业要求对课程大纲进行了修订，以提高教学质量为核心，创建了立体、多层、全面、全程的教学质量监控体系。

其四，在汉语言文学专业的改革和创新方面，重庆师范大学文学院重视将各种研究的最新成果融入教学中，鼓励教师在课程的讲授过程中使用和引入自己的研究成果，使学生及时接触学科前沿，提高学生的反思能力。

总的来看，重庆师范大学汉语言文学专业在人才培养过程中形成了卓越型教师教育与骨干型教师教育协同发展、为地区基础教育提供高质量服务的地域面向、体现第二课堂和学生综合素质拓展、重视复合型特色人才培养等特色。

综合上述，内江师范学院文学院从人才培养模式、教学内容与课程体系、教学管理、改革和创新四个方面进行比较研究，参考重庆师范大学文学院师范类人才培养的成功经验，撰写了《内江师范学院文学院汉语言文学专业人才需求调研报告》。在调研的基础上，文学院结合本院实际修订人才培养方案，施行分类人才培养模式，具体分为卓越型教师人才培养、普通就业教师人才培养、深造人才培养，继续深化对“教学做统一”模式的探索与实践，紧密围绕“三分式”人才培养改革，进一步深化汉语言文学专业的“学、练、研、做、养”育人特色。在培养方案中，注重加强学生教育情怀的养成，加强专业课的学习，既要重视基础知识的夯实，又要重视能力的训练；加强教学教育实践的训练，让每个学生都能够将所学知识应用到教学教育实践中；加强反思能力的训练，让学生能够熟练地运用批判性思维。

3）深入分析 2018—2020 年汉语言文学专业人才培养的运行现状，将基本情况总结如下。

其一，严格按照《内江师范学院汉语言文学专业人才培养方案》进行培养。

其二，施行分类人才培养，具体分为卓越型教师人才培养、普通就业教师人才培养、深造人才培养。

其三，高级职称教师占比高于学校平均水平，具有硕、博士学位的教师占比不低于 70%。教师教育课程教师充足，其中学科课程与教学论教师不少于 3 人，基础教育一线兼职教师占教师教育课程教师的比例不低于 30%。

其四，通识教育课程中的人文社会与科学素养课程学分至少占总学分的 10%，学科专业课程学分至少占总学分的 50%，教师教育课程达到教师教育课程标准规定的学分要求。

其五，试讲与说课、语文微格教学训练、中学语文阅读教学等实践课程按需求实行小班制教学。

其六，该专业的课程考核办法按照学校关于形成性评价的要求和课程考核的要求，必修考试课程平时成绩与期末成绩各占相应的比例，必修考查课程和选修课程平时成绩至少占总成绩的40%。

（三）汉语言文学专业人才培养方案的修订

文学院积极落实“以本为本、四个回归”，牢固树立立德树人教育宗旨，以汉语言文学专业“三分式”人才培养改革为支撑，教学做统一，全面深化推进汉语言文学专业综合改革，使该专业成为在西部地区同类高校中具有引领性、示范性的品牌专业。该次汉语言文学专业人才培养方案的修订，强力推进“分类别指导、分阶段培养、分模块推进”的“三分式”人才培养改革。新的人才培养方案从2018级汉语言文学专业学生开始实施，以国家人才培养质量标准为起点，培养彰显学生个性特点的高素质应用型人才。

1. 专业介绍与专业定位

1）专业介绍清楚、规范。其从汉语言文学专业的发展历史、师资队伍、专业优势、毕业生去向等方面对本专业进行介绍。汉语言文学专业是文学院的传统专业，具有优良的师资队伍，为学生的学习和发展提供了有利的条件。多年来，该专业以理论素养与实践经验兼具的优良的师资队伍、厚实的学术积淀、丰富的图书资源、广泛的学术交往，为文学院赢得了良好的社会声誉，为社会培养了一大批优秀人才。汉语言文学专业以“做精做优”师范教育为切入点，加快人才培养模式改革，是校级本科教学工程项目“卓越教师培养计划”、校级重点教学改革项目和校级人才培养模式改革试点专业。毕业生就业去向主要有就业、创业、深造。

2）专业定位明确。汉语言文学专业依据中学语文教育发展对人才的需求，积极落实立德树人根本任务，培养具有扎实专业基础、深厚人文素养和突出实践技能，能够在中学语文教育、汉语言文学等领域就业，在专业上自主发展、服务区域社会经济发展的本科层次人才，将本专业建设成在西部地区同类高校中具有引领性、示范性的品牌专业。

2. 培养目标的制定

1）培养目标制定依据明确，培养目标符合学校对培养人才的定位，体现了专业优势。培养目标制定依据包括中学语文教育发展对人才的需求，师范类专业认证理念，“一践行，三学会”（践行师德，学会教学、学会育人、学会发展）要求，以及本专业实际情况与用人单位对本专业人才的诉求。文学院的就业情况统计显示，就业市场对汉语言文学专业师范类学生的需求量很大，主要包括三个去向：一是中小学教师；二是考取研究生；三是公务员或事业单位文员。

2）根据社会需求，科学设置培养目标：本专业培养热爱语文，适应我国语言文字改革发展需要，具有良好的道德品质、职业道德、科学精神和人文情怀，具备语言文学等方面知识，具备文字运用能力，能在教育单位、公务员行列、事业单位、企业领域等从事语言文字等工作，具备较强社会适应能力、实践能力和创新能力的高素质应用型人才。关于毕业生毕业后5年左右能够达到的职业和专业成就，具体培养目标为：培养从事基础教育的语文教学骨干教师；培养从事中小学语文教学研究的人才；培养中小学教学管理人才；培养从事语言文字相关工作的人才；为各级科研院所和高水平大学培养优秀生源。

3）按照相应师范专业标准进行设计：从践行师德、学会教学、学会育人、学会发展、创新创业能力五大方面，将目标分为师德规范、教育情怀、学科素养、教学能力、班级指导、综合育人、学会反思、沟通合作、建立创业思维、建立创新意识共十个指标，对每个指标都做了具体的要求，在此基础上设置具体培养课程，凸显师范专业特色。

3. 培养体系与目标达成

1）根据毕业要求设置课程，课程体系完整，各类课程设置的学分、学时比例基本符合《普通高等学校本科专业类教学质量国家标准》《教师教育课程标准（试行）》等标准。这次修订的人才培养方案紧扣践行师德、学会教学、学会育人、学会发展等毕业要求，设置了通识教育课程、学科基础课程、专业核心课程、专业发展课程、教师教育课程、创新创业课程、综合实践环节，课程体系相对完整。专业课程、教师教育课程、创新创业课程和综合实践环节的学分和学时比例基本符合《普通高等学校本科专业类教学质量国家标准》《教师教育课程标准（试行）》等标准。

2）课程体系能支撑毕业要求，课程结构体现了通识教育与专业教育的深度融合。

其一，课程体系能支撑毕业要求。思政课程、教育实习和教育见习对应支撑师德规范这一条；教师教育课程、思想道德修养与法律基础、教师职业道德与政策法规、大学生职业生涯规划能培养学生的教育情怀；专业课程和教师教育课程能有效提升学生的学科素养和教学能力；教育学、心理学、思想道德修养与法律基础、教师职业道德与政策法规等能培养学生的综合育人能力和班级指导能力；等等。

其二，学分设置、课程结构体现了通识教育与专业教育的深度融合。总学分要求：第一课堂学业学分的“基本技能与就业类”154学分，“潜力开发与深造类”158学分（“潜力开发与深造类”多了考研英语和考研政治两门课）。第二课堂素质活动学分为10学分。通识教育课程按照比例要求设置，充分体现了通识教育和学科专业教育的重要性。此外，在专业教育的过程中也有对通识教育课程的融合，比如，在中国现当代文学的教学中会融合思政教育，在中学语文阅读教学、微格教学训练中会融合大学计算机基础中的相关知识。

其三，培养目标与毕业要求关联矩阵明确，专业核心课程设置科学合理，专业选修课程根据“新而实”的要求满足学生多元化和个性化发展需求，专业课程设置有效融合了思政元素和创新创业教育。

其四，专业教学课程按照“潜力开发与深造类”“基本技能与就业类”分别设置，凸显不同的特色。专业主干课程设置科学合理，专业选修课程根据“新而实”的要求满足学生多元化和个性化发展需求，切合了当下的研究热点，拓宽了学生的眼界，能切实提高学生的专业素养和教学水平，能满足学生多元化和个性化发展需求。专业课程设置有效融合思政元素和创新创业教育，将创新创业和思政元素融合，充分体现了“三分式”人才培养改革的特点。

其五，教学计划安排合理。第 1 学年主要以通识教育课为主，第 2 学年和第 3 学年以专业课和教师教育课程为主。其中教师教育类关联教师资格证“国考”的课程在第 4 学期介入，为“国考”提供了保障。第 4 学年主要安排了教育实习、教育研习和毕业论文写作。

4. 专业人才培养特色鲜明

1）基于汉语言文学专业特点，以师范专业为核心，施行分类人才培养，具体分为三类，即卓越型教师类、普通教师类、深造类，体现了立足于地方经济和社会的可持续发展，为地区基础教育培养适用的中学语文教师，提供高质量服务的地域面向特色。

2）在课程设置上注意体现“新文科”“新中文”的教育理念，尝试文理科交叉、文学与传播学交叉、文史哲的打通、文学与艺术的交叉等。同时，注重与“新文科”的结合，培养复合型特色人才，侧重为地方经济社会培养擅长文学创作、文化创意和各种文字工作的优秀人才。按照“新中文”的理念，系统地设置教学内容，优化课程结构，加强学生综合素质的培养，让学生在四年的时间里，既打下坚实的语言文学的基础，又具有历史、哲学、艺术等方面的修养。为此，汉语言文学专业开设了相关的选修课模块，以加强这方面素质的培养。其重视培养学生的口头表达能力、书面表达能力、利用外语和计算机进行交流和多媒体手段进行教学的能力。在重视学生传统的“三笔一话”训练的基础上，汉语言文学专业积极开辟第二课堂，开展丰富多彩的学生社团活动，加强外语、计算机、公关、组织和管理等能力的培养和训练，使毕业生有更强的适应社会、适应时代、适应各种崭新工作的能力。

3）在师范类人才的培养中，注重教育教学理论与实践训练相结合，重视知识应用方法的传授，突出实践技能训练，注意训练学生全方位思考、发现问题、举一反三等方面的能力。

4）深化“教学做统一”模式的探索与实践，紧密围绕“三分式”人才培养改革，建构新的人才培养模式，制定新的适应时代发展和社会实际需要的培养目标和规格。汉语言文学专业根据《高等学校本科专业教学质量国家标准》、《教师教育课程标准（试行）》以及学校应用型本科办学目标，修订人才培养方案、课程教学大纲，建构合理的课程体系，着力强调实践先行、理论扎实的原则。另外，调整课程体系，对实践课时、理论课时比例重新分配，实现多向度实践、多层次理论提升、多指标文化人格修养等基本培养目的。同时，改革考核办法，对多元考核、见习实习、毕业论文（含毕业设计、毕业报告）等关键环节以及文化综合素质培养提出中文特色明显的基本要求并予以实施。

5）第二课堂紧密融合第一课堂。深化“诵、释、礼、研、传”实践模式，促进课内向课外延伸，使第二课堂与第一课堂有机融合，全面培养汉语言文学专业学生的基本素养、专业能力，提升学生的综合素养。

二、汉语言文学专业人才培养方案修订工作的反思与改进

（一）反思

1）部分学生、教师对培养目标评价的意义与作用的认识还不够深刻，对培养目标评价的主动性还有待进一步加强。

2）卓越型教师教育与普通型教师教育协同发展的执行力度有待加强。目前，大量卓越型教师教育的优良资源和成果尚未很好地向普通型教师教育推广和普及。由于学生人数众多，推广和普及要保证其有效性，存在相当的难度，目前这一问题尚未得到很好的解决。

3）培养目标的评价责任机构有待进一步完善。目前，参与评价的人员构成不够稳定，一些参与方的参与力度不够，导致评价过程中对于标准的把握不够到位，对流程执行的力度不够均匀，有可能会削弱评价的有效性。同时，专业和用人单位及其他相关利益方的关联紧密度有待进一步增强。

4）“新文科”“新中文”教育理念下的教学改革步子过小。“新中文”旨在以汉语言文学专业为中心，将文学、哲学与历史学、心理学深度融合，在这方面，

汉语言文学专业还缺乏成果。在课程建设方面，在线开放课程数量过少，课程思政才刚刚起步。

（二）改进

1）推进人才培养目标评价。①促进学生教育情怀的养成，加强专业课的学习，既要重视基础知识的夯实，又要重视能力的训练；②强化专业基础课的教学，培养学生具备扎实的基本功，使学生掌握系统的汉语言文学专业基础知识，并具备相应的基本技能；③因材施教、科学分流，对学生进行个性化培养，满足社会对汉语言文学专业人才的多元化需求；④根据社会需要，加强课程建设和师资建设，完善、优化师范方向的人才培养方案；⑤改革人才培养模式，通过建立专业、课程的实习、实训基地，进行教师教育方向与社会机构联合办学的尝试。

2）加强教学教育实践的训练，加大推进卓越型教师教育与普通型教师教育协同发展的执行力度，让每个学生都能够将所学知识应用到教学教育实践中。①加强实践课的教学，建构符合汉语言文学专业特点的实践教学体系，加强实践教学管理，提高专业课程的实习、实训、实践质量，拓展本专业的实习、实训基地建设；②联合校外教育机构（中小学校）进一步办好教师教育方向；③探索若干课程的实习、实训工作，对于实践性较强的若干课程的教学、实习、实训工作，尝试聘请校外专业人士负责，以进一步提高教学效果和人才培养质量。

3）完善培养目标的评价责任制度。目前，需要进一步提高专业和用人单位及其他利益相关方的关联程度，培养目标的执行应该更加贴近用人单位及其他利益相关方的需求。

4）对于“新中文”教育理念的育人模式，还有待更深入地探索，推进“新文科”“新中文”教育理念下的教学改革。

汉语言文学专业是内江师范学院首批“三分式”人才培养改革试点专业，“三分式”人才培养改革是对学校“以发展为中心，教学做统一”育人模式的深入推进，旨在根据学生的意愿和发展预期探索多元化的人才培养模式，构建多元化的课程体系，实施多元化的学业成果评价，最终提高学校的人才培养能力和质量。今后，汉语言文学专业应紧密围绕“三分式”人才培养改革，进一步深入推进已形成规范与特色的“学、练、研、做、养”育人模式，尤其是要强调“新文科”“新中文”教育理念下的教学改革，探索“新中文”视野下中国现代文学多维驱动式教学研究，基于人文情怀培育的访谈式教学探究，探索活动元教学法在“语文设计与教学”中的运用，打破传统的教师灌输知识的局面，以学生的认知水平和已有的知识储备为基础，强调学生的自主合作探究性学习，构建人文熏陶、知识传授、能力培养相结合的课程体系，培养具有扎实专业功底的、高素质的汉语言文学专业人才。

第五章

生物科学专业人才培养改革与实践

生物科学专业是内江师范学院的优势专业，有30多年的办学历史。该专业始终秉承学校“扎根地方、追求卓越”的办学理念，培养了四川省特级教师刘华等大批优秀中学生物教师、国家优秀青年科学基金获得者倪祥银等大量优秀科研人才。然而，随着我国高等教育进入大众化发展阶段，高等教育同质化严重、毕业生就业难、专业对口率低，地方本科院校毕业生“高不成，低不就”的问题十分突出。《国家中长期教育改革和发展规划纲要（2010—2020年）》提出了地方本科院校转型发展的要求，明确指出高等教育要“适应国家和区域经济社会发展需要”，要“树立多样化人才观念，尊重个人选择，鼓励个性发展，不拘一格培养人才”。生物科学专业抓住机遇，打破传统思维方式和办学模式，立足服务地方社会经济发展目标，实施“三分式”人才培养改革，优化人才培养方案，积极推行“三三三”人才培养体系，走出了教育单一化的困境，实现了“专业素养、师范技能”双扎实的培养目标。

第一节　生物科学专业发展面临的困境

生物科学专业历经30余年的办学历史，形成了宽口径、重基础的师范生培养模式。然而，人才培养目标单一、教育观念和教学模式不适应基础教育一线发展、过分强调学科课程结构等成了制约该专业发展的瓶颈。

一、人才培养目标单一，不能满足社会多元化与学生个性化发展的需求①

生物科学专业的人才培养目标单一，人才培养与社会需求"两张皮"现象严重。②主要表现如下：在人才培养过程中，未能认真研究区域地方经济发展对人才知识、能力和素质的新需求，过分强调学科知识体系，沿袭传统办学思路，致使学科专业缺乏特色，与地方发展需求脱节。

二、教师的教学指导思想转变不够，教师队伍结构有待优化

改革前，生物科学专业的教师组成单一，全是专任教师，其缺乏基础教育一线和生产实践工作经验，甚至课程与学科教学论教师也缺乏近5年基础教育工作经验，使得师范生的职前教育与教师行业要求存在一定的脱节现象，师范生入职后适应基础教育教学的时间相对较长。

三、教学模式传统、单一

在传统的讲授式教学中，学生的主体地位未能得到充分体现。因此，实现由

① 朱建民. 2013. 尊重学生 多样化育人模式成就个性发展. 北京教育（普教版），(3)：34-36.
② 宫新栋，杨平，时留新. 2019. 关于高校一流学科演进与建设的思考. 中国高校科技，(3)：25-27.

“以教为主”向“重学为主”的教学模式转变，结合学科特点采用探究式教学、抛锚式教学、范例式教学以及现象分析模式、合作学习模式、发现模式，进行相应的教学改革，成为该专业人才培养改革的关键。

四、课程结构较为单一

改革前，生物科学专业人才培养课程体系的设置主要参考国内其他高校生物科学专业，趋同化现象严重。同时，其课程设置在体现基础性和专业性，确保专业知识、能力及素养培养的同时，也存在忽视学校办学特色、学院办学基础以及基础教育改革和地方社会经济发展需求等明显的不足。

五、教学评价较为传统，发展性评价不足

生物科学专业课程评价中的过程性评价和终结性评价均主要重视对学生的专业和学科知识、技能掌握程度的评价，缺乏对学生未来发展与规划方面的导向引领和根据学生自身兴趣实现个性化发展方面的指导。

第二节　生物科学专业人才培养模式改革的基本理念

生物科学专业根据学校内涵式发展、特色发展、高质量发展，践行“扎根地方、追求卓越”的办学理念，稳步提高办学质量和协同创新能力，奋力建设新时代“师范大学”的要求，努力培养具有“三心、三能、三精神”（即“三三三”培养体系）的高素质应用型人才。其应用型人才培养强调知识、能力、素质并重，学术性与职业性并重，专业与素质结合，强化应用性创新。[①]为达到这个要求，生物科学专业就人才培养中存在的问题、人才培养模式、新课程改革对中学生物教

① 刘克宽. 2009. 优化知识 强化能力 内化素质——地方本科学院应用型人才结构与培养模式思考. 中国高等教育，（10）：51-53.

师素质能力以及在校生对人才培养方案的意见等进行了调查研究，认为生物科学专业应从人才培养规格、课程结构、课程建设、教学方法改革、实践教学、“三全育人”活动等方面对人才培养方案进行修订。

生物科学专业根据内江师范学院的办学理念[①]及多年办学经验，形成了“分类别指导、分阶段培养、分模块推进”的“三分式”人才培养模式。[②]

一、培养目标

其培养目标为：培养德智体美劳全面发展，具有良好的政治思想、人文素养、科学精神和社会责任，热爱基础教育和生命科学研究，能深刻领会生物学核心素养的内涵，具有较强的创新意识、学习研究能力和实践能力，具备扎实的生物学与教育学的基础理论、基本知识和基本技能，能在生物科学及相关领域从事教育教学、科学研究、生物技术及相关管理等工作，具备较强的社会适应能力、专业实践能力和创新创业能力的高素质应用型人才。学生毕业后 5 年左右成为熟手教师、教育管理者或初级科研人员。

二、毕业要求

（一）践行师德

1）师德规范。①贯彻党的教育方针，以立德树人为己任；②遵守中小学教师职业道德规范，具有依法执教意识，立志成为有理想信念、有道德情操、有扎实学识、有仁爱之心的好教师。

2）教育情怀。①具有从教意愿，认同教师工作的意义和专业性，具有积极的情感、端正的态度、正确的价值观；②具有人文底蕴和科学精神，尊重学生人格，富有爱心、责任心，工作细心、耐心，做学生锤炼品格、学习知识、创新思维、奉献祖国的引路人。

---

① 张志远. 2020. 扎根地方，追求卓越：地方本科院校发展核心价值诉求. 内江师范学院学报，35（1）：1-5.

② 苗建萍. 2019. “三分式”人才培养模式构建与实践路径探讨. 滁州职业技术学院学报，18（3）：9-11.

（二）学会教学

1）学科素养。①掌握生物学的理论体系、基本实验技能和思维方式，重点掌握作为生物学核心素养内涵的生命观念、科学思维、科学探究和社会责任；②理解生物学科与其他学科、社会实践的联系，具备学习相关学科知识的能力。

2）教学能力。在教育实践中，能够依据中学生物学科课程标准，针对中学生身心发展和学科认知的特点，运用学科教学知识和信息技术进行教学设计、实施和评价，获得教学体验，具备教学基本技能，具有初步的教学能力和一定的教学研究能力。

3）综合素质。①德智体美劳全面发展，身心健康、精力充沛，养成良好的锻炼习惯、卫生习惯和生活习惯，体质健康测试成绩达到50分及以上，军事训练达标；②具备一门外语听、读、说、写等方面的综合素养，具备计算机基础理论、信息素养及信息化教学能力方面的综合素养；③毕业时应取得普通话水平测试二级乙等证书、“三笔字”合格证书。

（三）学会育人

1）班级管理与指导。树立德育为先的理念，掌握中学德育原理与方法，熟悉班级组织与建设的工作规律和基本方法，能够在班主任工作实践中参与德育和心理健康教育等教育活动的组织与指导，并获得积极体验。

2）综合育人。①了解中学生身心发展和养成教育规律；②理解学科育人价值，能够有机结合学科教学进行育人活动；③了解学校文化和教育活动的育人内涵和方法，参与组织主题教育和社团活动，对学生进行教育和引导。

（四）学会发展

1）学会反思。①具有终身学习与专业发展的意识和能力；②了解国内外生物学科进展和基础教育改革发展动态，能够满足时代和教育发展的需求；③初步掌握反思方法和技能，具有一定的创新意识，学会运用批判性思维方法分析和解决教育教学问题。

2）沟通合作。通过小组互助和合作学习体验，理解学习共同体的作用，掌握沟通与合作技能，具有团队协作精神。

（五）创新创业能力

这方面主要包括：建立创新创业意识，提升创新思维与创新能力，了解创业的基本知识、基本理论、基本方法，初步掌握与生物学相关的创业专业技能。

三、主干学科

主干学科包括生物学、教育学。

四、专业核心课

专业核心课包括生物化学、微生物学、遗传学、细胞生物学、分子生物学、普通生态学及以上课程的独立实验，中学生物学设计与教学。

五、学制、学时、学分及授予学位

生物学专业的标准学制为 4 年，实行弹性学制，修业年限为 3—6 年。毕业需修满第一课堂学业 165 学分，第二课堂素质活动与德育活动为 10 学分。在规定的年限内完成所修学分，且符合学位授予规定，授予理学学士学位。

六、课程结构构建

根据“三分式”人才培养目标要求，生物科学专业构建了第一课堂与第二课堂相结合的课程体系。第一课堂 165 学分，第二课堂 10 学分。

第一课堂的课程结构分为通识教育课程、学科基础及专业核心课程以及专业发展方向课程。

通识教育课程部分又分为通识教育必修课程和通识教育选修课程。其中，通识教育必修课程 42 学分，由思政类课程、计算机、体育、外语以及就业指导等课程组成，目的是提高学生包括思想道德素养在内的综合素养，为学生的健康成长打下基础。

通识教育选修课程 6 学分，有人文社会科学系列，自然科学与技术系列，艺术、体育与健康系列，创新创业教育系列，教师教育系列，综合素质训练系列，以及峨眉武术系列共 7 个系列，除了前两个系列至少选修 1 门课程外，其余课程任选，目的是根据学生的兴趣爱好，超越专业限制，满足学生个性化发展的需要。

学科基础课程28.5学分，专业核心课程26学分，总学分占比合理。其课程门类按照《普通高等学校本科专业类教学质量国家标准》的要求开设，确保学生掌握生物科学专业知识，以及具备相应的能力和素养。

专业发展方向课程包括教师教育模块和专业应用能力模块。

教师教育模块课程34.5学分，目的是传授教育知识，培养学生的教育教学能力，帮助学生形成教师素质，达到生物科学专业（师范）类的培养目标。

专业应用能力模块包括必修和选修两个部分。其中，必修课程19学分，主要目的是提升全体学生的专业应用能力；选修课程9学分，有“专业提升类”“专业应用类”“中学教育类”三个类别。这部分课程体现了“三分式”人才培养改革对学生个性化发展需求的重视。如果说综合素质选修课是从跨专业的角度来促进学生的个性化发展，专业发展方向课的选修部分则是从专业发展的角度为学生提供不同的发展方向，帮助学生实现不同的人生发展规划。“专业提升类”课程是提升专业素养及研究能力类的课程，主要是针对有深造意愿的学生设置的，为学生进入更高的学习阶段打下了一定的基础。“专业应用类”课程主要是与生产、生活实践相关的课程，强调理论与实践相结合，是生物学知识在实践领域的应用，为学生步入社会、从事社会生活或进入生物学相关企业打下了基础。“中学教育类”课程是教师教育类课程的拓展和延伸，主要是培养学生的中学生物学教学及教学研究能力，遵守师德规范，形成教育情怀，积累教育知识，提升专业能力。

七、教学方法改革

1）跳出传统模式，打造新型开放课堂。因生物教学内容与生活及社会生产实践相关，这就要求教师备课必须具有开放性，要采用开放式的教学方法，教学系统要有开放性的特点。在注重生物教学实效的前提下，生物科学专业教师指导学生建立了自主探究的创新型学习方式，使学生真正成为学习的主人，留给学生自主发展的时间和空间，启发学生的开放性思维。

2）实施“三分式”人才培养改革，形成了融知识传授、技能培养、素质教育于一体的教学模式。①学校针对生物科学专业各学科的不同特点，组织编写了一体化的教学指导方案，组建一体化教学场景，创造一体化教学环境，统筹安排各专业学科的一体化教学时间，实现融知识、技能与素质等职业素养在内的一体化训练；②生物科学专业充分利用学校及合作单位的资源，采取项目导向、任务驱动、案例教学、情景模拟等教学方法，使教学达到最佳的效果。

八、实践教学

实践教学是提升专业能力的必需环节。在上述课程体系中，实践教学环节学分达到 54 学分，接近总学分的 1/3。实践教学环节存在于通识教育课、专业课以及教学教育类等课程之中，体现了理论与实践的结合，能帮助学生学以致用，这也是内江师范学院努力培养“三心、三能、三精神”的高素质应用型人才的具体体现，有利于促进学生实践操作能力的提升。

2018 年，生物科学专业构建了生物专业技能培养和师范技能培养并重的实践教学体系，形成了“学科与师范技能并重，三主线同行，三板块互通”的实践教学模式（图 5-1），即强调生物科学专业的生物学科属性和教育学科属性，以课程实践、项目训练和职业体验学习为三条主线在大学期间并行开展，提升学生的生物专业技能、师范技能、职业适应能力与专业情感等方面的水平，融合互通，相互促进，为“三分式”人才培养改革奠定了坚实的基础。

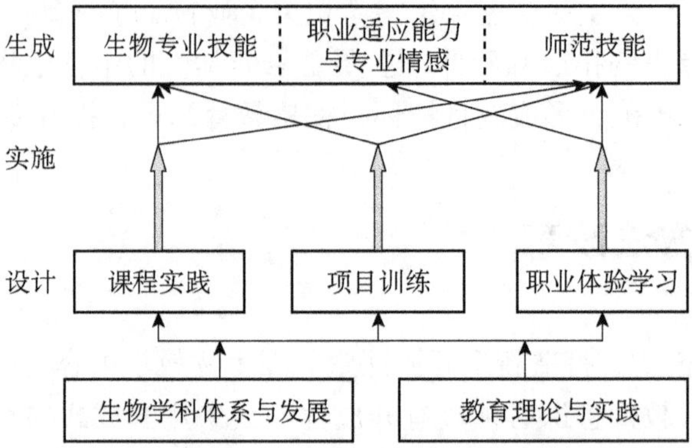

图 5-1　生物科学专业实践教学体系的运行模式

九、“三全育人”活动

前面提到，在生物科学专业人才培养方案中，第二课堂为 10 学分。第二课堂素质活动与德育活动学分相关课程由学校统一提供，包括思想政治素养、道德品质素养、科学人文素养、法纪素养以及心理素养等方面。生物科学专业按照《内江师范学院第二课堂素质活动与德育学分实施办法（修订）》，围绕专业人才培养目标，以提高学生的综合素质为目的，以社会实践与公益活动、校园文化活动、学术竞赛与科技创新活动等为载体，强化对学生创新思维和创新精神的培养，制定了详细的第二课堂素质活动与德育学分认定办法，为落实立德树人这一根本任务积极探索新途径、新办法，有效增强了思想政治教育工作的实效性。

在第二课堂中，该专业的“三分式”人才培养理念体现得更为明显。针对“潜力开发与深造类”“创新创业类”学生，依托“长江上游鱼类资源保护与利用”四川省重点实验室和四川省高校“特色农业资源研究与利用”重点实验室开展科研育人，依托生物学科专业实验室和园艺社、食用菌种植协会、水族创新创业团队等学生社团，开展大学生创新创业训练、大学生科研及“挑战杯”“互联网+”“生命之星”“生物与环境”等学科竞赛，为丰富学生的知识与提高学生的能力奠定了基础。针对有志于从事中学教育事业的学生，通过“大学生义务支教”、顶岗实习等实践活动有效提高了学生的教师职业素养和相应的能力。

第二课堂的设置充分体现了全员育人、全程育人和全方位育人的理念，体现了人才培养过程中统一性与个性化的指导思想，促进了学生在全面发展的基础上实现个性化发展。

第三节　生物科学专业的教育评价

对于“三分式”人才培养改革的实施效果，以培养目标的达成度来衡量，培养目标的达成度又以毕业要求的达成情况来反映，毕业要求的达成情况则是由课程目标的达成情况来决定。所以，在实施“三分式”人才培养改革的过程中，生物科学专业不断优化课程体系，使课程体系能够有效支撑人才培养目标的达成，同时也优化了课程目标的评价方式，体现了评价结果与课程目标要求的一致性。

生物科学专业人才培养目标达成度的评价类型包括课程评价和发展性评价两个方面，其中课程评价分为过程性评价和终结性评价，可以通过过程性评价促进终结性评价，促使课程目标的达成。生物科学专业的学科课程和教师教育课程均具有实践性强，强调动手操作、技能训练的特点，因此在课程的过程性评价中，除了采用课后作业、随堂测试、课程论文等纸笔测试及在线知识性问题测试等方式外，还广泛采用了实作评价。特别是在学科课程实验、实习以及教师教育课程实践中，实作评价更是被普遍采用。所谓实作评价，是指使用多种工具或形式评定学生在实际情景下应用知识的能力、情感态度和动作技能学习成就的一种评价方式。例如，在实验课的过程性评价中，考察实验报告的撰写、实验过程的实施情况；在教师教育类课程中的教育见习、实习、研习、试讲等教育实践环节，根据实际操作过程进行表现性评价；通过对学生参加各种学生活动的表现性评价，进行第二课堂德育与素质学分的认定等。课程的终结性评价主要采用期末测试、实验操作考试等方式进行。发展性评价是指以充分发挥评价对学生学习与发展的促进作用为根本出发点，以融合教学与评价为基础和核心，以教师运用评价工具不断开展行动研究和反思，从而改进其教学和课程设计为中介或途径，最终促进学生学习、教师教学以及课程三方面共同发展的评价。[①]发展性评价的基本特征是坚持以人为本和多元化，评价的目的是以过去为基础，立足现实，面向未来，其基础和核心是强调评价与课程、教学相结合，重视不断开展行动研究与反思，最终促进学习者的发展。因此，在教学过程中，生物科学专业教师注重根据学生的个体差异进行分类别的培养，并针对学生的实际情况进行未来发展与规划指导，在促进学生个性化发展的同时，也促进了教师教学能力的提高，并凝练出了专业办学特色。多种评价类型的综合运用，能多角度地反映学生的综合素质，进而得出更为全面和客观的评价结果。

此外，在“三分式”人才培养改革过程中，从大二开始，在学业导师的指导下，学生即选择自己的发展方向，选修相应发展通道的课程。在这一过程中，教师不能忽略的是，学生年龄小、可塑性强，他们是一个个不断发展和变化的个体。在其成长过程中，随着对专业、自身以及社会发展的认识不断深入，他们需要评价自己的主观发展需求与自身的客观发展状况是否一致，以确定是坚持原来的方向还是改变既定方向。在这一动态过程中，发展性评价就显得尤为必要。在进行发展性评价的过程中，需要学生、班主任及学业导师共同参与，评价主体的多元化能促使评价更为全面；评价是一对一的，强调个体差异，针对每个学生进行；评价是全方位的，需要全面评价被评者的素质。评价的参照标准是培养目标与学生的发展意愿，评价的结果是对未来发展方向的建议。如果学生认为自己选定的方向发展状况良好并符合预期，可以坚持既定方向；反之，如果学生选定方向的目标达成情况不理想或不符合自身的发展规划，则可以调整发展方向。“三分式”人才培养改革不是刚性的而是柔性的，可以变换发展方向，甚至如果学

---

① 于开莲. 2007. 发展性评价与相关评价概念辨析. 当代教育论坛，(3)：36-38.

生精力充沛可以跨方向选修课程。总之，要最大限度地尊重学生的发展意愿，在尊重学生主观能动性的基础上，基于足够的指导和支持，确保学生得到最大限度的发展。生物科学专业通过实施学业导师制，将“分类别指导”这一理念落到了实处。

第四节 生物科学专业人才培养改革成效

一、学生创新创业能力不断增强

自2015年以来，通过不断改革，生物科学专业学生的创新创业能力不断增强。学生获四川省师范生教学能力大赛一等奖1项、二等奖2项，“华文杯”全国师范院校师范生教学设计比赛一等奖9项、二等奖22项；参加“挑战杯”“互联网+”“生物与环境”等学科竞赛获奖100余项，其中，“胃宝猴头菇培育有限责任公司”获2016年“创青春”全国大学生创业大赛铜奖，“可调制冷的鱼类精子保存箱”获2019年“挑战杯”四川省大学生课外学术科技作品竞赛一等奖，“饲料中添加天蚕素抗菌肽对南方鲇幼鱼生长、肠道消化及抗氧化能力的影响”获2019年四川省大学生生物与环境科技创新大赛一等奖；“一种高效秸秆降解罐”等6项以学生作为第一发明人的专利获授权，10余项教师授权发明专利中有学生的参与；学生以第一作者发表科研论文50余篇。

二、毕业生就业率和考研录取率位于前列

学生创新创业能力的提升激发了学生从事科学研究的兴趣，生物科学专业考研氛围浓厚，考研录取率在学校名列前茅，并稳定在40%以上，多数学生被中国科学院大学、华中科技大学、华东师范大学、四川大学、武汉大学、重庆大学等“双一流”大学录取。

近些年来，生物科学专业就业率持续上升，2015—2019年分别达80.6%、88.23%、91.4%、96.53%和95.71%，其中对口就业率达80%以上。

三、社会对毕业生的反映良好

第三方调查数据显示，2017—2019 届毕业生对专业课程开设的满意度分别达 91%、90%、94%，用人单位对毕业生教育教学能力的满意度分别达 90%、90%、95%，均在同类院系中位于前列。

用人单位对毕业生的评价如下。

1）能学以致用，对口就业。毕业生基础知识扎实，能灵活运用生物学知识解决实际问题，就业岗位与专业对口或基本对口。

2）工作能力较强，有良好的人际关系。毕业生的动手能力强、上手快，善于处理人际关系。

3）学习能力较强，具有一定的创新精神。毕业生善于学习，具有较强的攻坚和担当精神。

4）尽职尽责，注重团队合作。毕业生具有良好的职业道德、团队协作精神。

四、教育教学研究成果丰硕

（一）课程体系建设取得明显成效

1. 课程体系改革初见成效

生物科学专业遵循以职业能力为主线，以岗位需求为依据，以模块课程为载体，以产学研结合为手段，以过程考核为抓手，构建了以职业能力培养为核心的模块化课程体系，将思想素质、人文素质、能力素质和职业素质培养分别贯穿到各个教学环节。

2. 课程和教学资源库建设成果丰硕

生物科学专业针对本专业就业岗位及职业道德与素养要求，编写出版了《卓越工程师培养模式的理论与实践探索》《大学班级管理与班主任专业化成长研究》两本专著，建立了生物化学课程网站和资源，建成了生物科学专业共享型教学资源库。

（二）师资队伍结构更加合理

1. 教师职业能力显著提升

根据学校建设要求和学校教师培训规划，生物科学专业组织实施了专业教师

“双师双能型”建设。通过校内外多种形式的教师能力提升培训，教师的教学能力、实践能力、社会服务能力和教学科研能力得到显著提高。

2. 兼职教师队伍建设稳步发展

生物科学专业柔性引进生物科学领域的知名专家、学者引领学科团队建设，聘请基础教育一线中学生物教学名师、生物相关行业企业高管担任兼职教师，加强校内外专兼职教授的交流与合作，不断夯实教师队伍，为专业人才多元化培养奠定了坚实的基础。

（三）校地合作，拓展办学外延

生物科学专业积极融入地方，加强同基础教育一线的深度合作。其与内江市教育科学研究所、内江市第六中学等共同组建了“生物科学 UGS 协同育人示范基地”“生物教育研究中心”。其充分发挥基地各方的优势，共享人才和教学资源，本着“资源共享、互惠互利”的原则，实施“政府协调、高校主体、中学协同”的协同育人模式，实现了第一课堂和第二课堂、理论学习和实践活动的相互融合，促进了教师观念的转变和教学能力的提升，为教学见习、实习、研习提供了优质的实践基地，实现了教师职前、职后教育一体化。

第六章

应用化学专业人才培养改革与实践

内江师范学院的应用化学专业是以理为主、理工结合的应用型专业，是以化学理论为基础、跨学科交叉、跨领域应用的21世纪重点发展的专业。应用化学专业不仅是开发化工原料、无机材料、有机精细化学品、高分子材料等的基础，而且在工农业生产、海洋开发、航天航空、信息产业、环境保护、生物工程、国防建设以及日常生活中都发挥着非常重要的作用。应用化学专业是连接化学和化工的桥梁。应用化学的重点是运用化学的原理和化工的传递理论，针对某些特定的领域，承上启下地解决实验室小试到工业化生产之间的技术及产品的研究、开发问题。应用化学专业涉及面非常广，专业人才需求量大，不同学校的师资力量和本地实际办学方向各不相同。

第一节 应用化学专业发展面临的困境

内江师范学院应用化学专业于1987年招收第一届专科生，2008年招收第一届本科生。根据区域对人才的需求和学院的教学科研特色，应用化学专业设有材料和分析检测两个专业方向。学生毕业后可以在化工、能源、环保、材料、轻工、医药、食品和军工等部门从事工程设计、材料制备、分析检测、技术开发、生产技术管理和科学研究等方面的工作。经过多年的发展，应用化学专业的教学改革成效显著，教学质量稳步提高，学生的英语四、六级通过率，计算机过级率较高，学生在学科竞赛中获奖较多，考研录取率超过毕业生总人数的20%，位居省内同类高校前列，就业率始终在90%以上。然而，其在取得成就的同时，也存在一定的问题，具体如下。

一、专业的目标定位问题

应用化学专业的目标定位依据学校的办学定位、经济社会的发展以及本地产业建设与发展的需求确立。学校办学定位为：立足四川，面向西部，辐射全国的培养应用型人才的应用型地方本科高校。因此，应用化学专业围绕学校的办学定位，将自身的目标定位为：培养具有良好科学精神、文化素养，能够较系统、扎实地掌握化学基础知识、基本理论和基本技能，富有创新意识和实践能力，能在化学化工及相关领域从事生产加工、材料制备和分析检测等工作的应用型人才。应用化学专业的办学层次定位为以本科为主，争取硕士点，进而将自身建设成为省属同类院校同类专业中一流的应用型专业。目前，其在诸多方面与此目标还相距甚远，存在一些问题：①在专业的定位上确定为应用型，但在制订人才培养方案时，人才培养目标的设定与专业定位不符，基本沿袭以前的专业培养目标，较多地强调培养学生的研究能力，将考研率作为评价专业发展的重要指标；②应用型人才培养的最终目标是使学生获得各种能力，围绕应用型人才具备的能力进行的分析较简单、不够全面，使得有些培养目标（如社会适应能力、应用实践能力和创新意识等）无法落实，导致目标落空；③专业办学方向改为工科后，培养方案与以前相比变化不大，工科性明显不足，不能适应社会对工科人才的要求。另外，虽然其开设了大量应用性选修课，但效果不理想。

二、师资队伍问题

2017 年，应用化学专业有专任教师 13 人，其中教授 4 人，副教授 6 人，高级工程师 1 人，讲师 2 人，博士 3 人，硕士 5 人。师资队伍主要存在以下问题：①专业教师队伍中教授年龄偏大，且大多数教授在行政岗位，没有精力参与专业建设；②骨干教师队伍尚未形成，缺乏专业带头人和教学名师；③年轻教师比例过大，骨干教师新老交替，面临着严峻的形势；④专业教师大部分都是毕业于师范院校，缺乏工程背景和实践经验，实训能力、现场实践能力都有待提升，“双师双能型”教师不够，不利于人才培养；⑤专业教师的“教-学-研”相结合的观念还不强，把教学、课程开发和科研分离甚至对立起来，造成应用化学专业质量工程项目、精品开放课程、核心课程的建设推动难度较大。

三、学生就业专业对口率的问题

根据内江师范学院招生就业处的统计，应用化学专业 2015 年考取研究生 16 人，占毕业生总人数的 32.7%，高质量就业率为 42.9%，对口就业率为 83.0%。2016 年，有 10 人考研，录取 7 人，高质量就业率为 22.2%，对口就业率为 47.2%。2017 年，考取研究生 13 人，占毕业生总人数的 22.8%，高质量就业率为 24.6%，对口就业率为 74.0%。2018 年，考取研究生 32 人，占毕业生总人数的 33.3%，高质量就业率为 37.5%，对口就业率为 85.9%。学生历年就业率均超过 90%。从 2015—2018 年的就业统计数据来看，应用化学专业的考研率直接影响了高质量就业率；高质量就业率较低，最高为 42.9%，最低为 22.2%；对口就业率也偏低，2016 年不到一半，为 47.2%。此外，应用化学专业与用人单位的沟通不足，对用人单位对毕业生的评价了解不够。

四、学生社会适应问题

社会适应是人们在社会生存和发展的基本能力，大学生社会适应能力的强弱不仅关系到自身的成长，而且对整个社会的发展也有重要影响。[①]影响应用化学专业大学生社会适应的因素主要是以下两方面：①学生大部分来自农村，大多数是独生子女，家里基本是隔代教育，受到了家长的溺爱。大多数学生比较有个性，棱角比较分明，在自立方面存在诸多不足，遇到问题时经常不能独立解决。②由于长期接受应试教育，学生的探究能力和实践能力被忽视，学生对知识的运用能力不高；学生人生阅历少，对社会的基本认知不充分，致使其社会经验较为简单。

2017 届及以前的调查报告中没有涉及学生的社会适应情况。北京信索营销咨询有限公司对内江师范学院 2018 届毕业生培养质量的调查表明：应用化学专业学生对工作能适应的为 50%，比较适应的为 40%，没有非常适应的学生。2018 届应用化学专业毕业生离职率比较低，其中 20%的学生离职过 1 次，职业的稳定度较高。

五、课程设置问题

应用化学专业课程结构由学科基础课程、专业核心课程和专业应用能力培养课程三部分组成。专业应用能力培养课程分为材料和分析检测两个方向，每个方向都由必修课程和选修课程组成。其中，选修课程分为应用基础选修和方向选修。根据“三分式”人才培养改革的需求，每个方向的选修课程细分为普通模块、卓越工程师模块和学术型模块。看似分得较细，但仔细分析这些课程，我们可以发现普通模块和卓越工程师模块的差别很小。学科交叉引起的专业界限模糊化要求专业课程中不应仅局限于本专业知识，更应设置化学与生物工程、机械自动化、信息技术等交叉发展的课程和新型教学实践环节，从而培养多层次、复合型、创新型人才。同时，应用化学专业教师在教学中使用的专业课程参考教材大多数较旧，内容更新慢，无法满足时代的需要。此外，应用化学专业工程基础薄弱，做这方面毕业设计的学生很少，对工科的支持力度不够。

六、办学理念问题

目前，我国高校大部分应用化学专业教育的现状与化工、材料、能源等高新

① 刘成. 2014. 从人际关系角度谈大学生社会适应问题. 湖北经济学院学报（人文社会科学版），11（7）：137-139.

技术的发展脱节，无法满足人力资源市场对应用化学专业创新人才的需求。内江师范学院应用化学专业的教师大部分毕业于师范类高校和综合性大学，缺乏工程背景和实践经验，部分教师缺乏教师技能。受到传统教学模式的束缚，大多数教师通过详细地讲授教学内容，并结合案例分析来实现知识传授，授课方式相对单一。尽管很多教师努力运用多媒体时代各种先进的教学手段提升教学效果，如播放视频、动画和使用丰富的网络资源等，但仍采用以教师为主导的课堂教学模式，教师依然是课堂教学的主体，学生仍然是被动地接受各种理论与实践知识，学生主动学习的积极性没有被调动起来。

工程教育认证标准是基于 OBE 理念的认证标准，将此理念贯穿于工程教育认证标准全过程。[①]OBE 理念强调学生受教育后具备什么能力和能够做什么，一切教育活动、教学过程和课程设计都是围绕实现学生预期的学习结果进行的。所以应用化学专业的教师应革新教育理念，突出以人为本的理念，促进学生自主性的发展，注重个体发展，变过去强调以教师为本为强调以学生为本，变过去侧重于教学活动的计划性为侧重于人才培养的过程性。

第二节　应用化学专业人才培养模式改革的基本理念

一、“三分式”人才培养改革理念

孔子早在春秋时期就提出了“因材施教”的教育理念，《论语》中有“生而知之者，上也；学而知之者，次也；困而学之，又其次也；困而不学，民斯为下矣”。孔子最难能可贵的就是把自己的学生按照不同的个性分成不同的类别，然后按照类别去教育，这就是“有教无类”。[②]应用化学专业依据“三分式”人才培养改革的理念，以学生的发展需求为根本导向，根据学生的学业需求，并兼顾学生的专业潜力、知识基础、能力结构，结合社会需求及学生的未来发展取向，为学生提

① 周洪波，周平，黄贤立. 2018. OBE 理念下应用型本科人才培养方案的构建. 高教学刊，(10)：76-78.

② 谷照亮，谷凤苗. 2016. 个性化学习对大学生思想政治教育的挑战及对策. 毛泽东思想研究，33(5)：144-148.

供科学潜力开发与深造类、创新创业类、基本技能和就业类三类课程与能力组合模块，学生根据自身的兴趣、意愿和学习能力灵活选择课程模块，自主建构个性化的课程模块和能力结构，指导教师对不同类别学生进行有针对性的教学和个别化指导，真正做到自主建构与因材施教，从而实现个性化人才培养，达到形成学生职业化素养和提升其就业能力的目的。多元智能理论、个性发展理论、人本主义学习理论和高等教育分流理论是“三分式”人才培养改革中对学生分类别指导、分阶段培养的理论基础。该模块化人才培养理论是“三分式”人才培养改革中分模块推进的理论基础。

（一）大类招生、专业分流，实施分类别指导

化学化工学院从 2016 年至今一直实施化学类大类招生，招生规模每年都超过 200 人。从大一下学期实施专业分流，通过学生自主选择与对学生的专业方向潜力进行评估，将其分流为化学（师范）专业和应用化学专业。学院坚持公开、公平和公正的原则，专业分流坚持以学生为本，以促进学生全面发展为理念，以不断适应学生的个性化发展需要和让更多的学生可以根据自己的兴趣、爱好、特长选择专业。在 2017 级，化学化工学院开始推进“分层、分类、分级”的“三分式”教学改革。在 2018 级，将其修订为更具特色的“分类别指导、分阶段培养、分模块推进”的“三分式”人才培养改革，构建了“潜力开发与深造类”“基本技能与就业类”“创新创业类”三类人才培养通道。应用化学专业选修课程在两个方向（材料、分析检测）的基础上采用“3+1”的模块形式，即 3 个培养通道模块（“潜力开发与深造类选修课程模块”“创新创业类课程选修模块”“基本技能与就业类课程选修模块”）和 1 个“‘三分式’人才培养专业基础选修课程模块”。学生在大二根据自己的意愿先在材料、分析检测方向中选择一个，再在 3 个培养通道模块中选择一个模块选修，在达到该模块最低选修学分要求的情况下，再从“‘三分式’人才培养专业基础选修课程模块”中选修，共修满 27 学分。此外，只有通过“创新创业类培养计划”选拔考核的学生方可选修“创新创业类模块”课程；允许学生进行专业内跨模块、化学化工学院内跨专业选修，但不能超过 6 学分，且必须达到原选模块最低学分选修要求。

1. 专业分流宣传

化学化工学院的主要领导、专业负责人、辅导员、班主任、学业导师等全方位地宣传、解读“三分式”人才培养模式改革的内涵，引导学生结合自身的兴趣、

学习能力和发展方向理性选择专业。①

在对新生进行专业教育时，院长介绍专业分流政策，各专业负责人介绍本专业的人才培养方案、专业特色、发展方向、学科建设情况、教学情况、师资情况、就业去向、毕业生就业形势等。化学大类招生新生班主任在班会上给学生讲解“三分式”人才培养改革方案和专业分流的相关政策和指导思想。学业导师指导学生结合自身的兴趣爱好和将来的就业发展等实际情况，并征求家长意见，做好专业分流思想准备和学业准备。在第 2 学期第 1 个月内开展专业分流动员大会，学院领导再次解读专业分流、“三分式”人才培养改革、专业认证等相关政策，以及分流具体流程、时间安排和分流志愿书的填报细则，专业负责人分别介绍专业特色、三个培养通道、考研和就业情况，指导学生结合自身的兴趣、学习能力和发展方向理性选择专业。

2. 专业分流志愿填报

第 1 学期末，班主任将化学、应用化学专业介绍及专业申请表交由学生带回，学生与家长共同研读并选报专业志愿（家长、学生签字后返回），第 2 学期开学的 1 周内上交给教学办公室。化学化工学院于第 2 学期开学的第 1 个月内统计出初步专业填报结果。专业负责人再次宣讲专业特色和三个培养通道后，学生再次选择专业和培养类别，根据结果组织笔试与面试，在 5 月 1 日之前完成整个大类招生的专业分流工作。

3. 专业方向潜力评估

化学大类分流为应用化学专业和化学（师范）专业。应用化学专业培养的是化学化工及相关领域的应用型人才，而化学（师范）专业培养的是具有较强的教育教学实践能力的中学化学教师或基础教育管理者，需要学生具备一定的教师潜质，结合化学（师范）专业认证条件，在进行专业方向潜力评估时，主要考查其教师教育潜质，尽量科学、合理地进行专业分流。

凡是填报化学（师范）专业的学生必须参加笔试和面试。笔试为中学化学知识综合测试，考核学生的高中化学基础知识。面试主要考查学生的教师职业信念和教学基本功。按照笔试成绩与面试成绩的加权平均值由高到低的顺序选拔学生进入化学（师范）专业进行培养，其余学生自然分流进入应用化学专业进行培养。

① 苗建萍. 2019. “三分式”人才培养模式构建与实践路径探讨. 滁州职业技术学院学报，18（3）：9-11.

4. 专业分流结果公示

专业分流结果在化学化工学院网站上公示 5 个工作日，其间学生可向院长或书记反映情况或进行申诉。公示无问题后，将分流结果上报教务处备案，学生自第 3 学期开始按照分流后的专业人才培养方案修读。

5. 培养通道选择

在专业分流的基础上，学生可以自主选择材料、分析检测两个方向中的一个，再自主选择“潜力开发与深造类”“创新创业类”“基本技能与就业类”三类人才培养通道之一进行修读，实施分类别培养。

6. 进退机制

学生在大学二年级结束前有 1 次重新选择培养通道的机会。对于再次选择培养通道的学生，应修完该通道规定的所有课程。对于不同培养通道的相同课程，可直接认定学分，对于其他已修读课程，经学院初审、教务处审批后，可认定为专业选修课学分并如实计入学生成绩档案。

（二）落实分阶段培养

“分阶段培养”使学生的成长成才轨迹更加清晰。“三分式”人才培养改革将学生培养分为三个阶段：第一阶段为通识教育阶段，一般为第 1 学年；第二阶段为专业教育阶段，原则上是第 2—3 学年；第三阶段为能力提升阶段，原则上是第 4 学年。

第一阶段，通识教育阶段。课程体系设置为“通识教育课程+专业基础课+专业核心课”，旨在夯实学生的相关专业基础，构建完整的专业知识结构，为做好下一步的发展与职业规划奠定坚实的基础。应用化学专业通过强化数理基础模块和注重专业基础模块教学，促进学生创新思维的形成和对创新方法、创新工具的掌握，让学生更早地了解工程背景，为做好下一步的发展与职业规划、专业后续模块学习和工程能力培养奠定基础。

化学大类招生学生在此阶段未进行分流，所学通识教育课、专业基础课和专业核心课相同。专业基础课为“高等数学”“普通物理”，专业核心课为“无机化学”及其实验课程。“大学外语”“大学计算机”“高等数学”等通识必修课程根据学生的高考成绩实行分类、分级教学。

第二阶段，专业教育阶段。通过专业分流，学生进入不同的培养通道学习。

课程体系设置为“专业基础课+专业核心课+专业发展方向课模块”，专业发展方向课程模块设置为“核心能力模块+选修模块”，确保不同培养通道学生综合能力的提升。[①]

在此阶段，学生主要进行专业理论和实践的学习，“潜力开发与深造类”通道的学生还得加强理论知识的学习，修读专业核心课程的选修课程，为进一步深造打下坚实的理论基础。

第三阶段，能力提升阶段。课程体系设置为“专业实习+毕业论文（设计、创作）模块”。在此阶段，根据学生的不同培养类别，开展专项能力培养及综合素质培养、实践能力提升工作，根据学生的发展定位和发展方向有针对性地安排课程教学、实习环节，有针对性地安排毕业论文（设计、创作）课题。同时，更好地将理论知识转化为专业技能，遵循理论学习与实践操作相结合的教学原则。另外，培养学生从工程全局出发，提升学生综合运用多学科知识、各种技术和现代工程工具解决实际问题的能力及综合素质，强化培养学生的自主学习能力、创新意识，激发学生探索未知领域的兴趣。

（三）落实双导师制

应用化学专业为一年级学生配备了校内专业导师，对学生开展学业规划指导和助研指导，在专业分流后，结合各培养通道为学生配备企业导师或科研导师，实行双导师制，校内、校外导师共同负责培养学生。其根据校内、校外导师的特点组建了三通道人才培养专项导师团队，实施分类别指导。学生在企业学习的具体计划由两位导师或导师团队共同制订，共同指导该学生的毕业设计。根据本专业特点和企业的具体情况，学生学习采取集中学习与分散学习相结合的形式。企业学习阶段，学习内容主要包括三方面：①企业培训，包括企业文化与规章制度教育、生产流程、专业实习等，这部分内容主要由企业的人力资源部门和企业导师负责实施；②部分专业选修课，这部分内容主要由学校导师和企业导师负责实施；③专业培训，包括专业课程设计、毕业实习和毕业设计等，这部分内容主要由企业导师负责实施。专业培训是针对具体企业生产需要的相关专业知识的学习，并通过毕业设计（毕业论文）培养学生综合应用所学知识解决实际问题，为后续

① 肖小君，陈发军. 2019. 地方高师院校本科生分类培养方式探索. 科教导刊（中旬刊），(12)：17-18.

的职业生涯发展打好基础。[①]

二、师资队伍建设

（一）加强“双师双能型”师资队伍建设，推动师资队伍转型

应用化学专业通过吸收、引进、培养、聘用等方式建设了一支专业师资队伍。2011 年，其开始加强“双师双能型”师资队伍建设，选派人员赴国内外高水平大学进修，有计划地组织中青年教师参与企业管理和生产实践，参与企业课题研究；积极引进工科博士研究生、企业师资尤其是高级工程师或者具有工程实践能力的教师，参与课程建设、开发校企合作课程，提升学生的工程素养；通过柔性引进、兼职聘用等方式形成专兼结合、素质优良、结构合理的专业教学团队。应用化学专业 2020 年有专任教师 9 人，其中教授 2 人，教授级高级工程师 1 人，副教授 2 人，讲师 2 人，实验师 2 人；博士 6 人，硕士 1 人。外聘中国科学院、中国工程院院士 1 人，团队领军人才 2 人，兼职教师 8 人。应用化学专业的师资队伍职称结构和学历结构合理，“双师双能型”教师（ 6 人有长期的工程实践经历，还有 3 人有一定的工程实践经历）达到 50%，略低于应用型专业的相关要求——专任教师中“双师双能型”教师占比不低于 60%。

（二）加强教研室建设

其一，应用化学专业在培养青年教师时落实导师制度、岗前培训制度和预、试讲制度，在教研活动中推行集体听课、集体评课制度和讲课比赛，充分发挥老教师的传、帮、带作用，鼓励教师参加教学经验交流会议和学术交流会议，促进青年教师快速成长。其二，定期开展教研活动，通过采取组织同行听课、评课和分课程组织教学研讨会等措施提高教师的教育教学水平。其三，安排青年教师定岗实习，提高实践应用能力，要求教师积极申报各级教研、教改和科研课题，提高教研、教改能力，将科研成果应用于教学。其四，积极鼓励教师深入生产、建设、管理及服务一线参与实践教学和开展合作研究，强化师资队伍实践能力建设。其五，每年选派骨干教师 2—4 名到企事业单位挂职锻炼，参加“双师双能型”教师培训。

---

① 祝义，梁银，朱晖. 2016. 软件工程专业本科卓越人才培养模式探索与实践——以江苏师范大学软件工程专业为例. 福建电脑，32（12）：59-61，142.

三、“通识+专业基础+专业发展”的课程体系构建

（一）分模块设置课程，提高教学效率

应用化学专业第一课堂课程结构如表 6-1 所示。其一，构建“潜力开发与深造类”“创新创业类”“基本技能与就业类”三类人才培养通道，学生根据自身的意愿和潜质自主选择进入相应的人才培养通道学习。其二，针对不同类别培养通道，制订相应的人才培养方案，逐步探索适合不同学生需求的多元化分类培养模式。其三，因材施教，使核心素质、知识、能力方面的要求都能具体落实到理论、实践教学环节，满足学生个性化发展的需求，加强对学生的知识应用能力的培养，提高教学效率。

表 6-1　第一课堂课程结构

<table>
<tr><th>课程类别</th><th colspan="2">课程性质</th><th>学分</th><th>占总学分比例（%）</th></tr>
<tr><td rowspan="2">通识教育课程</td><td colspan="2">通识教育必修课程</td><td>39.0</td><td rowspan="2">27.3</td></tr>
<tr><td colspan="2">综合素质选修课程</td><td>6.0</td></tr>
<tr><td rowspan="2">学科基础及专业核心课程</td><td>学科基础课程</td><td>必修</td><td>11.0</td><td rowspan="2">32.4</td></tr>
<tr><td>专业核心课程</td><td>必修</td><td>42.5</td></tr>
<tr><td rowspan="4">专业发展方向课程</td><td rowspan="2">材料</td><td>必修</td><td>39.5</td><td rowspan="4">40.3</td></tr>
<tr><td>选修</td><td>27.0</td></tr>
<tr><td rowspan="2">分析检测</td><td>必修</td><td>39.5</td></tr>
<tr><td>选修</td><td>27.0</td></tr>
<tr><td colspan="3">合计</td><td>165</td><td>100</td></tr>
</table>

第二课堂素质活动与德育学分按照《内江师范学院第二课堂素质活动与德育学分实施办法（修订）》执行。

（二）课程内容与教学方法改革

针对不同培养模块，应用化学专业对课程内容设置有所调整，实施分段教学。应用型人才培养的根本是重视基础知识的教学。应用型人才的“重基础”是指理论知识对于指导实践够用、适用。应用型人才需要具备丰富的理论知识和较强的实践应用能力，能够理论联系实践，在保证基础知识扎实的基础上提升实践应用能力，在实践应用能力的锻炼中促进基础知识的深化。“基本技能与就业类”培养

通道的课程设置的目的在于强化学生的实践能力、求职能力以及职业素养，同时加强对学生职业生涯规划和就业方面的指导，探索与企事业单位开展订单式人才培养，努力采取“实习+就业”的培养模式。从2016级开始，无机化学、分析化学、物理化学、有机化学、化工原理和材料科学等基础课程实施分段教学。开始的教学本着够用、适用的原则，只教授各门基础课程，对较难的内容如一些理论、原理和机理等先不讲，这些内容调整到选修课程中学习。选修课程主要针对“潜力开发与深造类”通道学生，学生根据自己的深造方向选择其中2—3门选修课程，为进一步深造打下坚实的理论基础。“潜力开发与深造类”培养通道课程的设置目的在于强化学生高质量地掌握专业知识、具备专业能力，偏重理论学习和升学辅导，学习的方向更加明确，理论更加深入，确保学生在升学考试中具备理论建构和分析、解决问题的能力。此外，由外国语学院、数学与信息科学学院、马克思主义学院承担的研究生入学考试的公共课程（英语、数学、思政课程）在第二阶段完成修读后，也可以组班开设研究生入学考试的公共课程。“创新创业类”培养通道课程的设置目的在于提高学生的实践能力，侧重对学生对所学知识的应用能力、开发能力的培养，结合专业开设一些有关创业知识和创业能力、创业方向、信息整合等方面的辅导和训练，为他们进行自主创业奠定基础。在课程的设置上，搭建以校内实验实训中心为基础的实践平台，以“大学生创新创业”项目为抓手的科研训练平台，以学科竞赛为依托的竞赛活动平台，以创新创业园区为载体的孵化支持平台，以校地校企合作共建为主体的拓展延伸平台。

四、课程建设

内江师范学院“三分式”人才培养改革基于高等教育分流理论，分类指导每一名学生定位自己的职业方向，把人才培养的发展方向分为“潜力开发与深造类”“创新创业类”“基本技能与就业类”。通过加强对学生学业生涯规划的指导和教育，学生从这些不同的职业方向中选择自己最有优势、符合自己的兴趣、最适合自我的发展方向。①应用化学专业根据学生认知和成长规律将培养过程分流为通识教育阶段、专业教育阶段、能力提升阶段，实行分段培养。在此基础上，其实施有弹性的教学计划和灵活的教育方法，并设计了模块化的课程体系，制订了多元化的指导方案，因材施教。

---

① 陶肖莉. 2015. 中国高等教育人才培养模式研究. 天津大学硕士学位论文.

（一）基于能力导向的模块化教学，推进应用型专业建设

应用化学专业构建了基于能力导向、以应用型人才培养为目标的教学模块（表6-1），形成了通识教育课、学科基础课、专业核心课、专业发展方向课既层层推进又略有交叉的课程体系。同时，构建了三类人才培养通道，采用“3+1”模块形式，即3个培养通道模块和1个专业基础选修课程模块。应用化学专业以项目带动专业核心课程科目设置和教学大纲内容的完善，通过课堂精心设计一批项目、案例带动学生对课程的学习，促进实践能力培养，形成了如图6-1所示的立体化、开放性的人才培养基本架构。

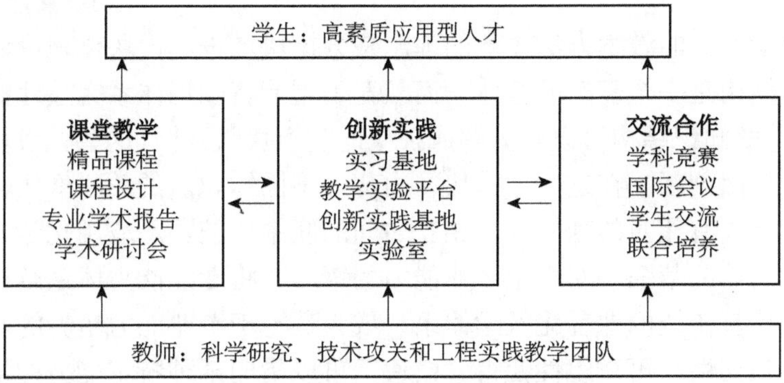

图6-1　应用化学专业人才培养基本架构

（二）以服务地方和本校学生为宗旨，加强校本教材建设

应用化学专业在充分分析、调研本校学生实际情况和地方经济建设需求的基础上，以促进学生个性化发展为宗旨，以充分利用地方资源和学校资源为目的，结合教师多年的教学经验和科研基础，加强校本教材建设。目前，已出版5本校本教材：2015年8月出版了《基础化学实验》，2016年5月出版了《物理化学》，2017年3月出版了《综合化学实验》，2019年8月出版了《化工基础实验》，2020年8月出版了《无机化学》。另外，还有几本校本教材正在撰写中，其中《精细化学品化学实验》的初稿已经完成。

（三）以“双万计划”为契机，大力加强课程建设

应用化学专业一直重视课程建设，已建成1门四川省精品资源共享课程、3门校级精品课程、3门校级核心课程。目前，正在建设省级应用型示范课程2门，校

级线下一流本科课程、校级线上线下混合式一流本科课程、校级社会实践一流本科课程各 1 门。各种课程的建设促使教师不断整合教学内容，改革教学方法和教学质量评价方法，有利于实现以学生为中心、以产出为导向的持续改进的教育理念，最后建成“金课”。应用化学专业计划“十四五”期间建成 2—3 门省级应用型示范课程，力争立项 2—4 门省级一流本科课程，建成 3—5 门校级专业核心课程、示范课程，建成 3—5 门校级一流本科课程。

五、教学方法改革

应用化学专业的教学方法改革的理念是分模块推进。模块化理论认为，人的认知或能力结构是一个复杂的整体，而教育不可能将知识体系完整地输入到每个个体中。[①]人的知识结构可以被分解成独立的“模块”，并且这些“模块”可以被独立设计、自由创新。在这些“模块”内部，不同知识点的关联度比较高，而不同“模块”又具有相对的独立性，相互之间的联系比较弱。应用化学专业的“三分式”人才培养改革强调对学生专业能力的培养，将专业能力体系解构为不同的“模块”，并代替传统的课程化教学体系，成为致力于专业能力培养的基础性教学单位。相对独立性与可重组性使得“模块”可以指向某种特定能力的培养，并与相关的教学活动进行有机结合，形成具有非重复性的教学内容。

1）以生产和应用为导向，构建课程教学内容，开展多种形式的课堂教学。应用化学专业根据生产、服务的真实技术和流程构建课程教学内容、技术技能训练体系和实验实训环境。校企合作开发的应用型课程有“化工设备机械基础”、“材料结构与性能”、“工业催化原理及应用”、“环境分析与监测”、“仪器分析实验”、“综合性实验”、“研究性实验”、“设计性实验”、“材料加工与测试”（或应用分析实验）、“创新创业教育实践”。应用化学专业自编教材《基础化学实验》《综合化学实验》，培养学生的基本实验技能和创新实验能力。综合化学实验由多个学科实验或多项实验技术构成，内容涵盖基础性实验操作、工业或生活废弃物利用、农业废弃物利用、功能性材料的制备等多个领域，以适应地方资源开发和经济发展的需要，设计性实验旨在培养学生运用所学知识分析和解决问题的能力。

2）以专业与产业对接、课堂与生产对接、教师与技师对接、实习实训与企业对接为要求，开展专业人才培养；以“线上线下”，“对分课堂教学”，“学生讲、

① 李峻，陈鹤鸣，方萍. 2013. 模块化人才培养：理论内涵、模式构建与风险防控. 黑龙江高教研究，31（3）：135-137.

评、答、判课堂"，"学生参与课堂教学内容选择"，"企业技术课堂"，"校外专业导师"等多种形式开展专业教学活动。部分专业课程的教学和学生的实习、实训组合在一起，部分实践类课程采用仿真教学，运用工厂沙盘模型和工程实物构件进行实践操作教学，通过声、光、色、影全面刺激学生的眼、耳、手、脑，激发学生的学习兴趣，提高教学质量，深入实施"教学做统一"的育人模式。①

3）通过学生参与部分教学内容的取舍和学生授课、教师听课的"角色互换"方式，最大限度地促使学生直接参与教学，增强学生自主学习的紧迫性和成就感，可以促进学生的个性发展。在"精细化学品化学"的教学中，教师选择与日常生活息息相关的日用化学品、香料与香精等材料以及研究性较强的功能性染料，划分小组，小组讨论选择具体内容，规定时限，让学生以小组为单位进行课件展示，学生提问，学生回答，根据学生的表现评分并计入平时成绩。同时，充分发挥学生的主观能动性，提高学生的自学能力，使其能够完成延伸知识点和未讲授章节的自学，这也能培养学生发现问题、团队合作等能力。在学生的自主表达和讨论中，教师给予适当的鼓励和引导，予以总结，并纠正学生的错误观点，使学生能够更深入地理解相关知识，体会到自学和交流的乐趣，在提高学生自学能力的同时，也能提高教学效果。②另外，教师应该结合社会关注的问题，采用问题法教学，让学生分析其中的问题，思考如何从专业角度解决问题。

此外，应用化学专业还利用助研、大学生创新创业项目、开放实验室和自习室等为学生的个性化发展提供空间和助力。

六、实践教学

（一）以创新为动力，合理构建实践课程体系，全面提升学生的综合素质

"三分式"人才培养改革以培养学生的实践能力和创新能力为核心，健全实践育人机制，加强实践教学共享平台建设，分类制定实践教学标准。第一，完善以基础认知、专业技能、综合创新"三层次"分类推进，以基础实践、专业实践、综合实践、创新实践"四模块"有机结合，并辅以"第二课堂"的"三层次四模

① 曹小华，严平，徐常龙. 2014. 基于就业导向的应用化学专业人才培养体系改革与实践. 化学教育，35（14）：10-14.

② 杨潇，董雄辎. 2015.《精细化学品化学》课程的教学思考. 合肥师范学院学报，33（6）：96-97.

块”的实践教学体系（图 6-2）。第二，系统优化以实验、实习、课程设计、毕业论文（创作、设计）等为主线，以科研创新、学科竞赛、技能训练、社会实践等为辅助的多层次的实践课程体系，将创新创业教育纳入人才培养全过程，加大对创新创业训练计划项目的投入力度。第三，通过学生科研、学科竞赛、创新创业训练、毕业论文（设计、创作）等训练，让学生早进课题组、早进实验室、早进团队，促进其创新意识的形成，提高其创新能力。第四，建立与实施贯穿人才培养全过程的工程实践和科研训练体系，采取集中与分散相结合的方式完成实践环节，打造一批工程教育特色环节，一些实践性强的课程或项目聘请企业工程技术人员授课或学生到企业通过实践完成，同时引导学生参与各类实践活动，培养学生用科学的方法和观点发现、分析、解决工程实践问题的能力，提升学生的实践能力与创新精神。第五，增加实验课在整个专业课程中的学时量（实践类课程占专业课程的 33.7%），增大应用性、设计性、综合型实验的比例，从而使实践教学体系更有利于应用型人才的培养。①第六，加强虚拟仿真实验教学项目建设，设置开放实验室、创新学分，开设学科前沿讲座，激发学生的学习兴趣，丰富课余文化生活，注重对学生综合素质的培养。第七，鼓励学生申报大学生创新创业项目，完善学分认证体系，认证学分可以冲抵选修学分，使学生有更多的时间从事研究。

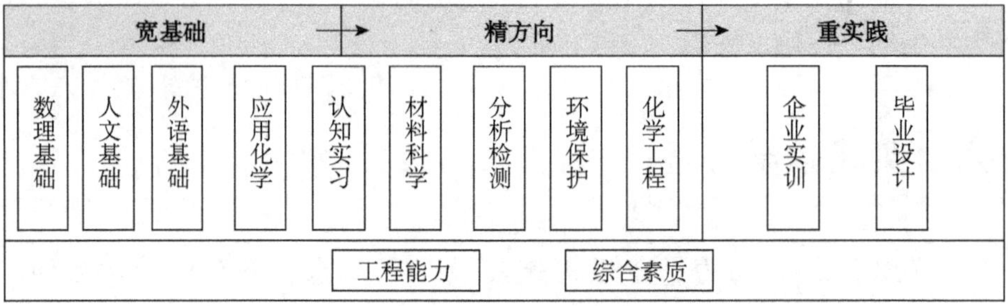

图 6-2 “三层次四模块”实践教学体系

（二）以平台为基础，提升教师的业务水平，科研反哺教学，促进专业发展

化学化工学院已完成创新人才培养开放实验室教学平台建设，成立了基础化学实验中心、校级实验教学示范中心、省高校“果类废弃物资源化”重点实验室、

① 刘淑娟，李建强，刘艳等. 2012. 培养应用化学专业创新型人才的实践教学初探. 东华理工大学学报（社会科学版），31（1）：75-79.

内江市“农业废弃物资源化”院士工作站、内江市“页岩气开采废弃物资源化利用及环境污染防治”工程实验室以及内江市高新区内师检验检测有限公司等平台。校内建有“有机功能材料化学与应用实验室”“微纳米智能传感研究所”“纳米功能材料技术与工程应用实验室”三个校级平台和校内分析测试中心，承担了一批国家级和省市级科研项目，为教师科学研究、校企联合技术开发、科研成果转化提供了有力的保障和途径，为地方经济可持续发展培养了一批急需的应用型人才。其通过以助研为抓手培养人才，以科研反哺教学，在培养学生的学习能力、实验能力、科研能力和创新能力方面独树一帜。由此，教师队伍不断壮大，业务能力不断提升，人才培养质量越来越高，近几年的毕业生考研录取率均超过30%。

（三）以校外实践基地为核心，强化实践应用能力培养

优质、充足的校外实践基地是专业实践（金工实习、专业见习、化工见习、专业实习、毕业论文设计、毕业创作）顺利开展的基础，是落实专业实践的核心。只有以校外实践基地为核心才能切实提高学生的实践应用能力。应用化学专业建有充足的校外实践基地，如川化股份有限公司、四川省川威集团有限公司、四川省煤焦化集团有限公司、四川中再生资源开发有限公司、四川梓橦宫药业股份有限公司、云南云天化股份有限公司、内江市邦兴再生资源有限公司、四川塑金科技有限公司、内江洛伯尔材料科技有限公司、内师检验检测有限公司、内江水文局、四川中再生环保科技服务有限公司等30余个实习基地，为专业综合见习、专业见习、化工见习等实践教学环节提供了有力保障，在培养学生实践能力和创新能力方面也发挥着巨大作用。

第三节　应用化学专业的教育评价

教育评价是依据一定的标准对人才培养过程及其质量与效益做出客观的判断与评价。教育评价是检验人才培养效果的有效形式和对师生进行激励的重要手段，是调控人才培养过程和促进大学生个性发展的重要环节。[①]构建符合内江师范学院

① 王晓辉. 2014. 一流大学个性化人才培养模式研究. 华中师范大学博士学位论文.

特点的本科生教育评价体系，是保证学校人才培养质量的关键环节之一，对推进学校教育可持续发展、建设本科生教育强校具有重要意义。应用化学专业在这方面做了一定的探索。

一、应用化学专业教育评价体系的内涵

高等教育的本质属性是为谁培养人、培养什么人、怎样培养人。科学、准确和全面的教育评价能明确高校教育的方向，完整、平衡和可控的质量监管体系能持续提高评价的信、效度。围绕内江师范学院“扎根地方、追求卓越”的办学理念，坚持“以人为本，综合改革，社会合作，错位发展”的办学思路，应用化学专业以培养创新人才为根本，不仅对学生的知识、技能进行考查，还注重对过程与方法和情感态度与价值观等的评价。依据内江师范学院人才培养环境、培养目标和学位授予标准等，应用化学专业采用“评价—发现问题—反馈—改进—再评价”模式，由静态评价变为动态评价，由机构化评价变为个性化评价，由单一评价变为多元评价，由虚拟评价变为真实评价[①]，形成了本科生教育评价的闭环反馈系统，该过程循环反复，从而提升了本科生教育质量。

二、应用化学专业教育评价体系的基本构架

（一）教学质量评价

教学质量是高校生存的保证，开展教学质量评价更是高校工作的重中之重。教学质量评价就是对课程主讲教师的学术水平、业务能力、教学方式、教学态度及学生对知识的掌握情况等进行综合评价。教学质量评价的真正目的是通过监督教师教学活动的全过程，规范、矫正教学过程中的不足，以提高教学质量，使教师的教学工作以教学目标为导向，运用合适的教学技术手段和方法使教学效果达到最优，从而督促教师积极主动地提高自身的能力。课堂教学是评价教学质量的核心内容，教学活动过程中的课堂教学是考查教师教学能力较为客观的标准，可以由专家、领导、同行、学生等对教师在课堂教学中的教学理念、教学基本素养、教学能力、教学方法与策略、教学内容、教学过程及教学效果等方面进行评价。

---

① 魏华. 2013. 多元评价在中学化学教学中的应用探索. 湖南师范大学硕士学位论文.

应用化学专业践行内江师范学院“明德、博学、笃行、创新”的校训，客观地对教师的教学质量进行评价，从主体多元化、方式多样化、内容多维化方面进行评价，促进了学生的全面发展。

1）评价主体观念的改变，即教学质量评价不是单纯为了定量考核教师的教学水平，作为其晋升职称的主要依据，而是为了促进教师的个人发展、鼓励教师不断自我完善的手段。

2）评价方式的变化，即不能以学生最终的考试成绩为衡量标准，要更加注重过程评价。教学评价在教学过程中发挥着重要的作用，要求教师重点关注教学内容是否真正符合教学大纲与时代要求，是否能够融会贯通地进行讲解。

3）评价内容的调整，对学生基础知识的掌握情况与综合能力素质提升情况进行多维评价，真正实现素质教育目标，培养全能型人才。

（二）创新创业教育评价

“大众创业，万众创新”是关乎国家发展的一项重大战略，也对高校创新创业教育提出了更高的要求。高校作为孕育创新创业型人才的摇篮，改革现有教学模式，探索适合创新创业教育的教学模式势在必行。在创新创业教育中，学生表现和成果评价分为创造力测评和创业能力测评，即运用测量法把与学生学习表现、学习成果相关的属性数值化，通过作业或活动判断被测对象的创新创业能力。

1）创造力测评。创造力测评的目的是了解学生在某一阶段的创造力发展程度，通过翻转课堂、调查表法、项目游戏等对学生的创造力进行测评。

2）创业能力测评。创业能力涵盖创新性、创造性的思维能力，获取和转化知识的能力，抗压能力等，可以通过问卷调查、创新创业大赛等了解学生创业能力发展的实际情况。

（三）产学研协同育人教育评价

产学研结合即产业、学校、科研机构相互配合，发挥各自的优势，形成强大的研究、开发、生产一体化的先进系统，并在运行过程中体现出综合优势。近几年来，应用化学专业一直探索和遵循产学研协同育人的发展道路，注重提高教师和学生的实践动手能力，在教育教学过程中不断加大实践环节所占比例，培养出了一批以提升创新、开发、应用能力为目标的学生。其考核评价机制主要涉及考核形式、考核内容。其采取多样化的考核方式，专业实践采用技能竞赛、现场测试、现场答疑、随机考核、学习汇报等形式，课程实践采取实验设计、现场讲解及 PPT 汇报等形式，考核内容包括专业思想、组织纪律、实习日志与记录、实践技能、团队精神、实习总结等多方面。其发挥产学研协同育人的优势，加强实践教学管理，将实践性较强课程的课堂教学搬入实践基地，校企合作建立专业实践课程，增强了学生的创新精神、创业意识和提升了学生的就业创业能力，切实、有效地提高了实践教学质量。

第四节　应用化学专业人才培养效果

一、学生在校期间的成绩与就业升学

自实施“三分式”人才培养改革以来，应用化学专业在专业建设、学生个性发展和学生综合素质提高等方面取得了显著成果，助研规模逐渐扩大。2016—2020年，有 20 多人在市厅级以上不同类别比赛中获奖，其中获第十三届“挑战杯”四川省大学生课外学术科技作品竞赛三等奖 1 项，获第十五届“挑战杯”四川省大学生课外学术科技作品竞赛一等奖 1 项、二等奖 2 项；2 人获 2017 年全国大学生英语竞赛三等奖；1 人获第十届中国大学生计算机设计大赛三等奖；6 人获第十届全国大学生文学作品大赛三等奖，3 人获第十二届全国大学生文学作品大赛三等奖；5 人获全国大学生预防艾滋病知识竞赛优秀奖。大学生创新创业项目立项 35 项，其中国家级项目 19 项。学生发表论文 125 篇，第一作者 24 篇（中文核心期刊论文 21 篇，SCI 收录论文 11 篇）；获得排名第一的实用新型专利 12 项。

应用化学专业学生的就业率均超过 90%，就业于国企、机关事业单位、银行等，其考研率在省内同类院校领先。2016—2020 年，应用化学专业考研录取 64 人，占毕业生总人数的 24.7%，其中留学博洛尼亚大学 1 人，考入四川大学、重庆大学和暨南大学等“985 工程高校”22 人、“211 工程高校”9 人，占考研录取人数的 50%。

二、“三分式”人才培养改革成效显著，毕业生成绩斐然

“三分式”人才培养改革开始实施后，学生取得的成绩斐然，社会适应能力、

应用实践能力和创新意识得到明显提升。应用化学专业的学生毕业后有不少在工作岗位上成绩突出，获得了用人单位的好评。2017 届毕业生吴昕雯就业于四川省江安县职业技术学校，获 2019 年四川省中等职业学校教师能力比赛二等奖、“宜宾市优秀科技教师”称号，其指导的学生完成的项目获第 35 届四川省青少年科技创新大赛青少年科学影像节一等奖、第 35 届四川省青少年科技创新大赛科技实践活动二等奖。2018 届毕业生余清泉就业于平昌县得胜中学，在平昌县 2019 年春赛课活动中获一等奖。2018 届毕业生邱富俊就业于中国银行隆昌支行，获 2019 年中国银行内江分行“领航员工”称号。2019 届毕业生熊菊就业于辽宁鸿文教育科技有限公司，升任教学主管，获“明星讲师”称号。另外，还有不少学生获得所在单位的“优秀新员工”称号或“优秀员工”称号等。

三、教师教学科研成果

应用化学专业的教师积极投入教学改革研究，2016—2020 年，成功申请各级教学改革项目 20 余项，已结题 3 项。其中，应用化学专业 2019 年成功申报省级地方普通本科高校应用型示范专业建设，“化工原理”“分析化学”成功申请省级应用型示范课程建设。教师发表关于教学改革的论文 10 篇。

教师在科研方面硕果累累，2016—2020 年成功立项各级科研项目 49 项，其中国家自然科学青年基金项目 2 项，四川省科学技术厅基金项目 4 项，其他厅级及以上项目 18 项，横向项目 6 项，获得科研经费近 400 万元；发表科研论文 200 余篇，其中 SCI 收录论文 60 篇，EI 收录论文 7 篇，中文核心期刊论文 124 篇；授权专利 62 项，发明专利 17 项。

第五节　总结与反思

专业建设是高等学校重要的基本建设内容之一，是高等学校优化结构、体现特色、提高质量、培养高素质人才的根本性任务。为了主动适应区域经济建设和社会全面进步对应用型人才培养的新要求，为了促进应用化学专业建设顺利、有效地开展，对近几年的工作进行总结与反思是非常必要的。

一、实施“三分式”人才培养改革，推进专业人才培养模式改革

大类招生的目的是为学生提供更多的选择。大类招生可以让学生在大学学习的第一年深入了解各专业，明确自己的学科特长和发展潜力，进一步结合自己的兴趣和能力选择自己喜欢的专业，激发学生学习的积极性和学习兴趣。“三分式”人才培养改革坚持“分类别指导、分阶段培养、分模块推进”的育人方式，实现个性化人才培养，达到形成学生职业化素养和提升其就业能力的目的。应用化学专业坚持内涵式发展，推进“三分式”人才培养改革，着重改革课程体系、评价体系和管理方式，探索全员育人、全过程育人、全方位育人的综合育人体系。

不足之处：虽然多次宣讲“三分式”人才培养改革的意义以及化学专业与应用化学专业的区别和联系，但仍有部分学生对应用化学专业不甚了解（如有学生认为应用化学专业毕业生只能进工厂），专业分流时大多数学生选择化学专业；部分学生对“基本技能与就业类”“潜力开发与深造类”通道的认识不够深入，不能根据自身的实际情况正确选择模块，认为“潜力开发与深造类”通道可以学习更多知识，便选择“潜力开发与深造类”，导致选择“基本技能与就业类”的人数太少，不能独立成班。

改进措施：第一，通过各种活动让学生正确认识应用化学专业，进一步加强对“三分式”人才培养改革和化学专业与应用化学专业的区别与联系的宣讲，增加专业导学宣讲，增加学业导师对“三分式”人才培养改革和化学专业与应用化学专业宣讲的次数；第二，在班会中设计关于如何认识化学专业和应用化学专业的话题，在交流过程中，班主任要及时纠正学生的错误认识，为后续的分流做好思想准备。

二、校企合作修订人才培养方案，深化教学内容和课程体系改革

第一，开展多种形式的工学结合、校企合作，积极争取相关行业企业的支持，

促使其参与办学，在联合修订专业人才培养方案、联合培养人才、组织教师培训、共建实训与实习基地、联合开展技术合作等方面建立稳定的合作关系，增强办学活力；第二，建立“产学研”合作发展平台，充分发挥大学在人才培养、科学研究和社会服务等方面的职能，实现高校与企业间的优质教育资源的协同共享；第三，聘请化工、钢铁和资源循环等行业企业的专家和技术人员深度参与人才培养全过程，针对职业岗位或岗位群的实际情况，对学生的知识和能力提出要求，参照相关的职业资格标准和国家专业标准改革课程体系和教学内容，积极跟踪国内外技术发展及产业发展趋势对人才培养的要求，认真制订人才培养方案及专业教学计划；第四，企业人员承担课程教学和实践教学任务，探索任务驱动、项目导向等教学模式，形成“平台共建、资源共用、成果共享”的可持续发展机制；第五，保证学生在校期间有半年以上的时间到企业和用人单位顶岗实习，强化对学生的职业能力的培养，提高人才培养的针对性和适应性，不断增强学校的办学活力和吸引力。

应用化学专业以生产和应用为导向，根据生产、服务的真实技术和流程构建课程教学内容、技术技能训练体系和实验实训环境，开展多种形式的课堂教学。其以培养学生的实验操作技能、实践能力和创新能力为主线，以提高学生学习的应用性、创新性、实用性以及先进性为原则，构建以强调基础、重视应用、培养能力、引导创新人才培养为核心的实践教学新体系。同时，进一步将实验课与理论课剥离，实行独立授课和独立考核，增加实验课在专业课程中的比例，提高应用性、设计性、综合性实验的比例，从而使实践教学体系更有利于应用型人才的培养。其还完善了实习和毕业论文（设计）机制，并结合本校的“废弃物资源化特色”，提高学生解决实际问题的能力，同时采用多层次、一体化教学模式，丰富实验内容，增加实习内容和增强毕业论文的创新性，培养学生独立思考和解决实际问题的能力。

不足之处：首先，“创新创业类”是新增的培养通道，没有实践经验，课程设置比较粗糙，近几年也没有学生选择该通道，没有积累相应的经验，该通道形同虚设；其次，企业参与课程建设的积极性不高，企业专家上课或合作上课的课程很少；最后，专业办学方向改为工科后，培养方案参考了工程教育认证的要求，但没有严格按其 12 条毕业要求撰写应用化学专业毕业标准。

改进措施：第一，可以到创业教育有特色和转型发展好的学校调研，学习、交流经验；第二，建立企业参与课程建设的激励机制，加强应用型课程建设；第三，加强调研工作，根据地方经济建设对应用型人才的需求，听取教师和学生的意见和建议，结合工程教育认证要求对课程设置、教学大纲和教学计划进行相应的修订；第四，开展形式多样的毕业生跟踪调研工作；第五，通过对调研结果的总结、分析，形成社会需求与培养质量年度报告、用人单位需求与使用评价报告等，作为修订培养方案、改进专业课程设置与提供就业指导服务的重要依据。

三、加强“双师双能型”师资队伍建设，推动师资队伍转型

应用化学专业通过“走出去，请进来”的方式加强“双师双能型”师资队伍建设。一方面，有计划地派出中青年教师参与企业生产、管理、研究等全过程；另一方面，也聘任企业高管、研究人员、高级工程师等担任专业兼职教师。同时，应用化学专业鼓励教师申请各类教学改革项目，邀请省内外同类专业中有教学改革示范性成果的专家学者来校交流经验，在教师中开展如何实施“以学生发展为中心”的教学讨论、讲课比赛等活动，促进教师转变观念，优化教学内容，不断改变教学方法，提高了教师的教育教学水平。

不足之处：“双师双能型”教师比例较低，有丰富工程实践经验的教师更少，兼职教师参与教学的也较少。个别教师成长过慢，也有教师不愿意参加教学经验交流会议和学术交流会议。

改进措施：第一，进一步加强“双师双能型”教师培养，通过有计划地安排教师去应用型转型较好的高校学习、做访问学者，分期分批安排教师到企业实践，与企业一起申报科研项目等方式，促进教师实践能力的提升，促使其不断向“双师双能型”教师转型；第二，以激励措施促进教师参加教学改革，加强示范课程和一流本科课程的建设，提高教师的教育教学水平；第三，切实落实培养青年教师的相关制度，加强老教师传、帮、带，关心青年教师的成长，适当减轻青年教师的教学工作量，让他们有更多的精力思考如何提高教学水平，而不是疲于应付完成工作量，促进青年教师教学水平的进一步提高。

四、大力加强课程建设，突出实践能力培养

根据专业性、超前性、地方性和灵活性相结合的原则，应用化学专业以促进学生的个性化发展为宗旨，以充分利用地方资源和学校资源为目的，突出实践能力培养，并结合教师多年的教学经验和科研基础，加强校本教材建设，已出版 5 本

校本教材，在使用中受到学生的好评。《基础化学实验》注重素质教育和创新性教育理念，培养学生的探索精神、科学思维、实践能力和创新能力。《物理化学》注重实用性、启发性和可读性，有利于读、教、学、思、创，给学生留下了提出疑问、深思、创作的空间。《综合化学实验》以资源循环利用为重点，帮助学生提高实验技能、应用能力和创新意识。《化工基础实验》从工业应用的角度介绍化工实验基础操作原理及方法，有利于培养学生的实际应用能力。《无机化学》强调知识的逻辑关系和条理性，对知识的难点和重点都讲解得非常详细，特别有利于自学。

应用化学专业现已建成省级、校级精品课程 3 门，校级核心课程 3 门，正在打造“化工原理”“分析化学”等四川省应用型示范课程，以及“材料科学基础”“分析化学”“物理化学”“化工设计”等一流“金课”。不同类型课程的建设促使教师不断重组教学内容，改革教学方法和教学质量评价方法，促进教学质量的提高。

不足之处：第一，校本教材数量少，没有获得荣誉，推广较难；第二，没有建成省级、校级应用型示范课程或省级、校级一流本科课程。

改进措施：第一，有计划、有重点地组织力量编写具有本专业特色的教材，努力形成具有本校特色的配套应用化学专业教材体系；第二，加强优质教材建设，促进校本教材的推广；第三，提供保障，确保立项的应用型示范课程和校级一流本科课程的建成，并申请高一级课程建设。

五、加强教学条件建设，不断提高办学水平

应用化学专业是理工结合的应用型专业，要求本专业学生具有较强的实践能力，专业实践、实训环节至关重要。根据专业建设的需要，应用化学专业应认真制订教师队伍建设、实验室与实训基地建设规划，建设一批科技含量高、管理科学的专业教学实验（实训）室和校外实训基地，并不断改善办学条件。

截至 2020 年底，该专业已建有基础课实验室、专业课实验室、分析测试中心等，拥有实验用房 3000 余平方米，拥有瞬态荧光仪、原子力显微镜、扫描电镜、ICP、XRD、高效液相色谱、气质联用仪、比表面积测定仪、热重分析仪、电化学工作站、高效逆流色谱、凝胶色谱、颗粒电荷测定仪、万能试验机、注塑机、双螺杆挤出机等大型设备，价值 1000 余万元。另外，应用化学专业还建立了一批校外实践基地，如川化股份有限公司、四川省川威集团有限公司、四川省煤焦化集团有限公司、四川中再生资源开发有限公司等，为专业综合见习、专业见习、化工见习等实践教学环节提供了有力保障。

不足之处：第一，实验场地不足，实验师较少，学生经常在周末做课程实验；第二，学生亲自操作大型仪器的机会几乎没有；第三，部分实践基地形同虚设。

改进措施：第一，在新校区设置充足的实验场地，增加实验师岗位；第二，加强优质实践基地建设。

六、以助研为抓手、学科竞赛为依托，提高人才培养质量

本着立足专业、培养能力、拓展素质的原则，以促进学生专业学习，加强对学生的基本知识、基本理论和基本技能训练，培养创新精神和实践动手能力，拓宽视野为目标，应用化学专业引导学生参加了各项活动。其主要是以助研为抓手、学科竞赛为依托，强化学生的创新意识和提升其实践能力，提高人才培养质量。第一，学生参与教师科研项目助研或完成大学生创新创业项目，让学生更多地在实验实际操作和科学研究中运用专业理论知识，激发学生探索新知识的兴趣，促进学生创新思维和创新能力的养成；第二，学科竞赛能够促使学生对知识进行更深入的理解、系统化的整理并进行创造性发挥，是培养学生的创新能力的关键和核心；第三，设置开放实验室，在培养方案中设置创新学分，完善学分认证体系，认证学分可以冲抵选修学分，使学生有更多的时间从事研究。创新学分将学生参加科研、参加各级科技竞赛获奖、公开发表科研论文以及进行的小发明等与学分制考核联系起来，激发学生参加科技创新实验、进行科研训练的积极性。

同时，助研导师或学业导师指导学生参加学科竞赛，组织教师团队参与打磨参赛项目，提升专业显示度，同时实施科研奖励制度，对学生的科研成果进行评审，根据等级给予不同的奖励，激发学生进行科研创新的积极性和能动性。

不足之处：助研规模较小，竞赛获奖人数较少、显示度不高，学生高质量就业率和对口就业率较低且波动很大。

改进措施：第一，加大科研奖励力度和扩大奖励范围，加强助研宣传，班主任、学业导师不定时地宣传助研的作用与好处；第二，进一步加大对学生参加各项竞赛活动的推动力度，激励学生参加各项活动，发现“竞赛苗子”后将其吸收到竞赛教师团队进行打磨；第三，广泛开展学生科技活动、学科竞赛、助研和大学生创新创业项目等，培养学生的创新精神、创业意识，切实提高学生的创新和就业能力。

七、以教学与科研结合为重点，科研反哺教学，形成专业特色

长期以来，应用化学专业的教师以教书育人为己任，在做好教学工作的同时，积极参与教学研究、教学改革和科研，积极申报高水平的科研项目，通过科研课题的研究实践积累了资源、提高了水平，以科研促教学，积极将科研的最新成果转化为教学资源，不断丰富并创新教学内容，使科研与教学互促共进。

不足之处：第一，国家级教学改革和科研项目太少，省部级项目也不多；第二，具有地方特色并将科研的最新成果转化为教学资源的教材只有一本。

改进措施：第一，加大对高级别项目的打磨力度，促使最新科研成果转化为教学资源；第二，不断提高教师对地方经济建设和社会发展对人才能力需求的适应度，将教师的科研与地方经济发展、行业生产需求相结合，使研究成果对地方经济起到一定的引领作用；第三，积极促进科研成果转化；第四，应提供一定的专项资金资助服务于社会的科研项目。

第七章

化学专业人才培养改革与实践

内江师范学院化学专业源于1979年内江师范高等专科学校的化学教育专业，已有40多年的办学历史。2000年招收第一届本科生，2004年获学士学位授予权，2017年获得四川省卓越教师项目立项。目前，化学专业师资力量强，教师队伍的知识结构、学历结构、职称结构、年龄结构及学缘结构均较为合理，已基本上形成了老中青结合、以中青年高学历教师为主的教学团队。化学专业在人才培养方面注重夯实基础、提高能力，通过以助研为抓手培养人才，以科研反哺教学，在培养学生的学习能力、实验能力、科研能力和创新能力方面独树一帜，教学成效显著。

第一节　化学专业发展面临的困境

一、化学专业在省内的办学位次不理想

武书连2017大学综合实力排行榜显示，内江师范学院在全国排名为600名以外（600名以外不排名），在四川省高校综合排名第21位。在四川省师范类学校中排名第4位，位于四川师范大学、西华师范大学、乐山师范学院之后。①我们调查得知，2017年，四川省32所本科高校中开设化学专业的院校共有14所，其中化学（师范）专业学校9所、非师范学校5所，西华师范大学和四川轻化工大学的化学专业是省级特色专业。2019年，四川省公布的省级一流专业建设名单显示，四川省2019年拟建省级一流专业356个，化学专业拟建设4个，分别是四川师范大学、绵阳师范学院、西华大学、西华师范大学，内江师范学院化学专业评审未通过。②综上可知，与省内同类院校的同类专业相比，内江师范学院化学专业虽然取得了一定的成绩，但与其他院校的化学专业相比还存在一定的差距。因此，化学专业应当实事求是，找准位置、认清差距、做精做优师范专业，奋力追赶兄弟院校，争取在省内化学专业中位于前列。

二、基础教育对化学专业的挑战不容乐观

当今基础教育领域的新课程改革不断深入，对高等师范学院的化学教育提出了新的挑战。一方面，新高考采用课程组合的方式，选课组合的增多势必导致班额的增多，这就需要更多的教师，且办学定位越高的地区所需要的师资越多。现有学科教师数量难以满足选课走班的需求，按照最低层次的要求，师资需求约为

① 武书连. 武书连2017中国西南地区各省大学排行榜 川大第一.（2017-01-11）[2020-03-10]. http://blog.sina.com.cn/s/blog_4b2cb00e0102wkdz. html.

② 四川省一流本科名单公示.（2019-06-13）[2020-03-10]. http://tieba.baidu.com/p/6161799046？red_tag=1878900490.

原来的 1.2 倍；按照较高标准实施，师资需求约为原来的 1.5 倍；如果实行更高水平的课程选择和分层分类教学，师资需求甚至要达到 1.8 倍以上。一般来说，学生选课主要的依据不是自己的兴趣，而是考试的难易。以上海、浙江为例，大量高中生扎堆选择生物、地理学科，因为这些学科难度相对较小、得分较易，可节省大量学习时间。然而，从专业前景的角度来看，考生选考物理、化学分别可报考大约 91%、83.5%的大学专业，而选考生物、政治、历史、地理分别只能报考大约 68.8%、57.9%、62.8%、60.9%的大学专业。因物理、化学中的数理知识较多，学习难度较大，有的学生不愿选、不想选，但此类学科职业需求量大，未来随着学生的专业选择日趋理性，对这类课程及教师的需求可能会迎来较大增长。①总之，从短期的学业发展来看，生物、地理等学科教师缺口较大；从长期的职业发展来看，对物理、化学等学科教师存在较大的需求。特别是走班制的教学方式可能会成为今后中学教育的主流，这就对中学教师的教学能力提出了更高的要求，也对中学教师的培养提出了更高的要求。②

另一方面，我国中学化学教育也发生了巨大的变革，从过去单纯以教为主的知识传授转变为以学为主的探究式、互动式和体验式教学，强调培养学生的动手能力、实践能力。当前，在基础教育改革的背景下，高校化学师范类专业的课程设置未能做出相应的调整，课程内容陈旧，课程设置滞后，不利于培养新时代的师范生。③

教师教育一定要与基础教育相适应，不能与基础教育脱节。因此，化学专业应在以下方面进行调整：一是要在课程体系上进行改革，体现师范特色的教育专业知识和教育素养；二是在课程内容上进行调整，解决化学本科教学内容脱离中学化学课程实际，与新课程改革要求及素质教育不相适应的问题。

三、师资队伍亟须优化

2017 年，化学专业有专任教师 16 人，其中教授 4 人，副教授 8 人。化学专业的师资队伍的知识结构、职称结构、学历结构较为合理，已基本形成了以中、青年结合为主的教学团队。化学专业是师范类专业，因此学科教学法教师的配置就显得相当重要，但化学专业在这方面还存在一定的问题。尽管化学专业学科教学

① 刘洪涛. 新高考背景下，教师缺口如何填补.（2018-06-19）[2020-01-15]. http://www.jyb.cn/zgjyb/201806/t20180619_1117524.html.

② 杨建国. 2016. 高等师范教育与基础教育衔接刍议. 高教探索，(2)：57-63.

③ 苑乃香，李敏，谢东坡等. 2006. 高等师范化学教育应对基础教育课程改革的研究与实践. 周口师范学院学报，(5)：86-89.

法在岗教师有 5 人，但有 2 名老教师即将在近 2—3 年退休，2 人为最近两年新进教师，需要进一步提高教学水平。此外，教师参与教学改革尤其是基础教育改革的主动性还不够，没有足够的教学改革成果用于指导师范生教学改革。

四、人才培养定位不明晰，师范特色不明显

化学专业定位于培养具备扎实的化学学科基础知识、基本理论和基本技能，掌握现代教育理论和现代教育技术，具有较强的中学化学教学和教育科研能力，能够胜任中学化学教学与教育管理的合格教师。对于师范生来讲，其自身不仅要有过硬的学科专业知识，更要有体现师范特色的教育专业知识和教育素养。秉承学校“以发展为中心，教学做统一”的教育理念，化学专业从教学育人、活动育人与社会育人三个相互关联的发展维度，建构了以掌握学科教学知识、形成教学实践技能与发展教师主体意识为目的的人才培养模式，搭建了教师教育课程平台。该平台包括 4 个模块（图 7-1），每个模块都具有较强的技能培养针对性，能够满足学生毕业后作为普通中学教师的要求，但是该体系参照其他非师范化学专业的课程体系和教育心理类课程形成，师范特色仍不突出，且不能完全满足学生个性充分发展和自主知识结构构建的要求。

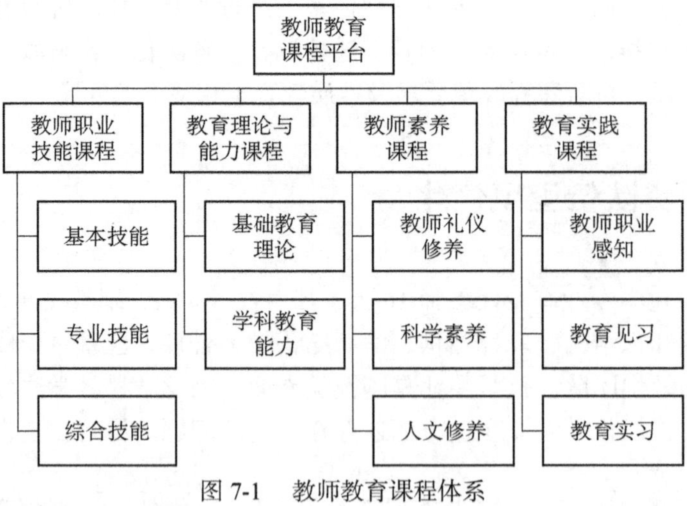

图 7-1　教师教育课程体系

在课程设置上，化学专业应夯实化学学科专业知识，增加教育技术技能型课程。第 2 学年起应开设“化学学科教学论”“中学化学课程分析”“中学化学名师

教学艺术赏析”“中学化学课程标准与教材研究”“中学化学综合实践活动”“中学化学微课制作与实践”“化学软件应用”等课程。

此外，针对部分有深造需求或创新创业意愿的学生，应特别设置“潜力开发与深造类”“创新创业类”选修模块，以满足这部分学生的学习需求。

第二节 化学专业人才培养模式改革的实践设计

一、“三分式”人才培养改革

（一）“三分式”人才培养改革背景

随着高校学生数量不断增加，单一层次的教学模式已经不能满足学生差异化学习的需求，因此，实施分层、分类、分级的人才培养模式改革就显得十分迫切。教育部也先后提出了“大学生创新创业计划”“卓越工程师培养计划”“卓越教师培养计划”等，着力培养一批创新能力强、适应经济社会发展需要的高素质人才。然而，师范院校在前几年向综合院校转型过程中实现了教育的转型，这也在人才培养多元化方面对其提出了更高的要求。

学生的自身定位和就业意愿大致可以分为三种情况：一是毕业后打算就业，到中学做教师；二是报考研究生继续深造；三是准备自主创业。针对毕业后准备当教师的学生，应将其培养成专业基础扎实、教育理论和师范技能过硬的合格中学化学教师。针对入选“卓越教师计划”的学生，应提升其教师教育理论水平，使其具备一定的教学研究技能。针对准备继续深造的学生，不但要在专业课上适当增加内容，使其具备更加牢固的专业理论知识和一定的实践操作能力，还要结合化学化工学院的特色育人模式——“本科生助研”，初步培养其进行科学研究的兴趣和能力，为进一步深造打下坚实的基础。对于准备自主创业的学生，做到专业知识够用即可，在学习完四大化学的基础上，可以跨学院、跨专业学习创新创业类课程，加强对其社会适应等方面能力的培养。针对上述不同情况，若还是采用“一刀切”式的人才培养模式，则无法满足不同层次学生的成才需求。

此外，化学专业师范生供给过剩、就业下移，允许综合大学办教师教育专业等对化学专业办学及学生就业产生了较大的冲击。[①]针对这些问题，化学专业采取了以下措施进行应对：一是适当缩减师范专业学生数量，做精做优师范专业；二是狠抓学风建设，不断提高考研成功率；三是教育学生解放思想，拓宽就业渠道；四是根据学生差异化的学习需求，设置不同的培养通道，实施"三分式"人才培养改革。

（二）"三分式"人才培养改革举措

1）大类招生、专业分流，实施分类别指导。化学专业实行大类招生，大一结束后分流为化学（师范）专业和应用化学专业。依据社会行业发展需求，构建相应的人才培养类别（潜力开发与深造类、基本技能与就业类和创新创业类）各自顺畅的通道，确立相应的人才核心素养指标，主要解决培养什么人的问题。学生根据个人需求和发展定位，在学校的指导下自主选择人才培养类别通道进行学习，并且可以在不同培养类别通道之间自由流动。

2）分阶段培养，实施"121"模式（三段式）。依据专业核心素养指标，确立课程核心素养指标，并选择和设计有效的培养途径与措施，解决什么时段教（学）的问题，其总体布置如图 7-2 所示。

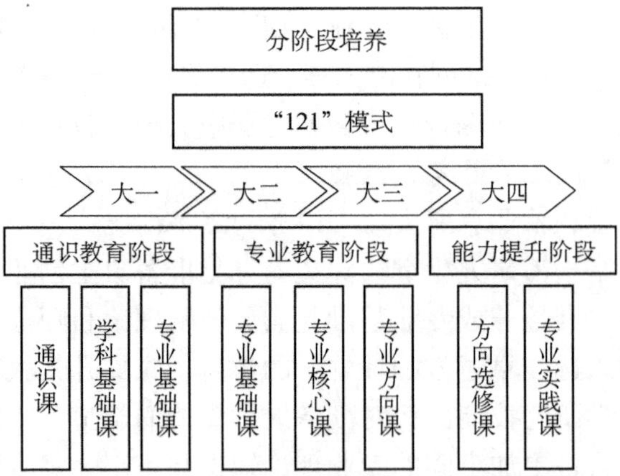

图 7-2 分阶段培养的"121"模式

第一阶段（第 1 学年——"1"），通识教育阶段：旨在夯实学生的专业基础与能力，构建完整的专业知识结构，为做好下一步的发展与职业规划奠定坚实的专业知识基础。在这一阶段，化学大类招生学生还未进行分流，学科基础课安排学习"高

① 夏平. 2006. 化学师范类专业社会人才需求状况分析——浙江省湖州市及其周边地区部分中学化学师资情况调查. 黑龙江教育（高教研究与评估版）(4)：32-34.

等数学”“普通物理”，专业基础课为“无机化学”及相应的实验课程。

第二阶段（第 2—3 学年——“2”），专业教育阶段：在此阶段，化学专业师范方向的学生不但要进行化学学科专业理论的学习和实践，而且要进行教师教育相关理论的学习和实践，“潜力开发与深造类”通道的学生还需要修读专业核心课程的选修课程，为深造打下坚实的理论基础。

第三阶段（第 4 学年——“1”），能力提升阶段：化学专业师范方向的学生进行教育实习，应用化学专业学生进行工业实习。同时，开展专项能力培养及综合素质培养，提升实践工作能力。

3）课程设置模块化，着力分模块推进。分模块设置课程的目的是提高教学效率。根据学生的不同需求，化学专业师范方向和应用化学专业分别设置了“潜力开发与深造类”、“基本技能与就业类”（含卓越教师计划）、“创新创业类”三种不同培养通道，尽量实现选择相同通道的学生组班上课。不同培养通道设置了不同的课程模块，以满足学生差异化学习的需要，其课程模块如图 7-3 所示。

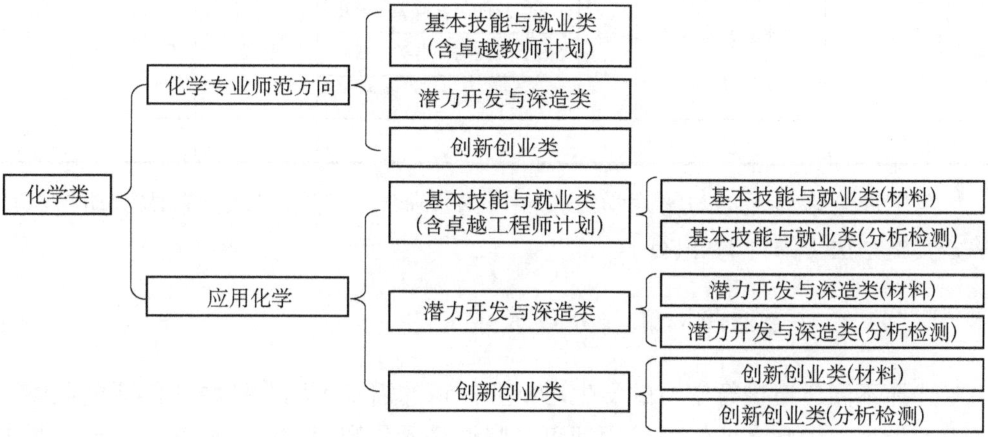

图 7-3　不同培养通道课程模块

二、课程体系构建

（一）分模块设置课程，提高教学效率

化学专业的教学方法改革基于分模块推进的理念，该专业第一课堂课程结构如表 7-1 所示。专业应用能力培养课程根据专业特色分为两大部分：一是教师教育类课程；二是专业能力类课程。“基本技能与就业类”模块的课程设置侧重于培养

学生的就业技能，“潜力开发与深造类”模块的课程设置侧重于培养学生的科研潜能，“创新创业类模块”的课程设置侧重于培养学生的创业能力。

表 7-1 第一课堂课程结构

<table>
<tr><th>课程类别</th><th colspan="3">课程性质</th><th>学分</th><th>占总学分比例（%）</th></tr>
<tr><td rowspan="2">通识教育课程</td><td colspan="3">通识教育必修课程</td><td>39.0</td><td rowspan="2">27.3</td></tr>
<tr><td colspan="3">综合素质选修课程</td><td>6.0</td></tr>
<tr><td rowspan="2">学科基础及专业核心课程</td><td>学科基础课程</td><td colspan="2" rowspan="2">必修</td><td>11.0</td><td rowspan="2">23.3</td></tr>
<tr><td>专业核心课程</td><td>27.5</td></tr>
<tr><td rowspan="8">专业应用能力培养课程</td><td rowspan="4">教师教育类课程</td><td colspan="2">教育基本理论</td><td>13.0</td><td rowspan="8">49.4</td></tr>
<tr><td colspan="2">教学能力</td><td>6.5</td></tr>
<tr><td colspan="2">教师职业素养</td><td>4.0</td></tr>
<tr><td colspan="2">教育实践</td><td>13.0</td></tr>
<tr><td rowspan="4">专业能力类课程</td><td colspan="2">必修</td><td>19.0</td></tr>
<tr><td rowspan="3">选修</td><td>“基本技能与就业类”模块</td><td rowspan="3">26.0</td></tr>
<tr><td>“潜力开发与深造类”模块</td></tr>
<tr><td>“创新创业类”模块</td></tr>
<tr><td colspan="4">合计</td><td>165</td><td>100</td></tr>
</table>

第二课堂素质活动与德育学分按照《内江师范学院第二课堂素质活动与德育学分实施办法（修订）》执行。

（二）主要专业核心课程分段教学

选择不同通道进行学习的学生对专业知识的需求不同。针对“创新创业类”通道的学生，做到专业知识够用即可，强调多元化知识和技能培养；对于“基本技能与就业类”通道的学生，应将其培养成专业基础扎实、技能过硬的合格中学教师；对于“潜力开发与深造类”通道的学生，还要在专业课上适当增加内容，加强专业理论深度，为其进一步深造打下坚实的理论基础。为此，化学专业在开设专业课时，将其中的基础理论和基本技能的培养放在分段培养的第一阶段，做到基础理论够用、基本技能扎实，“基本技能与就业类”“创新创业类”“潜力开发与深造类”的课程，学生都必须掌握；第二阶段，强化理论、扩展应用，开设专业核心课程的选修课程。针对“潜力开发与深造类”通道的学生，化学专业开设了“无机化学选论”“分析化学选论”“物理化学选论”“有机化学选论”等课程，以满足其专业化和较高层次的需求。

（三）实施“卓越计划”，培养拔尖人才

化学专业依托四川省和内江师范学院卓越化学教师培养计划项目选拔优秀学生实施“卓越计划”。通过实施“卓越计划”，一方面可以培养试点班学生成为卓越人才，另一方面可以通过“卓越计划”试点班学生的示范作用，激发广大学子的学习热情，营造优良学风。

（四）培养创新创业人才

化学专业充分利用高职称、高学历的师资队伍和学院科研平台，常态化地吸纳本科生进入教师科研团队，采用项目育人、团队育人的方式培养学生的科学研究能力和创新能力，使本科生助研成为对考研深造及高质量就业学生培养的重要手段。选修课程模块包括创新创业训练项目、专利申请指导、技术合同与知识产权、创业者法律常识等创新创业支撑类课程。在这方面，化学专业主要是采取创新创业训练、开展创业实践和从业技能大赛等方式进行。

三、课程建设

化学专业建有四川省精品资源共享课程“结构化学”，校级精品课程“分析化学”“有机化学”，校级核心课程“无机化学”“物理化学”“化工原理”等。其正在建设“化工原理”“分析化学”等省级应用型示范课程，“分析化学”“化学教学论”“物理化学”等校级线上线下混合式本科课程，“化学与人类社会”等线上（通识类）本科课程，“物理化学”等校级“课程思政”示范课程，“中学化学课程标准与教材分析”等校级在线开放课程，正在推进虚拟仿真实验教学项目“化工过程模拟实验”。另外，化学专业出版了《综合化学实验》《基础化学实验》《物理化学》《无机化学》4 本教材。同时，正在建设“化工基础实验”“化学教学论”2 项校级教材项目。

四、教学方法改革

化学专业以专业基础和师范技能为中心，构建课程教学内容，开展多种形

式的课堂教学。化学专业教师积极探索教学方法的改革，进行了一系列研究，如“基于雨课堂的分析化学混合式教学研究”“翻转课堂与大学生创新训练在物理化学实验教学中的应用与研究”“行为引导教学法及视频微课”“微信公众平台在‘有机化学’教学中的应用”“基于任务学习的‘环境分析与监测’课程教学模式探索”“基于三重表征思维模式在高师化学教学中的研究与实践”，同时采用中学化学虚拟仿真实验平台开展化工过程模拟实验教学等取得了较好的效果。

五、实践教学工作

（一）合理构建实践课程体系，全面提升学生的综合素质

化学专业实验课程体系分为两个板块。

1）学科专业类实践课程，包括“基础化学实验Ⅰ（无机化学实验）”“基础化学实验Ⅱ（分析化学实验）”“基础化学实验Ⅲ（物理化学实验）”“基础化学实验Ⅳ（有机化学实验）”“综合性实验”“设计性实验”“研究性实验”“工业见习”。

2）教师职业技能类实践课程，包括“大学计算机”“现代教育技术”“三笔字技能”“普通话与教师口语”“教师礼仪”“化学软件应用”“中学化学微课制作与实践”“中学化学实验教学”“教育见习”“试讲（微格训练）”“教育实习”“教育研习”。

（二）搭建科研平台，以研促教，以研促学

化学化工学院依托三个科研平台（四川省高校“果类废弃物资源化”重点实验室、内江市“页岩气开采废弃物资源化利用及环境污染防治”工程实验室、微纳米智能传感研究所），建立了三个科研团队（生物质利用团队、纳米功能材料研制及工业废弃物资源团队、生物医学材料团队）。科研平台和科研团队利用教师的项目吸收本科生进入课题组助研，培养学生的创新意识和团队合作意识，既提升了教师的业务水平，又通过项目育人的方式反哺了教学，特别是学生的研究经历和研究成果在考研复试中起到了非常重要的作用。

（三）建设校内外实习实训基地

由于化学专业的师范性质，该专业的实训实习旨在提升学生的教学技能。在学校的统筹安排下，化学化工学院主动配合建设了相对稳定、数量充足的化学专业的教学实践、实习基地。

学校内成立了教师职业能力实训中心，建设了“微格训练与微课制作实训室”“教学设计技能实训室”“现代教育技术实训室”“观摩与评价实训室”“语言技能实训室”“书写技能实训室”“手工制作实训室”“班主任工作技能实训室”“心理健康教育能力实训室”“教师礼仪训练室”“教师工作室”等 32 间教师职业能力实训室，可承担全校 17 个师范专业近万名师生的教师职业能力实践实训教学。化学化工学院还根据学科特点设置了化学实验教学实训室和书法实训室。

化学专业的教学实践基地建设情况较为理想，目前，其主要在内江市第二中学、内江市第七中学、资中县龙结中学、资中县球溪高级中学、泸县第二中学、隆昌第一中学、隆昌第二中学等学校建立了学生实习、实践基地。此外，由于学生就业渠道拓宽，培训机构成为学生过渡就业的重要场所，因此，化学专业建设了成都树优教育咨询有限公司、云南水富云雅教育培训有限责任公司等实习实训基地。

另外，为了提升学生的专业素养，了解化工生产工艺与流程，化学专业还建立了四川川化汇成培训管理有限责任公司、四川省威远建业集团有限公司和四川梓橦宫药业股份有限公司等化工见习实践基地。这些基地已成为化学专业学生职业基本技能训练和综合素质提升的重要保障。

六、“三全育人”活动

为进一步加强本科生的培养工作，充实和完善内江师范学院的本科生导师制，构建“三全育人”的本科生导师工作体系，化学专业以学生为中心、以学生成才为主要目标，构建了多维度的专项导师团队，分类别、分层次对学生进行培养，以满足“基本技能与就业类”“潜力开发与深造类”“创新创业类”人才培养的差异化需求，具体如图 7-4 所示。

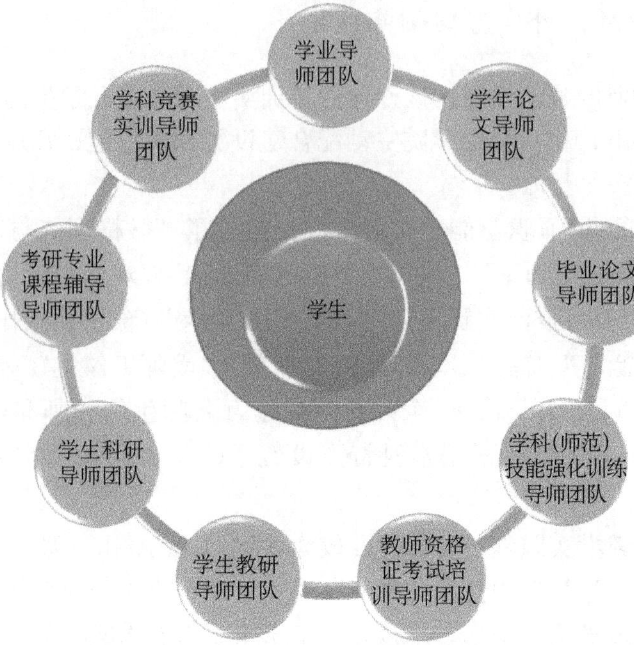

图 7-4　以学生为中心的专项导师团队

学业导师团队主要由专任教师组成，要求教师关注学生从入学到毕业的整个教育过程和学生的思想、学习、生活等各个环节，实现因材施教和个性化培养，有效地提高学生的综合素质、创新精神和实践能力。

学年论文导师和毕业论文导师主要指导学生完成学年论文、毕业论文（或毕业设计）的撰写。

“基本技能与就业类”模块设置了学科（师范）技能强化训练导师团队（板书、普通话、PPT、教师礼仪、讲课）、教师资格证考试培训导师团队（笔试辅导、面试辅导）、学科竞赛实训导师团队（教学技能、实验技能、化工设计、环保方案等）。

“潜力开发与深造类”模块设置了考研专业课程辅导导师团队。

“创新创业类”模块设置了学生科研导师团队（大学生创新创业、“挑战杯”大赛、项目、论文、专利）、学生教研导师团队[项目、论文、中学化学教学资源（教学设计、微课等）]。

在上述以学生为中心的导师团队中，学业导师、学年论文导师和毕业论文导师是每个学生必备的，其余专项的指导教师则根据学生的需求配备。

为了确保教师对学生指导的有效性和持续性，增进师生间的了解和交流，化学专业建立了以学生为中心的学业导师、学年论文导师和毕业论文导师一体化的

"全程育人"导师机制（图 7-5）。

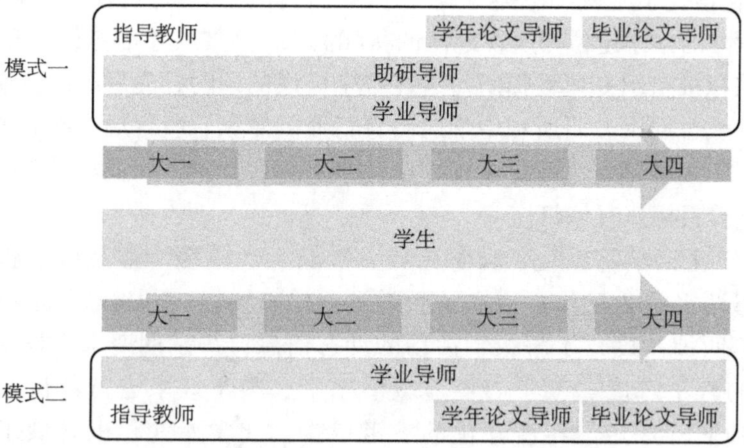

图 7-5　以学生为中心的"全程育人"导师机制

其操作流程如下：每年 9 月进行大一新生入学教育时，开展助研动员，随后让学生和导师进行双向选择，确定助研学生和对应的导师。①在确定助研学生的基础上，为每名学生配备专任教师作为学业导师进行指导，一名指导教师全程对一名学生进行学业指导、学位论文指导和毕业论文指导，科研指导导师还要进行大学生科研（或教研）方面的指导。在指导过程中，原则上不调换指导教师。其余的专项导师团队，如学科（师范）技能强化训练导师团队、学科竞赛实训导师团队或考研专业课程辅导导师团队等则根据实际情况对本人有需求且符合条件的学生进行相应的指导。

第三节　化学专业的教育评价与质量监督

一、教育评价

1）根据"三分式"人才培养改革的内涵，化学专业优化了人才培养质量评价

① 郑小刚，刘勇，雷光东等. 2017. 师范院校本科生"助研"模式. 内江师范学院学报，32（6）：111-115.

与质量监管方式。化学专业按照《内江师范学院本科人才培养质量达成度评价管理办法》《化学化工学院师范类专业人才培养目标合理性评价及修订制度》，结合内江师范学院的办学定位与所在地区的实际需求，开展人才培养目标合理性评价。化学专业在积极组织专业教师研讨、在校生座谈的同时，先后组织调研工作组到兄弟院校、教育局、教研所和中学对教育行业的专家，教育局、教研所负责人，中学校长、一线教师、优秀班主任、毕业生进行咨询论证和调查访谈，根据调研结果，对培养目标进行修订。

2）化学化工学院成立了教学指导分委员会，围绕专业定位，指导课堂教学、实践教学及评价工作；成立了教学运行检查小组，开展教学运行检查；落实领导干部听课制度，了解教学活动的动态信息；每学期期末学校都会组织学生对教师的教学态度、教学内容、教学水平、教学效果进行评价，将评价结果作为教师职称评定、年度评优的参考依据。化学专业积极开展了教学评价活动：一是评教，主要包括领导干部听课、同行评教等；二是评学，通过教师问卷调查、学生座谈会、教师座谈会等方式，对学生的学习态度、过程和效果等进行评价。

3）落实实践评价制度，保障实践过程指导。通过校院两级实践动员、督导、实地调研、实践手册检查等方式，有效保障和监控学生的实践活动，促进教育实践课程大纲的修订工作。教育实习中，学院召开实习动员会来明确实习规范与实习任务，教务处及学院定期开展实习督查，驻点教师全程负责学生的考勤与反馈学生实习状况等，以此来落实“双导师”指导工作。高校指导教师负责学生实习动员、实习学生和基地学校的座谈、听课、实习总结工作。校外指导教师主要负责学生实习期间的教学或班级管理指导。实习指导教师要填写“教育实习校内外指导教师指导或检查记录”，保障实习过程性指导的质量。学生填写“内江师范学院教育实习成绩考核册”，做好听课、备课、班会记录、调研报告等，记录教育实践过程中的体会、收获和自我评价等。

4）依据教育实践标准，开展多元评价。一是评价主体多元化。由校内外指导教师、实习学校、驻点教师共同完成对学生教育实践表现和学习成果的评价。二是评价内容多样化。重点考查教师教学、班主任工作，同时检查听课备课记录、反思总结、主题班会设计、学生个案调查等过程性材料。三是评价形式多样化。通过“内江师范学院教育实习成绩考核册”开展成绩评定，通过实习经验交流会开展实习效果评定，通过实习汇报展示学生的教学实践能力，通过教育研习考查学生的教研能力，等等。

二、质量监督

1）化学专业建立了良好的教学质量保障体系，对各主要教学环节都有明确的质量要求。依托内江师范学院质量标准系统、制度建设系统、教学监控系统、教学质量预警与激励系统、数据分析与持续改进系统“五位一体”的本科教学质量保障体系，化学专业形成了“目标—标准—执行—监控—反馈—持续改进”的质量保障系统，质量保障目标清晰，任务明确，机构健全，责任到人，能够有效支持教学目标的达成。

2）认真落实领导干部听课、常规教学检查等一系列质量监控制度。学院党政领导、教学指导委员会分委员会、基层学术委员会、教科办等组成了本科教学质量保障团队，通过分工合作对该专业的课堂教学、实践教学等进行管理和督查。化学专业还开展了同行评教、学生信息反馈、专业质量报告等，对人才培养方案、课程建设、课程考核、毕业论文（设计）等关键环节进行持续改进。

3）主要教学环节质量要求明确，质量监控与评价常态化。化学专业建立了各主要教学环节的质量标准和评价办法，用以指导和规范教学管理，对专业教学过程开展常态化监控，明确每个教学环节质量监控和评价的主要责任人，确保人才培养质量。

4）运用信息技术全过程监控与评价专业教学过程情况。通过教务系统、学生工作信息化系统、实践教学平台、毕业论文（设计、创作）管理系统等统一管理教学信息，开展网上教学活动。学校建有文科实验中心、微格教室等教师技能训练教室，初步形成了课内与课外、现场教学与远程互动相结合的教学网络平台。

第四节　化学专业人才培养的成效

根据内江师范学院“扎根地方、追求卓越”的办学理念，化学专业坚持“以人为本，综合改革，社会合作，错位发展”的办学思路，努力解决人才培养改革中的障碍及深层次矛盾。在学校相关部门的指导下，化学化工学院自 2016 年开始进行化学专业、应用化学专业“分层、分类、分级”的“三分式”人才培养模式改革探索。2018 年，“三分式”内涵升级为“分类别指导、分阶段培养、分模块推进”，化学专业、应用化学专业成为学校首批进行试点的专业。尽管化学专业“三分式”人才培养改革的探索从 2016 级学生开始，但其改革思想也影响了当时在校的 2013—2015 级学生。

一、学生在校期间的成绩

自 2016 年化学专业实行“三分式”人才培养改革以来，“基本技能与就业类”“创新创业类”“潜力开发与深造类”人才培养取得了可喜的成绩。

1）“基本技能与就业类”。参加学科技能竞赛，在 2018 年四川省第二届大学生化学实验竞赛中，获得三等奖 4 人、优胜奖 2 人；在 2018—2019 年四川师范生技能大赛中，获得三等奖、二等奖各 1 人；在 2019 年第九届“华文杯”化学师范生教学技能比赛中，获得一等奖 5 人、二等奖 5 人。

2）“创新创业类”。通过将大学生创新创业项目平台和助研方式相结合，2016 年获大学生创新创业培育项目 16 项；2017 年获大学生创新创业培育项目 20 项；2018 年获大学生创新创业培育项目 20 项；2019 年获大学生创新创业培育项目 22 项，论文发表、专利授权情况如表 7-2、表 7-3 所示。

表 7-2　论文发表情况统计　　单位：篇

年份	SCI	EI	A 类核心	B 类核心	C 类核心	D 类核心	一般正刊
2019	7	0	0	1	2	2	1
2018	18	7	1	3	14	6	7
2017	17	2	0	7	34	9	23
2016	9	2	2	10	17	23	21

表 7-3　专利授权情况统计　　单位：项

年份	发明专利	实用新型专利
2019	3	3
2018	7	5
2017	10	40
2016	1	3

2018 年，化学专业学生获四川省第四届“互联网+”创新创业大赛铜奖 2 项；2019 年参加“挑战杯”比赛获得四川省二等奖 1 项，国家级三等奖 1 项。

3）“潜力开发与深造类”。在这方面，主要反映在考研录取人数上。2017 届化学专业考研录取 28 人，占本专业学生人数的 28%；2018 届化学专业考研录取 20 人，占本专业学生人数的 28.57%；2019 届化学专业考研录取 35 人，占本专业学生人数的 29.84%；2020 届化学专业考研录取 37 人，占本专业学生人数的 16.4%。

二、学生就业质量提高

化学专业学生在就业方面也取得了不错的成果，2017 届就业率为 97%，2018 届就业率为 97.14%，2019 届就业率为 90.32%。其就业去向主要有三种：①到公立学校、私立学校或培训机构当教师；②考研，继续深造；③以其他形式就业。总体而言，主要以前两种就业形式为主，第三种就业形式的人数较少。

化学专业学生从事教育行业的有三种情况：①公立学校；②私立学校；③培训机构。到公立学校工作的主要有以下情形：①有的到国家级示范中学就职，如 2017 届化学专业的杨毅在双流中学工作，2017 届的唐洁在泸县二中工作，2018 届的周静在绵阳南山中学工作；②有的到省级示范中学就职，如 2018 届的起云勇在四川球溪高级中学工作，2018 届的赵莲欢在四川省自贡市第一中学工作；③有的回到民族地区支援家乡教育事业，如 2017 届的李艺在凉山彝族自治州越西县西城中学工作，2018 届的付兴建在凉山彝族自治州会东县淌塘中学工作；④有的到乡镇中学工作，如 2019 届的刘晓凤在资中县鱼溪中心校工作，2019 届的时凤春在岳池县兴隆中学工作。到私立中学工作的如 2019 届的张苹在仁寿县新科高级中学工作，2019 届的胡佳在达州铭仁园中学工作，2019 届的曾亚平在广元市黄冈学校工作，2019 届的许慧在云南衡水实验中学工作。在培训机构工作的如 2018 届的文丽在成都丹秋名师堂工作，2019 届的唐闽在成都武侯区戴氏铭庭教育培育有限公司工作。

2017—2020 年，化学专业考上四川大学、重庆大学、暨南大学、中南大学等重点大学研究生的人数超过 100 人。2017 届的杨慧、2019 届的蒲红霞考入四川大学；2017 届的杨冬梅、刘丹、邓忠晶、周玉萍、罗雪，2018 届的王海燕、罗微，2019 届的李倩文，2020 届的孙苗佳等考入重庆大学；2017 届的高琪琪、倪萍、唐肖，2018 届的张圆、2019 届的莫超清等考入暨南大学；2020 届的何倩、何金筠考入中南大学。此外，还有多人考取了学科教学（化学）专业的研究生进一步深造，如 2017 届的任小丽考入四川师范大学，张力元考入华南师范大学，朱佳琳考入广西民族大学；2018 届的阿来伍呷考入陕西师范大学，雷诗雨考入西南大学，赵莲欢考入上海师范大学，王雪考入四川师范大学，钟思忆考入宁波大学，俞连香考入鲁东大学；2019 届的钟文莉、易小琳考入重庆师范大学，杨雪萍考入宁夏大学，郭衣会考入延安大学，杜欣考入西华师范大学；2020 届的彭兴雅、姚瑶考入重庆师范大学。

三、毕业学生发展良好

化学专业自 2016 年开始进行“三分式”人才培养改革，其改革理念也作用于 2017—2019 届学生。这三届的学生虽然毕业时间不久，但已经有不少学生在工作岗位上取得了可喜的成绩。2017 届的王琴在新疆阿克苏地区新和县渭干乡中学工作，获县级“优秀教师”、县级“优秀班主任”称号。2017 届的张国荣在攀枝花市第三十一中小学校工作，获校级“优秀教师”称号。2017 届的任小丽在平昌县元石小学工作，获平昌县优秀教育质量奖。2018 届的起云勇在球溪高级中学工作，获校级“优秀教师”称号。2018 届的付兴建在会东县淌塘中学工作，获校级“优秀教师”“优秀班主任”称号。2019 届的刘开兴在合江县利城高级中学校工作，获校级“优秀班主任”称号，被作为教务处后备干部培养。2019 届的张苹在仁寿县新科高级中学工作，获校级“优秀班主任”称号。2017 届的胡清建在重庆市消防救援总队任四级指挥员，获 2018 年度嘉奖、2019 年度嘉奖。

四、教师教学科研成果丰硕

化学专业的教师积极投入教学改革研究，2016—2020 年，成功申请各级教学改革项目 20 余项，其中，在“三分式”人才培养改革方面的项目有 3 项，分别是省级项目“师范院校化学（师范）专业‘三分式’人才培养模式探索”，校级项目“化学专业‘分层、分类、分级’人才培养模式探索”和“化学化工学院‘三分式’人才培养模式探索与实践”，有力地支撑了“三分式”人才培养改革探索。同时，建设了“结构化学”省级精品资源共享课 1 门，“分析化学”省级应用型示范课程 1 门；“中学化学教学设计”等校级核心课程 3 门；出版了《综合化学实验》《基础化学实验》等 5 本教材，《化工基础实验》《化学教学论》校级教材项目获立项建设；发表教研论文 14 篇。

在教师科研方面，硕果累累，2016—2020 年，化学专业获批各类科研项目近 50 项，其中国家自然科学基金项目 2 项，市厅级及以上项目 23 项，到账经费近 400 万元；发表论文 200 多篇，其中 SCI、EI 收录近 70 篇；授权发明专利 17 项。

第五节 总结与反思

一、“三分式”人才培养改革实践

（一）师资队伍建设

1）通过“内培外引”，优化教师队伍结构。自 2017 年以来，化学专业引进博士 4 人，学科教学法方向引进化学学科教学法教授 1 人、中学高级教师 1 人、教育硕士 2 人。该专业 2020 年有教师共 35 人，其中专任教师 27 人。专任教师中具有硕、博士学位的 23 人，具有硕、博士学位的教师占教师总人数的 65%，具有博士学位的教师 10 人，高级职称教师 15 人，生师比低于 18∶1，教师专业水平高。2018—2020 年，化学专业选派教师 50 余人次外出进修学习。

2）加强教研室建设。化学专业将原来的无机及教法教研室拆分，成立独立的化学学科教学法教研室。截至 2020 年底，该教研室有专任教师 5 人，其中教授 2 人，副教授 1 人，讲师 1 人，助教 1 人。同时，化学学科教学法师资力量在省内同类高校中位居前列。

3）在培养青年教师方面，实施了教研室导师制度、预（试）讲制度，充分发挥老教师的传、帮、带作用。同时，加强教研活动，分课程组织教学研讨会以提高教师的教学水平，推行了集体备课、听课、评课制度。2020 年，青年教师参加校级讲课比赛获得二等奖 1 人、三等奖 2 人。

4）打造化学专业教师团队。化学专业成立了校级“基础化学教育教学研究中心”，建立了校级“基础化学教学团队”“化学教育教学团队”，提升了教师的教学水平，夯实了学生的专业基础，提高了学生的教学实践能力，切实保障了本科教学质量。同时，其结合 3 个科研平台，建立了 3 个科研教学团队，吸收近 50%的本科生助研，实施科研育人和团队育人，增强了学生的创新能力和团队合作意识。

5）加强“双师双能型”教师的培养。仅 2020 年，化学专业就聘请了中学、教研机构和教育行政部门的优秀教育工作者 5 人到该专业担任兼职教师、41 人担任化学专业校外指导教师。其选派 1 名教学法教师深入教育实践基地蹲点指导学生教育实习，形成了多方协同育人的人才培养局面。

（二）专业教学质量保障体系建设

1）从组织建设、监控体系、质量标准和反馈机制几个方面加强了教学质量保障体系建设。

2）强化组织建设。化学专业建设有 5 个教研室、1 个实验中心、1 个化学基础课教学团队和 1 个化学学科教学团队及几个导师团队，教学质量保障任务落实到了具体责任人。

3）优化监控体系。其成立了校、院两级教学指导、教学督导委员会和教学信息员队伍。同时，实施了学期初、期中和期末日常教学检查，试卷、论文专项检查，领导看课、听课等制度，实现了教学监控全程化、信息收集网络化、信息反馈双向化和结果处理规范化。

4）完善质量标准。其落实了《内江师范学院教学工作规范》《内江师范学院课程考核管理办法》《内江师范学院专业实践管理办法》等系列教学质量保障文件，建立健全了教学基本规范和教学管理基本流程。同时，其组织校内外专家修订了人才培养方案和教学大纲，并按照化学类专业教学质量国家标准不断完善教学质量标准。

5）健全反馈机制。其通过采取教学基本状态数据库的填报，学籍清理和学业警示，学生评教、同行评教和专家评教，以及召开师生座谈会等措施，实时把握教学的实施情况。

（三）实践过程

化学化工学院自 2016 级学生开始探索“三分式”人才培养改革。学生通过化学大类招生入学，大一的课程主要是通识教育课程和学科基础课程，大类招生学生所学课程完全相同，在大一下期实施专业分流［化学专业①和应用化学专业］和培养通道选择（“潜力开发与深造类”“基本技能与就业类”“创新创业类”）。通过分流和培养通道选择，实现了化学大类招生学生的分类别培养。在实施过程中，2016 级、2017 级处于初步试探阶段，在实施专业分流时充分尊重学生的意愿，没有特别进行限制，分流进入化学专业的学生相对较多。2016 级大类招生 266 人，分流到化学专业 226 人，其中“潜力开发与深造类”2 个班共 142 人，“基本技能与就业类”1 个班 84 人。2017 级大类招生 263 人，分流到化学专业 195 人，其中“潜

① 即师范方向。

力开发与深造类”2个班共104人，“基本技能与就业类”2个班共91人。2018年，化学专业和应用化学专业正式成为学校“三分式”人才培养改革的试点专业，为了适应新形势，做精做优师范教育，同时也为了缓解化学专业人数多、学科教育教学任务重的压力，从2018级开始，化学专业在分流时考察了教师教育潜质，控制了化学专业人数。2018级大类招生238人，分流到化学专业153人，其中“潜力开发与深造类”2个班共107人，“基本技能与就业类”1个班共46人。2019级大类招生207人，分流到化学专业135人，其中“潜力开发与深造类”1个班共66人，“基本技能与就业类”1个班共69人。

二、存在的问题

1）由于“三分式”人才培养改革尚处于试点阶段，还有很多地方需要完善，特别是选择“创新创业”通道的人少，不足以独立成班，且“创新创业类”师资匮乏。

2）按“三分式”人才培养的通道设置培养方向后，班级数量增多，课程总量增多，教学任务重，特别是实验课及试讲指导工作量增大。

3）在分段教学过程中，对教学内容的甄选还有待进一步完善。

4）分散实习过程监控和质量保障难度大，质量标准执行不够严格。学生见习多以集中参观等方式进行，效果不够理想。

5）毕业论文完成时间与学生实习和顶岗实习重合，教师指导难度较大。毕业论文中实验类题目较多，虽有利于培养学生的实践能力，但实验室压力较大。教育类的毕业论文相对较少，还应增加教育类毕业论文或教学设计类毕业论文的数量。

6）学生评教主要采用的是期末终结性评价，评教的科学性和公平性有待提高，评价标准和评价机制有待进一步完善，学生评教流于形式，这都不利于教师教学技能的提升和教学内容的更新。

7）围绕“三分式”人才培养改革进行的理论研究不够，缺少标志性的成果。

三、改进措施

1）深入实施“三分式”人才培养改革。①进一步健全化学专业“分类别指导、分阶段培养、分模块推进”的人才培养体系；②切实落实“高校、地方教育主管部门、中学”三位一体的协同培养机制。

2）强化师资队伍建设。①通过吸收、引进、培养、聘用等方式进一步加强教师队伍建设，形成一个富有创新能力、结构合理、教学科研水平高的“双师双能型”校内教学团队；②落实校内、校外双导师制，针对学生的个性差异，因材施教，指导学生的学习与生活；③完善专项育人团队，实现项目育人、团队育人、全方位育人，设置不同的教师团队，分类别、分层次对学生进行培养。

3）改善教学条件。①以新区建设为契机，增加各类基础课程教学实验室面积，更换、新购一批实验教学设备，以充分保障实验教学的开展；②合理规划教授、博士研究室，保障教师教学科研及学生助研的推进；③特设学科教学系列实验室，包括中学化学实验教学实验室、学生教学技能实训室。

4）进一步落实质量保障机制。①切实落实教学质量保障机制，使教学检查常态化，在整个教学过程中实施动态质量控制，校院领导不定期地组织听课、评课活动，确保教学质量；②强化实践教学环节，增加主流渠道以外的教育实践基地，采用灵活多变的实践形式；③完善评价标准和评价机制，采取多种形式的评价方式。

5）选择“创新创业类”的学生少，难以独立成班，建议“创新创业类”模块课程由全校统筹安排。

6）在分段教学过程中，组织相关学科教师对教学内容进行梳理，合理分配各学段教学内容。

7）实习采用集中实习和分散实习的方式灵活进行，加强对实习过程的管理。

8）降低学术型毕业论文的比例，鼓励教师指导学生撰写教师教育类的毕业论文（或设计）。

9）组织教师就“三分式”人才培养改革进行教学改革研究，撰写教研论文。

第八章

水产养殖学专业人才培养改革与实践

内江师范学院水产养殖学专业2012年开始招生，该专业依托四川省“长江上游鱼类资源保护与利用”重点实验室平台、“长江上游珍稀特有鱼类保育和开发”四川省高校科研创新团队、“水产养殖学专业综合改革”四川省高校项目、“水产养殖学卓越农林人才培养计划”项目、四川省“水产养殖学农科教合作人才培养实践基地”项目，培养德智体美劳全面发展，掌握水产动物增养殖、病害防治、营养与饲料、渔业环境调控等方面的基本理论、专业知识和技能，使学生将来能在水产养殖相关行业从事生产、服务、销售和管理等工作，具有一定的创新意识和研究素养，能在水产相关领域进行科学研究、产品和技术研发等工作，毕业后5年左右能够成为水产行业的技术骨干及高素质应用型人才。

第一节 水产养殖学专业发展面临的困境

一、社会认知度不足，生源质量和对口就业率亟待提高

水产养殖学属于农学类专业，但其技术、产业发展长期落后于其他行业，而人们对水产行业的社会认知通常定位于生产力水平较低、工作条件艰苦、科技人员待遇偏低。所以，考生对报考该门专业普遍存在消极情绪，许多成绩优秀的考生不愿意就读该专业，造成生源质量不高。

另外，水产行业工作岗位多为室外，一般企业岗位主要是“（技术）营销类”，需长期在室外工作，较为艰苦，用人单位严重偏爱男性毕业生，而师范类院校男少女多的现象比较普遍，因此大多数女生毕业后也会主动选择离开水产行业，或者深造考研，对口就业率受到了较大影响。

二、教学理念相对滞后，人才培养方案实施细节有待改进

近年来，内江师范学院新进教师多，其科研能力强，但教学经验普遍欠缺，教学改革意识不足，较难从人才培养、课堂教学等不同层次提炼教学改革的问题及改进方案，造成教学理念滞后，教学模式和方法陈旧。

同时，在实施人才培养方案过程中，学生的专业情感培养、专业认可度有待加强，低年级学生接触水产企业的机会较少，缺乏职业取向和就业定位；校企合作培养深度不够，尤其是实践教学中企业指导教师的参与度欠缺；理论教学和实践教学部分脱节，未做到一一对应。另外，知识和技能培养的针对性有待提高，与企业的招聘岗位、对能力的要求有一定差距。

三、实践教学平台和体系建设有待加强，对人才培养目标的支撑度不够

水产养殖学专业属于应用型较强的专业，而内江师范学院水产养殖学专业的培养目标又定位于培养高素质的应用型人才，所以对实践教学质量的要求较高。但因资金、场地、师资等因素的限制，校内外实践教学所需社会资源和软硬件设施均有所欠缺，校外教学实践基地建设重数量、轻质量的问题较为明显。在实践教学过程中，企业追求利润，强调低成本、高效益，学校为提高学生培养质量，更注重生产过程和取得的教学效果，对两者的关系进行很好的协调。校外实践基地一般离学校较远，有的甚至跨省、跨市教学，管理上难以达到学校的要求，主要依赖派出基地的个别指导教师以及企业技术管理人员进行日常管理，但前者还需要完成学校教学工作，精力有限，后者人员充足，但主动管理的意愿不强，导致教学过程中时有问题出现，从而使教学效果不稳定，较难保障高质量的实践教学和对学生应用技能的培养。

另外，在创新创业教育的实践教育方面，创新创业园、中小企业孵化器等平台、体系建设问题更显突出，主要包括：①园区平台规模有限，导致参与实践锻炼的学生人数有限；②平台企业的导师数量不足，导致行业一线实践案例较少；③财政支持力度偏向性导致平台建设的硬件支持多，技术服务、资源协调等软件支持少，内涵建设不足，从而使创新创业实践教育成果明显偏少。

四、师资队伍结构有待优化

专业教师主要是来自高校和科研院所的博士和硕士，毕业后直接通过人才引进或公招成为专业教师，其无师范教育背景，水产科研能力强，但水产行业的执业经验较为欠缺，导致专业教师队伍中有丰富的生产和行业经验的教师不足，教师队伍结构有待优化。另外，来自行业和企业的兼职教师偏少，教学时间有限，教学质量参差不齐。以上因素造成水产养殖学专业的专业课程教学侧重理论，在对学生的实践技能和应用技术培养方面有待强化。

第二节　水产养殖学专业人才培养模式改革的基本理念

一、指导思想

基于专业转型发展的需要，水产养殖学专业主要培养面向企业、行业的高素质实用技能型水产人才，确定了“三分式”人才培养改革模式，构建了“分类别指导、分阶段培养、分模块推进”的人才培养机制。“三分式”人才培养改革模式是对“以发展为中心，教学做统一”育人模式的深入推进，旨在根据学生的意愿和发展预期探索多元化的人才培养改革，构建多元化的课程体系，以此来提高人才培养能力和质量，形成专业办学特色。

二、人才培养规格

水产养殖学专业通过深入行业调研，确定现代水产行业、水产企业对水产养殖学专业人才的要求、省内外水产养殖学专业的人才培养特色，从而为该专业开展专业建设收集了来自行业和企业的意见和建议，制订了水产养殖学专业建设方案、人才培养方案，调整课程体系，修订和完善专业教学计划，对接水产企事业单位用人标准，使水产养殖学专业人才培养适应学校转型发展的需求，达到改革创新，实现行业与学校在培养一线实用技能型人才方面的有效对接，培养出适应现代水产企业需要的技能型人才，满足和适应目前人才市场的需求。具体体现为：①通过对毕业生就业岗位的调研，确定本专业人才培养如何实现人才培养与产业、学校与企业、专业培养与职业岗位相对接的目标；②通过对毕业生的社会能力与素质提出要求，确定学生的文化素质、专业基础、职业道德、职业素养、职业技能和职业心理等综合素质的培养要求；③通过调研企业对毕业生就业岗位的需求以及对专业知识、专业技能等方面的要求，确立本专业的课程体系、课程内容、培养目标，实现课程、教材与职业标准对接；④调研同类院校水产养殖学专业的人才培养特色，确定本专业的人才培养理念，即培养学生具有一种精神（愿意从事水产行业）、运用五大技术（鱼类繁殖和养殖技术、饲料生产和检测技术、水质分析化验技术、病害诊断和防治技术、营销与管理技能）、掌握六个专业方向的知识（养殖环境生物学、水产动物增养殖学、水产动物医学、水产动物营养与饲料学、水产市场与管理学、水族科学）。

依托“长江上游鱼类资源保护与利用”四川省重点实验室，建有“长江上游珍稀特有鱼类保育和开发”四川省高校科研创新团队、“水产养殖学”校级教学团队，通过“水产养殖学农科教合作人才培养实践基地”、“水产养殖学卓越农林人才培养计划”项目、“水产养殖学专业综合改革”、“本科院校专业（群）转型发展改革试点”等省级教学改革项目的支撑，水产养殖学专业实施了“基本技能与就业类”“潜力开发与深造类”“创新创业类”的“三分式”人才培养改革，通过“课程-基地-企业”一体化的“产教融合、校企协培”的教学模式，目标是培养热爱水产养殖学专业，德智体美劳全面发展，具备自然科学、人文社会科学基本素养，掌握水产动物增养殖、病害防治、营养与饲料、渔业环境调控等方面的基本理论、专业知识和技能，能在水产养殖、饲料和渔药、渔业资源与环境等相关行业从事生产、服务、销售和管理等工作，具有一定的创新意识和研究素养，能在水产相关领域从事科学研究、产品和技术研发等工作，具备突出的行业适应能力、专业实践能力和创新创业能力的高素质应用型人才，学生毕业后 5 年左右能够成为水产行业的技术骨干、管理人员或基础科研人员。具体培养规格要求包括如下方面：①基本素养。德智体美劳全面发展，身心健康，养成健康、高尚的审美观念和审美能力，形成具备传统文化底蕴与时代精神的健全人格。②专业知识。系统掌握水生生物学、水化学、鱼类学等水产养殖环境生物学专业基础知识；全面掌握鱼类增养殖、名特水产养殖、养殖设施与设备等水产动物增养殖学专业核心知识。③专业能力。能独立地开展水产经济生物增养殖操作，具备较强的水产养殖技术研发与实践应用能力；能熟练应用水质分析化验、饵料生物培养、饲料加工和检测、病害诊断和防治等专业技术；具备水产相关产品营销与管理技能；具备科学思维，能利用专业理论知识分析、解决问题。④职业素养。熟悉和遵守水产行业的法律法规，具有从事与水产养殖相关的岗位操作、生产管理和企业管理能力；具备多渠道自主学习水产行业新理论、新技术的能力；具有较强的专业沟通、协调和语言表达能力，以及良好的团队合作意识。

第三节 “三分式”人才培养课程结构的构建与实施

水产养殖学专业根据“三分式”人才培养改革关于“第一课堂、第二课堂有机融合”,“分类别指导、分阶段培养、分模块推进”的要求，结合专业特点构建了水产养殖学专业相关课程结构。总体上而言，分为第一课堂（165 学分）和第二课堂（10 学分)，第一课堂又分为通识教育课程（48 学分)、学科基础及专业核心课程（63 学分)、专业发展方向课程（54 学分）三大模块，具体情况如下。

通识教育课程为全面的素质教育课程，必修课程主要包括“思想道德”“历史”“体育”“英语”“就业指导”等，旨在对学生进行基本能力训练，全面培养学生的素质，使其能力结构合理。

学科基础及专业核心课程是专业学习的核心和重点，水产养殖学专业根据专业性质和行业需求，将课程分为四大专业方向，分别是“养殖环境生物学”“水产动物增养殖学”“水产动物医学”“水产动物营养与饲料学”，确保学生掌握养殖池塘水质水化检测及调控技术，常见水产动物的繁育及养殖、水产病害诊断和防治技术，水产饲料配方的研制和质量检测技术等专业核心技能，满足企业对高素质应用型人才的要求。

水产养殖学专业将专业发展方向课程分为必修和选修两大部分。必修课程主要包括实训实习课程（水生生物学与鱼类学课程社会实践、水产养殖生产实习、水族科学实习)，主要是为了提升学生对职业岗位的认知、实践动手能力等综合职业素养。同时，增加了水族科学（水族造景与设施、水族动物养殖与鉴赏）的相关课程，培养学生具备水族观赏动物增养殖、水族容器维护、景观设计这一新兴行业所需的技术。选修课则分为“基本技能与就业类”“潜力开发与深造类”两个模块。“基本技能与就业类”模块对应的核心课程分为水产增养殖模块（名特水产养殖学、渔业机械与养殖工程等)、水产动物医学模块（微生态制剂、兽医法律法规与职业道德、水产药物与药理学等)、水产营养模块（食品营养与检测、水产品质量与安全控制等)、营销模块（电子商务、市场营销学等)，作为对核心课程的补充和拓展，用于学生选择来提升自身的综合能力。“潜力开发与深造类”模块根据专业考研方向，设置了“分子生物学”“细胞生物学”“鱼类免疫学”等理论知识覆盖面广、专业知识难度大的课程，供学习能力强、基础知识牢固、有考研需求的学生选择学习，以达到分类别指导的效果。

在第一课堂以外，水产养殖学专业还设置了10学分的第二课堂课程，包括思想政治素养（入学教育、军事理论与军事训练、社会实践与公益活动）、道德品质素养（行为自律与文明养成、职业能力与敬业精神）、科学人文素养（人文艺术与能力认证、学术竞赛与科技创新）、法纪素养、心理素养5个部分。其中，社会实践与公益活动主要是指开展与专业相关的行业发展调查、研究，撰写调研报告，以及其他社会实践与公益活动等；人文艺术与能力认证主要是指学生参加国家认可的全国或省级职业技能鉴定机构、专业协会举办的从业资格考试，取得职业兽医师、SYB（Start Your Business）等证书；学术竞赛与科技创新是指承担或参加大学生科研项目、创新创业项目，参加大学生创新研究（指针对生产实践实训发现的生产等方面的问题，自主设计、进行实验、解决技术难题）、教师课题研究、"沱江学子"讲坛及其他学科竞赛获等，还可以参加科技（产品）开发（指专利类）、校级以上创业类比赛、创新社团、自主创业等。第二课堂素质活动与第一课堂紧密结合、互为补充，强化了学生创新思维和创新精神培养，增强了思想政治教育工作的实效性。

另外，在课程实施上，也体现了"分阶段培养"的指导思想。第一阶段（第1学年），主要完成通识教育课程，具体包括"思想道德修养与法律基础""中国近现代史纲要""马克思主义基本原理概论""毛泽东思想和中国特色社会主义理论体系概论""形势与政策""大学生心理健康教育""大学体育""大学外语""大学计算机""水产养殖学专业大学生职业生涯规划""大学生创业基础""大学生就业指导"等，旨在培养学生的能力和素养，做好自己的职业生涯规划，规划下一步的专业发展方向。通识教育课程中还包括综合素质选修课程，主要有人文社会科学系列，自然科学与技术系列，艺术、体育与健康系列，创新创业教育系列，综合素质训练系列，峨眉武术系列，其在大学生的人文精神培育、创新创业能力培养、素质优化提升中也起到了重要的作用。第二阶段（第2—3学年）为专业教育阶段，学生自主选择进入不同的培养通道，课程体系设置为"专业基础课+专业核心课+专业发展方向课"模块，专业基础课和核心课包括五大板块的学习，即"养殖环境生物学""水产动物增养殖学""水产动物医学""水产动物营养与饲料学""水族科学"。这一阶段的培养使学生具备了专业核心能力和职业素养，主要包括具备了常见水产动物的繁育、成鱼养殖的生产能力和疾病防控能力，养殖水体水质检测及调控能力，常规水产饲料、渔药及水产品质量的检验和检测能力，并熟悉了水产饲料、渔药的营销模式，具备了一定的水产饲料和渔药营销能力。同时，在专业发展方向课模块，学生还可以选择进入不同培养通道进行学习，除了可以选修“基本技能与就业类”通道中的各门课程外，还可以选修“潜力开发与深造类”的课程，以提升专业能力。

第四节　课程建设与教学改革

一、课程体系建设

首先，邀请企业技术骨干、具有大学教学经历的行业老专家、企业技术骨干深入参与修订人才培养方案，以行业需求为出发点，深度契合理论与实践教学，构建“校企共建、产教融合”的课程教学体系，包括实行专业知识分类教学，形成了专业理论和基本技能学校学（教师）、综合技能企业学（教师+兼职教师）的教学模式，人才培养完全实现了专业与行业对接、课堂与生产对接、教师与技师对接、实习实训与企业对接，力争使课程建设内容企业化，探索和建立完善的校企协同培训的教学内容、模式及机制。其次，结合校企协培的理论教学内容、实训体系、生产案例，不断优化和总结，构建系统化和生产化的课程教学内容体系。最后，构建应用型示范课程“校企协培”“创业创新”“前校后企”等校企合作的实践教学体系，达到了课程内容与职业标准相对接、教学过程与生产过程相对接的要求。

二、课程教学队伍建设

首先，强化了教师队伍内涵建设，双轨并行打造“双师双能型”团队。其次，根据“按需引进、讲求质量、注重实效”的思路，通过校企合作双轨并行打造“双师双能型”队伍。一方面，加强校内对“双师双能型”教师培养，分批选送教师到上海、浙江、广东等水产专业教育发达地区参加培训、学习，更新教育理念，提高教学水平；选派教师到相关企业挂职锻炼，推动教师取得水产行业从业资格证书。另一方面，构建校外兼职“双师双能型”团队，积极聘请既有扎实理论基础又有丰富生产实践经验的企业家或行业骨干作为兼职教师，构建起相对稳定的高素质、高水平、结构合理的专兼职“双师双能型”教学团队。其最终目标是力争构建一支约 25 人的“双师双能型”校内教学团队、约 15 人的“专业技术型”企业兼职教学队伍。

三、课程教学资源建设

水产养殖学专业积极开展线上线下教学，培育优质课程及强化课程资源建设：以生产化、系统化为原则，形成水产动物医学等六个方向的教学团队；以线下培优（翻转课堂、对分课堂等）、线上慕课的方式打造核心精品课程，建成“水产养殖”“鱼类遗传育种”等 6 门专业核心课程慕课；采集和制作行业生产科教视频资源，融入专业课程；建设“水产饲料学”“水生生物学”等数字虚拟仿真实验室，强化专业知识及技能系统训练；辅以国内外名校网络专业课程资源，拓展专业课程线上资源；逐步构建“多样化课堂+慕课+实验仿真+校外在线资源”一体化方向的课程资源，打造“金课”。

四、优化课程教学内容

首先，推动授课教师整合教材内容，加强基础技能训练。根据专业技术最新发展、行业需求整合现有教材知识体系，摒弃陈旧的知识点，突出核心内容，在保障基础知识教学的前提下，加强基础技能的实践训练，做到“教中学，学中做”。其次，鼓励教师运用现代教学手段，活化教学内容。在这方面，主要是合理运用项目经费，大力推进课程内容资源建设，包括核心课程虚拟仿真实验项目的引进、专业一线实践操作视频和图片的录制和拍摄、雨课堂内容的引入等，加强学生对教学内容的感官体验，提升学习兴趣。最后，积极打造教材示例，引入创新创业教育，包括积极收集水产行业的典型案例，融入教学内容，以此为基础陆续开始编写满足“六个专业学科知识”“五个专业实用技术”的实用技术型人才培养的教材和实践教学指导用书，同时通过教学内容的更新，促进学生深入思考专业知识学习与行业技术研发、就业能力提升、创业基本要求的关系，增强创新创业意识，推动创新创业教育的发展。

五、教学方法和模式改进

水产养殖学专业积极引入前沿教学方法，如将慕课与传统课堂教学相融合，实现了部分专业核心课程的线上线下结合、课内课外互补的混合式教学。水产养殖学专业对于核心课程将陆续采用“慕课+SPOC①+翻转课堂”的线上线下混合式教学模式，慕课视频由主讲教师分析操作步骤及关键环节，更加形象和直观地展现课堂上无法实际操作的内容，增强了课程的吸引力和实用性。课前，学生在线观看教师实验室现场演示，有利于学生的个性化学习。水产养殖学专业还采用了“课程-企业”一体化教学，部分课程实验深入企业现场，根据企业的生产实际重点开展设计性和综合性实验，与企业兼职指导教师实行“双导师”管理；加强对课外创新创业实践的引导，达成课程内容与职业标准相对接、教学过程与生产过程相对接，使学生真正掌握并理解专业知识，将理论与教学、生产实践与科学研究有机结合。

另外，水产养殖学专业还依托中国大学慕课、爱课程、虚拟仿真实验空间等线上优质教学平台，构建线上线下混合式的教学模式；以互评和严格考评机制调动学生的主动性和积极性，开展“对分课堂教学”；建立线上行业生产技术演示平台，实现专业技术的线下学、线下练；依托企业技术骨干和管理人才，利用“企业讲坛”开展校企协同授课；开展学生讲、评、答、判课堂活动，丰富课堂教学形式，提高学生的表达能力，提升课堂学习效率；依托行业门户官网、企业官网平台，提高行业动态、新技术、新信息、新问题的课堂融入度，在教学中增强学生的专业情感，明确职业取向和定位。在成熟的课堂教学模式下，水产养殖学专业不断探索和优化新的、适用的教学方式，旨在改变单纯灌输式的教育方法，探索应用型教育的方式方法，在尊重教师主导作用的同时，更加注重培育学生的主动精神，鼓励学生进行自主性学习。

第五节　实践教学体系改革

一、指导思想

水产养殖学专业以“以发展为中心，教学做统一”为指导思想，围绕“应用技术型”人才培养目标，依据行业和企业的生产环节和技术要求，整合理论课程

① 即小规模限制性在线课程（small private online course）。

教学内容，构建了以鱼类生物学与资源、鱼类繁殖和养殖、饲料生产和检测、水质分析化验、病害诊断和防治技术、营销与管理技能为载体的专业技术实践教学体系，形成了以校内实验教学、专业技能训练、科研训练，校外见习和实习、社会实践为载体的专业实践培养体系，形成了专业与行业对接、课堂与生产对接、教师与技师对接、实训与企业对接的“产教融合、校企协培”的实践教学模式，着重培养学生的专业应用技术和专业技术应用能力。

二、实践教学体系构建

在传统实践教学的基础上，水产养殖学专业依据专业课程体系和生产环节进行整合与优化，打破不同课程实验之间的壁垒，重构校内和校外实践教学内容和形式，创建了多门课程融会贯通的综合实践教学板块，包括鱼类生物学及资源、养殖环境、水产增养殖学、水产动物营养、水产动物医学、水族科学、综合实践等七大板块（图 8-1）。

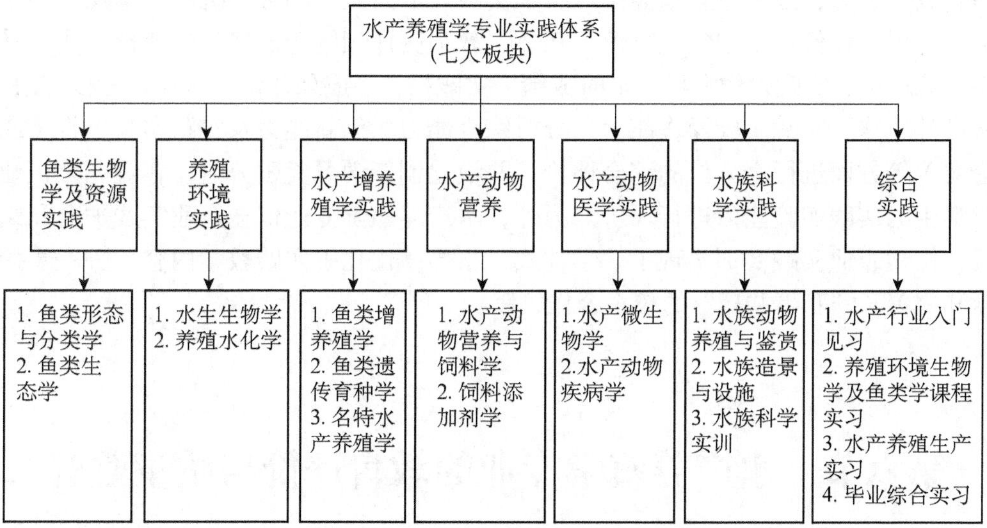

图 8-1 水产养殖学专业实践实训教学体系

水产养殖学专业以验证性、认知性实验为基础，建立综合运用多门课程知识的生产案例系列。其中，综合设计性实验方案由学生组合兴趣小组后自行初步设计，教师结合实际教学资源辅助实施和把控。对于创新性实验，由各小组学生自由组合，灵活利用课余时间开展，并配备多名专业指导教师进行正确引导。总之，要做到多课程密切协作，在巩固基础理论、知识和技能的同时，提高学生发现问题、分析问题、解决问题的能力和科学研究能力。

三、实践教学平台建设

水产养殖学专业优化和更新现有专业教学实验室软件、硬件平台，加大了对水产动物繁育、水产疾病与免疫、水族科学等教学平台的建设力度，培养学生的基本实践技能和素质；加强了校外 50 亩水产专业实践教学基地的内涵建设，完善水生生物、水质检测、病害检测、鱼类繁殖、苗种培育及工厂化养殖等水产养殖技术基地实践教学，培训和提升学生的技能技术。其依托现有 20 余家合作企业积极拓展新的企业教学基地，探索有效的实践教学内容、实践形式和合作机制，重点培育、打造了 1 个具有示范效应的校企一体、产学研一体的大型实验实训实习中心，着重培养学生的专业应用技术和专业技术应用能力。

同时，水产养殖学专业加强了实训教学规章制度的建设，规范了实训教学管理和教学行为，逐步建立和健全对教学实践环节的监督和考评机制，重视对学生学习过程的评价：采用学生自评、互评、教师测评相结合的多元化评价方式，采用实验理论、实践操作考核、平时成绩、实践报告、成果评价等多样化考核方法，从设计思路、实践实验操作能力、分析综合能力、创新能力及实践实验报告（或论文）等方面进行全方位的综合评价，并设立创新学习奖励分值，客观、公正地对学生的实践实验能力进行评价。另外，水产养殖学专业依托企业实践平台和岗位，推动企业实践实训实现了“学徒式”指导，优化了实践教学内容，进一步探索和完善了“互惠共赢”的校企合作机制。

第六节　水产养殖学专业的教育评价与质量监管

根据“三分式”教学改革精神和专业特点，水产养殖学专业优化、健全了人才培养质量评价与质量监管方式。其探索和初步构建了学院、企业、学生三方参与的教学质量评价、监控和反馈机制，形成了以学校为核心、社会参与的教学质量保障和评价体系，并引入专业的校外第三方机构，对人才培养实施过程、人才培养质量，包括课堂理论教学、实践教学、学生反馈、考研率、就业率、用人单位评价等进行了全方位的评估和监督，并做到了及时反馈和改进。同时，在内江师范学院及生命科学学院已有的20余项教学评价与管理规章制度的基础上，实行院、教研室两级督导和院、教研室、学生三级监控制度，采取了质量保障、奖励、绩效分配机制相结合的质量管理措施。企业实践教学实行校企教学共管委员会共同建设和评价教学内容、形式，校企专业建设指导委员会围绕实践平台、教师团队、课堂、课程、专业、人才培养等内容指导和评价实践教学质量，建立校内、校外质量评价互通机制，及时进行整改，确保教学工作高质量地运行。

第七节　水产养殖学专业人才培养质量的成绩与效果

一、课程建设和教学改革

水产养殖学专业根据“三分式”人才培养改革意见，深化培养高素质应用型人才，积极申报相关课程建设和教学改革项目。自2018年以来，获批3门省级立项的应用型示范课程（水产疾病学、鱼类遗传育种学、水生生物学）和1门省级创新创业教育示范课程（鱼类遗传育种学）；获批四川省教学改革项目（省级）2项（“基于大学生创新创业园孵化项目的创业实践教育模式研究——以水产养殖学专业为例”“以‘三分式’为导向的水产养殖学专业创新创业实践课程体系改革与建设”）。

二、创新创业人才培养

根据学校“三分式”教学改革中关于构建“基础+专业+实践”的创新创业课程体系的要求，结合本专业的特点，水产养殖学专业充分利用三大平台大力开展创新创业类教育，成效显著。

在学科竞赛方面，2018年，获“创青春”大学生创新创业大赛省级金奖3项，省级铜奖 4 项；四川省“互联网+”大学生创新创业大赛银奖 1 项，铜奖 1 项。2019 年，获“挑战杯”四川省大学生课外学术科技作品竞赛一等奖、二等奖、三等奖各 1 项；获四川省“互联网+”大学生创新创业大赛银奖 1 项，铜奖 3 项。2020 年，获“挑战杯”四川省大学生创业竞赛银奖 2 项，铜奖 2 项，获四川省“互联网+”大学生创新创业大赛铜奖 4 项。

在创业教育方面，2019 年，水产养殖学专业的学生申请注册了两家大学生公司，分别是四川省鱼与渔水产有限公司、内江市益康中药材种植有限公司。这两家公司现分别入驻内江师范学院大学生创新创业园 214、318 工作室。同时，依托以前注册的“蜀洋水产有限公司”（2018 年），水产养殖学专业的学生还组建了 4 个创新创业团队，成员总数为 60 余人。

三、“潜力开发与深造类”人才培养

根据分类别指导的精神，结合学工系统和教学系统，水产养殖学专业从心理辅导、后勤服务、配备专业辅导教师等方面增强了“潜力开发与深造类”学生的考研意愿和科学研究意识，效果显著。

在考研成绩上，2015 级（2019 届）水产养殖学班级 65 人，18 人考上研究生，考研录取率为 28%，另有 6 名学生 2019 年经历“考研二战”全部被录取。2016 级（2020 届）水产养殖学班级 60 人，23 人考上研究生，考研录取率为 38%。水产养殖学专业的考研录取率一直在学校名列前茅。

在科研方面，2018 年至今，水产养殖学专业学生以第一作者在公开期刊发表论文 19 篇，其中中文核心期刊论文 9 篇，SCI 收录论文 1 篇。

第八节　总结与反思

水产养殖学专业教研室结合自身的特点，深入开展“三分式”人才培养改革探索与实践，从人才培养方案修订、课程建设与教学改革、创新创业教育等方面入手，开展了本专业的“三分式”人才培养改革，取得了一定的成绩。当然，也

存在不足与短板。

一、人才培养方案的修订

（一）修订过程

内江师范学院“三分式”人才培养改革实施方案发布伊始，水产养殖学专业教研室即开展了 2018 级人才培养方案的修订工作，针对“三分式”人才培养改革关于“分类别指导、分阶段培养、分模块推进”的指导思想开展了探讨。为确保人才培养方案的专业性、可行性，水产养殖学专业首先组织了校内专业教师和相关专家进行了初步探讨，然后邀请行业企业家针对不同类型的人才培养方案内容进行了反复研讨，在 2018 年 9 月形成了 2018 级人才培养初稿，上报校专家评审。其间经过校内外专家、水产养殖学专业教研室的多次论证，于 2019 年初完成了 2018 级人才培养方案的最终版本，并报学校备案执行。同时，在教研室活动中组织教师学习和讨论，并向 2018 级水产养殖学专业的学生进行了集中解读和答疑。整个修订工作开展得科学、有序，充分体现了专业性、合理性。

（二）课程体系构建

水产养殖学专业根据“三分式”人才培养改革“分类别指导、分阶段培养、分模块推进”的要求，构建了本专业课程体系。第一课堂、第二课堂分别要求修满 165 学分和 10 学分，第一课堂又分为通识教育课程（48 学分，含通识教育必修课程 42 学分和综合素质选修课程 6 学分）、学科基础及专业核心课程（63 学分，含学科基础课程 26.5 学分和专业核心课程 36.5 学分）、专业发展方向课程（54 学分，含必修课程 37 学分和选修课程 17 学分）三大板块。其中，专业发展方向课程板块分为必修课与选修课，选修课又分为基本技能与就业类、潜力开发与深造类两个类别，且基本技能与就业类又分出了水产增养殖模块、水产动物医学模块、水产营养模块、营销模块，以此体现了“分类别指导”“分模块推进”的指导思想。学生根据自身的兴趣爱好、学习能力自主选择类别和模块，体现学校关于“构建多元化的课程、多元化人才培养改革体系”的指导要求。同时，水产养殖学专业对大学四年的课程安排也体现了“分阶段推进”的指导思想。

第一阶段（第 1 年），完成通识教育课程（含通识教育必修课程和综合素质选修课程，共 48 学分），主要培养大学生健康、乐观的人文精神，良好的道德、法律素养，以及基本的创新创业意识和能力，为下一阶段的学习打下良好基础。

第二阶段（第 2—3 年），需要完成学科基础及专业核心课程和主要专业发展方向课程的学习，课程体系涵盖了专业知识和行业需求的五个专业方向：养殖环境生物学（鱼类学、水生生物及生物饵料培养学、养殖水域生态学等）、水产动物增养殖学（鱼类增养殖学、鱼类遗传与育种学、虾蟹贝类增养殖学等）、水产动物医学（水产动物疾病学、鱼类生理学等）、水产动物营养与饲料学（水产动物营养与饲料学、饲料添加剂学等）、水族科学（水族造景与设施、水族动物养殖与鉴赏），学生通过学习掌握了水质水化检测及调控、水产动物繁育与养殖、水产病害诊断和防治、水产饲料开发和检测、水族容器维护和水族景观设计等专业核心知识和职业所需的核心技能。

第三阶段（第 4 年），需要完成毕业综合实训、毕业论文（设计、创作），提升学生的专业综合能力和素养，最终满足水产企业对高素质应用型人才的要求，为个人的职业发展奠定坚实的基础。

以上构建的水产养殖学专业课程体系充分体现了“分类别指导、分阶段培养、分模块推进”的“三分式”教学改革精神，在具体实施过程中也较为顺利。但也发现了部分问题，主要表现在：在通识教育课程与专业课程的学分分配上，一般通识教育课程的学分基本上是固定不动的，且近年来通识教育课程所占学分比例有所增加，而新颁布的水产类教学质量国家标准也对该专业必须教授的专业基础课、专业课和实践课程学分提出了要求，两者学分相加已占据了 165 学分的大半，留给选修课的学分较少。在体现“分类别指导”这一指导思想时，课程安排有一定的难度，导致没有取得预期的效果。我们建议其在通识教育课程上删减 2—3 门非必需的课程，如“计算机程序设计”“应用外语”等，留给专业选修课较充足的学分空间，更合理地设置课程，完善“三分式”教学改革的内涵建设和提升教学质量。另外，在第二课堂的设置上，现有的 10 学分设置对“第一课堂、第二课堂有机融合”的教学改革指导思想的支撑力度还不足，应该增设 2—3 学分，尤其是需要加强大学生创新创业方面的教育。

二、师资队伍建设、课程资源建设和教学改革

（一）师资队伍建设

在教学改革实施的过程中，水产养殖学专业不断优化师资队伍，强化教师队

伍的内涵建设，以建设“双师双能型”专业校内教学团队和“专业技术型”企业兼职教学队伍为目标开展了师资队伍建设。到2020年末，该专业拥有了一支高水平的教师队伍，有专职教师16名，兼职教师4名，其中教授6名，副教授7名，博士16名，校外企业兼职教师10余名；建有“长江上游珍稀特有鱼类保育和开发”四川省高校科研创新团队、“水产养殖学”校级教学团队。

针对生命科学学院引进的新教师多、教学经验欠缺、教学改革意识不足、来自行业和企业的兼职教师偏少、专业课程教学侧重理论化、实践技能和应用技术培养有待强化等问题，水产养殖学专业下一步还应该加大对中青年教师的培训力度，继续分批选送教师到水产专业教育发达地区参加培训、学习，更新教育理念、提高教学水平。同时，应该继续选派教师到相关企业挂职锻炼，鼓励教师取得水产行业从业资格证书，并继续积极聘请既有扎实的理论基础又有丰富生产实践经验的企业家或行业骨干作为兼职教师，构建起相对稳定的高素质、高水平、结构合理的专兼职“双师双能型”教学团队。

（二）课程资源建设

课程资源建设是高等学校教学质量与教学改革工作的重要组成部分，通过生动的课程资源将枯燥的理论知识同生产实践结合起来，促进学生对知识点的理解与掌握，可以取得事半功倍的效果。同时，通过现代信息技术网络平台，既方便学生学习，也方便教师教学，有利于提高教学质量，推动教学方法和教学手段的现代化改革。因此，进行“‘三分式’人才培养改革”期间，水产养殖学专业一直积极推动和激励教师进行课程教学资源建设。在线上课程资源方面，其已完成了4门核心专业课慕课的录制，包括“水产动物营养与饲料”“鱼类增养殖学”“水产动物疾病学”“鱼类遗传育种学”，并部分上线运行；完成了专业核心课程“水产营养与饲料学”部分实验的数字虚拟仿真实验室建设，并上线运行；另一门核心课程“水生生物学”的数字虚拟仿真实验室项目也已经学校立项，现已完成了图片、视频等资源的制作。在线下课程资源方面，专业核心课程“水族动物养殖与鉴赏”获校级通识教育课程立项；获批3门省级立项的应用型示范课程和1门省级创新创业教育示范课程，获批2项四川省教学改革项目（省级）。在教材建设方面，“水生生物学实验”“水产动物营养与饲料”“鱼类学实验”3门核心课程教材编写已经学校立项，正在积极编写中。以此为基础，各核心课程教师陆续开始编写满足“六个专业学科知识”“五个专业实用技术”的实用技术型人才培养的教材和实践教学指导用书。总体上而言，该专业正逐步构建“多样化课堂+慕课+实验仿真+校外在线资源”一体化的方向课程资源，努力打造专业核心课程“金课”。

当然，在课程资源建设中，水产养殖学专业也陆续发现一些问题，主要是日常教学工作、科研工作占用了教师的绝大多数时间和精力，只能抽出周末或工作日休息时间进行课程资源建设，时间仓促，使工作大受影响，如录制慕课时就表现为前期资料未准备好，导致录制过程中出现问题，影响了录制质量；进行教材编写时也会因为精力有限，在收集图片、资料时显得不够仔细，影响了教材编写质量。另外，数字虚拟仿真实验室建设项目所需建设经费较多，少则几十万元，多则上百万元，且项目上线运行后对网络软、硬件资源有一定的要求，需陆续投入一定的经费进行维持。下一步，水产养殖学专业应从存在的问题入手，如建议二级学院改革教学工作量评价机制，将课程资源建设纳入教学工作量，计算教分，减轻教师的负担，同时加大对经费和绩效的支持力度，激励专业教师积极投身于课程资源建设中。

（三）教学改革

随着时代的发展，生产技术更新换代的周期越来越短，部分教材内容因编写时间较久，内容急需更新。所以，专业教师应该在保证基本教学目标实现的基础上，合理替换、增减教材内容，保证教学内容不过时。

首先，水产养殖学专业一直在推动授课教师整合、优化教材内容，如根据行业需求、已有成熟技术、前沿发展整合老旧知识体系，从而大幅度提高基础性、技能性、综合设计性的实验实训内容比例，提高课堂教学和课外实践教学的融合度。

其次，运用现代教学手段，活化教学内容。水产养殖学专业积极协调使用校级、省级教学改革和课程建设等项目资源和经费，有针对性地开展优质、前沿的课程内容资源建设，包括部分专业核心课程开展虚拟仿真项目建设、雨课堂教学模式在课堂学习中的积极运用、专业操作视频的录制和图片的制作等，强化对以学生为主体教学模式的打造。同时，积极引入创新创业教育内容，收集构建水产行业一线案例教学库，融入理论实践教学内容，并在此基础上开展自有教材的编写工作，包括水产动物疾病、水产动物营养与饲料、鱼类学实验等方面的实用性和专业性均切合学生实际情况的教材。以上举措促进了教学内容与行业一线操作对从业人员专业知识和技能需求的高度契合，同时也推动了创新创业教育的稳步发展。

三、实践教学体系建设

由于师资结构、设备、经费等原因，水产养殖学专业传统的实践教学存在较为明显的不足和局限。第一，学生融会贯通专业系统知识的能力有限。目前，水产养殖学专业的实践教学基本上是依附于单一理论课的验证性实验，其特点是操作具有演示性、知识具有单一性，综合性实验少，设计性实验更少，甚至没有。即使开设综合实验或者创新性实验，也是局限在本门理论课程中，只能培养学生注重掌握书本中的实践知识和单一、少量的知识点，而将课程间一脉相承的专业系统知识和技能分割开来讲授或训练。一堂实践教学课程结束后，学生撰写的实验报告基本一致。很多学生不清楚实验目的，还没有动手参与实验，实践教学就结束了，学生参与及发现问题的能力没有得到有效的提升。其考核方式就是一纸实验报告或者类似于期末理论考试的实践理论测试，学生的专业操作技能得不到训练和提高，缺乏综合应用专业知识与技能解决生产实际问题的能力。第二，重理论知识，轻操作技能。现有的实践教学中，学生动手参与实践操作的机会较少，只能观摩操作，很难做到独立思考和分析实验问题、熟练操作仪器及开展实践活动。就业后，学生缺乏自信，难以快速适应企业的需求。第三，实践教学与生产一线和企业的要求脱节。传统的实践教学虽然经典，但与现有水产行业呈现出的规模化、专业化和多样化特点，水产养殖业的多样、高产、低碳、安全和环保模式不适应。这样的实践课必然会制约学生的实践积极性和未来对社会的适应性。

认清了传统实践教学的弊端，就要围绕“应用技术型”人才培养目标、行业和企业的生产环节和技术要求，强化对学生专业实践操作技能的培训和考核，以解决水产养殖学专业毕业生综合技能偏低、专业自信缺乏的问题，具体包括以下方面。

1）创建多门课程融会贯通的综合实践教学体系板块。以验证性基础知识认知实验为入门，总结一批综合运用涉及多门课程知识的生产案例作为实验素材，实验只列出基本的目标和要求，具体的方案等由学生组成兴趣小组自行设计。验证性实验在课堂上由教师指导完成，而对于创新性实验，各小组可以充分、灵活地利用课余时间进行，实行开放式教学。

2）组织联合备课式实验教学。它是指把每个班的学生分成若干个小组，每个小组轮流帮助至少一门实验课程教师准备实验。教师先指导小组学生独立完成实验操作，解答实践教学中可能会出现的问题，指出注意事项等。在正式实践课程上，这些学生转变为每个实验小组的指导教师。这样不仅减轻了教师的工作量，也使学生在准备实验和指导实验的过程中提升了实验技能。

3）严格实验考核评价体系。水产养殖学专业在教学实践中总结了一套实验考核体系，分为平时（50%）、考试（50%）两大部分。其重视对学生学习过程的评价。在实验课程性质上分为必做实验与选做实验，在教学方式上变定时封闭式教学为灵活开放式教学，学生可以根据自己的设计开展自助式实验训练。

4）构建实践教学网络资源。为加强实践教学，水产养殖学专业建立了局域网，把实验的相关资料共享。在编制新实验讲义的过程中，该专业搜集资料并把实验内容制作成课件，改变了过去抄写板书的模式，用课件和多媒体手段呈现实验内容、操作步骤等，简化了实验教学流程。同时，其开放机房，通过局域网学生可以预习实验、观看实验操作过程、处理实验数据和分析实验结果。

5）进一步加强实验平台建设。水产养殖学专业在校外 50 余亩水产养殖学专业实践教学基地的基础上，进一步拓展校企合作范围，积极打造综合性教学基地，以便学生更好地将所学知识、技能与行业、企业需求对接。

四、创新创业教育质量

综合前几年在发展创新创业教育方面积累的优良经验，水产养殖学专业利用本专业应用性较强的特点，结合“三分式”教学改革中关于构建“基础+专业+实践”的创新创业课程体系的要求，通过学生加入教师科研团队，促进大学生进行创新创业训练项目的申报和实施，积极参加大学生学科竞赛，带动创新创业类教育的高质量实施，取得了较为明显的效果。

当然，也存在一些不足和隐忧，比如，大学生创新创业训练项目经费较少，大多数只有 1 万元左右，项目的实施和完成还需要指导教师从自有的科研项目中拿出一部分进行支持，所以两者联系紧密，且多按照指导教师的要求开展研究。在项目实施过程中，学生独立思考、主动完成的部分偏少，影响了创新创业训练项目对学生能力的提升效果。另外，虽然该专业学生参与教师科研团队、创新创业团体的人数较多，获奖和科研论文发表数量也不少，但仔细观察发现其中许多学生仅仅是觉得加入团队好玩、有意思，并没有积极、认真地开展相关训练和研究，导致团队结构不稳定，影响了教育效果。

综上所述，水产养殖学专业的“三分式”人才培养改革实施顺利，取得了一定的成果，但在执行过程中也出现了具体问题，影响了改革效果。下一步，水产养殖学专业应该汲取前期改革的经验和教训，查漏补缺，完善执行方案，进一步推动改革的积极开展，从而提升教育质量。

第九章 人才培养改革的实践成效与问题反思

“以发展为中心，教学做统一”人才培养模式是内江师范学院办学历史的积淀，该模式的实践主张是一条主线、两个延伸、三个平台。一条主线：以发展为中心，教学做统一。两个延伸：人才培养以课堂内为基础向课堂外延伸，以校内为基础向校外延伸。三个平台：以课堂为中心的教学育人平台，以校内活动为载体的活动育人平台，以校外实践为依托的实践育人平台。这构建起了有助于学生整体素质、综合能力协调发展的整体育人机制和空间。

2016 年，学校面对培养创新创业人才这一新的办学要求，在继承“以发展为中心，教学做统一”人才培养模式的基础上，再次启动对人才培养模式改革的探索。这次改革的基本定位是“学生中心、因材施教和分类培养”，即根据学生个性发展定位、成才需求，按照“潜力开发与深造类”“基本技能与就业类”“创新创业类”分别制订人才培养方案、设置人才培养通道，拓展学生自主选择的空间，提高学校进行个性化人才培养的能力，简称为“三分式”人才培养改革。

第一节 课程体系建设实践成效与反思

课程体系改革是一项系统工程，是学校主动适应形势，全面提高学生素质，进一步提高教学质量的关键。全校教师积极参与，在转变教育观念的基础上掌握并运用现代的教育教学方法、教育技术、职业技能，努力把学生培养成为具有真诚的爱心、执着的进取心、高度的责任心，具有较强的实践操作能力、沟通协调能力、创新创业能力，具有良好的人文精神、科学精神、批判精神的高素质应用型人才。

一、通识教育课程体系建设

大学教育主要围绕通识教育和专业教育内容展开，其中，通识教育是专业教育的基础和延伸，专业教育是对通识教育的深化。通识教育的目标是培养学生的健全人格，内容一般涵盖人文、社会、自然科学三大知识领域的基本内容，包括语言、数学、文学艺术、历史文化、伦理道德、科学技术等方面。“三分式”人才培养改革强调要根据学生的个性发展定位、成才需求，科学、合理地设置课程，通识教育也应遵循此课程设置原则。

（一）实施“三分式”人才培养改革前通识教育课程建设现状分析

我们对学校原来开设的通识教育课程进行了分析调研，发现了五方面的弊端。

1）通识教育课程建设目标不够明晰，忽视了其在开阔学生眼界、心胸以及培养学生的良好品行和优雅情趣方面的独特优势，仅停留于较低层次。

2）通识教育课程开设数量少，且结构不合理，缺乏综合性、跨学科的课程设计，反映科学技术前沿、发展动态和最新成果的课程偏少。

3）通识教育课堂教学形式单一。对于通识教育选修课，采取大班授课的方式进行，选修该课程的学生人数多，不适合组织课堂互动，课堂上以教师单方面讲授为主，学生的课堂参与度不高。

4）通识教育课教学内容过于浅显、偏向专业化，课程内容设计缺乏整体规划和统一的课程理念，仅停留于对部分专业课程的粗浅赏析、介绍，无法满足学生的兴趣和成长需求。

5）学校重视程度不够。从教师层面来看，大多数教师承担着繁重的专业教学和科研任务，有资历的（高层次）优秀教师不愿意从事通识教育课程的教学，二级学院为完成通识教育选修课程开设任务，让新进教师承担相应的工作，教学效果不理想。从学生层面来看，学生往往把通识教育课程视为学业负担，为修学分而选，选课随意，听课随便。有的学生则把通识教育选修课程看作娱乐课程，课前不预习准备，课中不主动配合，课后不巩固练习，难以达到预期的教学效果。

（二）科学设计通识教育课程体系

为确保“三分式”人才培养各通道的通识教育课程学习的有效性，提升学校学生的人文情怀、科学素养，培养学生的公民意识和社会责任感，内江师范学院探索构建了布局合理、科学有序的“传统公选课+在线通识教育课+线上线下混合课”的通识教育课程体系，为应用型人才的培养提供了宽口径的模式。通识教育课程包括通识教育必修和综合素质选修两类课程。其中，综合素质选修课程设置了 7 个模块，主要包括：①人文社会科学系列；②自然科学与技术系列；③艺术、体育与健康系列；④创新创业教育系列；⑤教师教育系列；⑥综合素质训练系列；⑦峨眉武术系列。

内江师范学院在人才培养方案制订指导性意见中明确了相关要求，各专业通识教育选修课程中人文社会与科学素养课程学分不低于总学分的 10%。为确保教学质量，学校以校级通识教育课程立项的方式予以重点建设，共建设近 60 门通识教育选修课程，通过搭建网络平台（智慧树、爱课程等）确保每年供学生选择的通识教育选修课程有近 20 门（提供通识教育网络课程，学生自主在网上学习）。另外，学校要求把人文教育和科学教育结合起来，在科学知识中渗入人文知识，同时把科学思想、科学精神与人文思想、人文素养结合起来。在课程设置及建设方面，学校要求要做到“三个精心”，即精心设计全校通识教育选修课程体系，精心挑选通识教育选修课程主讲教师，精心编制通识教育选修课程建设方案。

根据通识教育选修课程建设需要，内江师范学院围绕“潜力开发与深造类”“创新创业类”“基本技能与就业类”三个类别设置相应的课程。按分阶段培养的要求，“通识教育阶段”为第 1 学年，通识教育课程面向不同专业开设，旨在促使学生丰富综合知识、提升精神品质、完善人格。“潜力开发与深造类”通识教育课程侧重于引导学生广泛涉猎不同学科领域的知识，了解其研究方法及思路，发展批判性思维。“创新创业类”通识教育课程侧重于对学生的应用能力、开发能力的培养，旨在帮助学生形成基本的人文素养，重点普及创业知识和培养其创业能力，提高其信息整合、发明创造等方面的能力，从而把素质教育、创新教育和专业教育衔接起来。“基本技能与就业类”通识教育课程侧重以就业为导向，围绕专业基本素养和就业能力的培养与训练，旨在发展学生的综合能力，完善学生的知识结构，开阔学生的视野，培养其基本的人文素养。

内江师范学院重点鼓励教师开设以下 5 类课程。

1）学科前沿类课程。立足学科交叉融合，向学生介绍国内外相关学科发展前沿，帮助学生了解学科发展动态，拓展学生的学术视野。

2）经典导读类课程。立足中华传统文化和世界现代文化，以系列原典研读、经典导读为载体，介绍文学、历史学、哲学、教育学、政治学、经济学、社会学等领域的知识，帮助学生了解中华传统文化和现代文明的发展，提升学生的文化修养与人文素质。

3）区域特色类课程。立足区域发展实际，介绍巴蜀文化、大千文化、峨眉武术文化等，增强学生对区域文化的理解与认识。

4）创新创业类、技术技能指导类、实践类课程。利用这些课程提升学生的实践动手能力、就业能力和创新创业能力。

5）艺术审美类课程。立足陶冶情操，开设音乐、美术、文学三类课程，旨在培养学生的形象思维、审美情趣，提升其综合素质。

（三）通识教育课程建设的经验

近年来，内江师范学院的“三分式”人才培养改革有关通识教育课程建设的经验有以下几点。

1）立足“学生中心、产出导向、持续改进”的专业认证理念，突出学校办学理念和人才培养模式，更新通识教育课程的教学理念，充分重视通识教育课程对于培养政治品质合格、专业能力过硬、综合素养全面的本科生的重要作用。

2）统筹设计通识教育必修课程和综合素质选修课程，两类课程各有侧重，共同发挥促进素质教育发展的功能。其中，通识教育必修课程紧扣专业人才的根本素养、关键素养，综合素质选修课程广泛涉及人文科学、社会科学、自然科学和思维科学方面的内容。

3）通识教育课程的教学内容具备通识性、科学性、经典性和启发性，不仅是对知识的讲授，更在于启发学生探究知识蕴含的价值观、方法论以及精神品质。

4）通识教育课程的课堂模式以大班授课为主、小班研讨为辅，教学过程应包括课堂讲授、课外阅读、练习、课堂讨论等多个环节。主讲教师应为学生提供参考资料目录，对学生提出必要的课外阅读量和练习量等方面的要求，并通过课堂讨论、撰写报告或小论文等方式来测评学生的学习效果。

5）鼓励教师运用多种教学方式方法，注重培养学生的问题意识、反思意识、批判意识和创新意识，提升学生自主学习的能力；鼓励教师多渠道利用互联网教育资源，开展线上线下混合式教学。

6）加大课程建设保障力度，为通识教育课程的教学提供政策支持，提供专项经费建设通识教育精品课程。

7）加强对通识教育课程师资的选拔和培养（培训）工作。学校充分挖掘人文社会科学、自然科学与技术、艺术体育与健康、思维科学等领域教师的潜能，开发校本特色课程，聘请省内外有关专家学者来学校进行专项辅导和培训。

8）持续培育通识教育精品课程。在充分开设通识教育课程的基础上，学校遵循择优原则，逐步培育通识教育精品课程，集中打造有影响力的通识教育课程品牌。

9）发挥第二课堂的作用。学校促进学生的学习由课内向课外延伸、由校内向校外延伸，在第二课堂社会实践活动中融入传统文化和学科知识，实现了第二课堂与第一课堂的有机融合，促使通识教育课程实现了高质量发展。

二、专业核心课程体系建设

“三分式”人才培养模式的核心理念是因材施教、个性化培养，因此，内江师范学院要求面向学生提供不同类别的核心课程，这在客观上增加了核心课程的设计难度。

（一）科学设计专业核心课程体系

学校通过“三分式”人才培养模式为学生设立了“潜力开发与深造类”“创新创业类”“基本技能与就业类”三类培养通道，其中，“潜力开发与深造类”培养通道侧重于促使学生扎实地掌握学科专业知识，“创新创业类”培养通道侧重于培养学生对知识应用的创新，“基本技能与就业类”培养通道侧重于对学生的专业岗位能力和技能的培养。

针对三类培养通道的不同要求，经过反复研讨、论证，学校认为学科专业基础理论是三类培养都需要涉及的基本内容，否则就失去了本科教育的应有之义；实践应用课程是三类培养都需要历练的建构性内容，否则就失去了人才培养的本色要求；专业特色课程是三类培养都需要涉足的拓展性内容，否则就削弱了对人才培养的专业引领作用。为此，学校构建了“基础理论课程+应用实践课程+专业特色课程”的专业核心课程体系。

众所周知，专业核心课程是各专业学生的必修课程，对培养专业人才具有长效支撑作用和重点深化作用，对保障专业人才培养质量也有举足轻重的作用。

（二）专业核心课程建设的经验

在强化专业核心课程质量建设的过程中，学校提出了“五个一”的建设目标：一个优质专业核心课程教学团队，一份优质专业核心课程建设方案，一套完整的专业核心课程教材及教辅资料，一个优质教学资源共享平台，一份完整的课程质量评价标准。

1. 培养一个优质专业核心课程教学团队

专业核心课程教师不仅要熟悉本专业行业的现状、技术需求和发展趋势，还要主动了解行业所需人才应具备的能力和基本素质，能根据专业发展需求和趋势对课程建设提出科学的建议。课程负责人要及时对学校和企业资源进行整合与利用，有效组织课程教学团队开展课程标准的制订和课程资源建设工作。同时，要鼓励教学团队在专业核心课程建设过程中开展课程教学内容、教学方法、教学手段方面的改革。另外，教学研究要以有利于提高教学效果为原则，教师要围绕学生的“五能”开展教学：①学生能理解该核心课程的设置在专业人才培养方案中的地位与价值；②学生能熟悉专业课程教学目标；③学生能掌握该课程核心知识点和技能；④学生能设计并完成课程实践环节；⑤学生能开展创新性学习活动。在课程教学过程中，教师应激励学生自主学习，营造独立思考、自由探索、勇于创新的良好学习氛围。通过对专业核心课程的建设，各专业形成了一个人员相对稳定，年龄与职称结构合理且富有合作精神，教学能力突出、教学效果较好的优质教学团队。

2. 凝练一份优质专业核心课程建设方案

学校相关部门对每门专业核心课程开展调研工作，明确该核心课程在人才培养专业课程体系中的地位，确立该门课程在专业知识体系和知识结构方面的重要性，了解该课程的先修课程及后续课程，从而对该核心课程的特色进行定位。同时，学校从课程现状、课程目标、建设思路、建设措施等方面着手，制订了详细的课程建设方案，尤其是重点研制了科学、适用的课堂教学方案，做到了“六明确”：①明确每堂课授课的基本思路、重点、难点；②明确每堂课的教学目标；③明确学生应获得的知识和能力；④明确教学进程、教学方法、板书内容、课件设计；⑤明确学习指导、作业布置、教学目标达成度的设计；⑥进一步明确该门课程的教学改革方向。

3. 整理一套完整的专业核心课程教材及教辅资料

学校要求对于专业核心课程优先选择公开出版的“马克思主义理论研究和建设工程”教材或规划教材，选用的教材和教学参考资料必须保证与专业人才培养目标相适应。同时，学校结合学科优势及课程建设实际，鼓励并资助教师通过校地（企）合作编写彰显学校专业特色和学科优势的自编教材或校本教材，由此各专业核心课程形成了完备的教学资料库。每门课程均由课程教学团队科学地制订体现分类型培养、分类别指导的切实可行的教学大纲，内容包括课程基本信息、课程简介、课程的教学目标和基本要求、课程教学组织形式和方法、课程内容及教学安排、教材及主要参考书、考核要求等。同时，课程教学团队以学时为单位编制了完整的教学日历，包括课次、周次、授课形式、教学内容等。

4. 搭建一个优质教学资源共享平台

为了更好地促进专业核心课程信息化建设，实现课程教学大纲、教师授课课件、教师授课录像、习题库、试题库等课程资源上网，学校教务管理系统搭建了网络课程平台，为学生在线学习、自主学习建立网上平台，实现了优质教学资源共享。同时，学校利用国内外优秀网络课程教学资源，引导学生自主学习，培养学生的自学能力，实施线上线下混合式教学改革，改革了单一的知识传授的教学方法，突出了学生的主体性，实现了从以教为主向以学为主的转变。网络教学平台的搭建也为学校其他课程的建设起到了很好的示范、带动作用。在课程网站建设中，相当一部分教师制作了课程录像，为后来的慕课建设奠定了基础，积累了课程资料和课程录制经验，进而提高了教师参与微课、慕课项目制作和研究的积极性。

5. 制订一份完整的课程质量评价标准

学校建立了较为完善的课程标准和评价体系（包括实践教学评价体系）。课程标准是进行课程设计与实际操作的导向，其基本内容包括课程基本信息、课程主要任务描述、课程学习目标描述、课程能力标准要求、课程主要内容、学习者能力测试指导、教学资源配置等。课程标准的制订应该由校企合作共同来完成。二级学院须结合督导听课、学生评教、同行听课等机制大力开展课程评价工作，提出课程改进的具体意见和措施，促进课程建设规范化，不断提高课程教学质量。同时，二级学院要改革学生学业评价办法，降低期末考试成绩占总成绩的比例，将课程自学章节、作业、调研报告、文献综述、小论文、课外讨论、学科竞赛等方面的内容纳入综合学业评价。同时，注重考查学生的能力和素质，注重过程评价，体现过程评价与结果评价相结合，做到“三结合”——过程考核与期末考核相结合、理论考核与实践考核相结合、校内评价与校外评价相结合。

三、专业发展方向课程体系建设

（一）科学设计专业发展方向课程体系

专业发展方向课程体系的设计主要遵循三个原则：①明确专业发展方向课程在三类培养通道上的定位分布，为学生自主选择学习提供方便，体现培养的自主性、方向性和系统性；②明确专业发展方向课程与核心课程之间的关联，为不同培养通道的学生选修专业课程提供方便，确保不同培养通道学生的综合能力的提升；③明确专业发展方向课程与专业实践之间的关系，为不同培养通道的学生进行研修和实践提供支撑，灵活安排课程教学、实习环节，有针对性地安排毕业论文（设计、创作）课题。

根据上述三个原则，三类培养通道的专业方向课程体系大致如下。

1）“潜力开发与深造类”培养通道。各专业学生参加研究生入学考试的公共课程（英语、数学、思政课程）在第二阶段修读，由相应的二级学院承担，各试点专业整合全校教学资源，组班开设研究生入学考试的公共课程。同时，要强化对学生的专业能力的培养。几年来，该通道学生顺利获得深造机会，考研录取率各专业均达10%。此外，学校加强与国内外综合性、研究型大学进行校校合作，为学生的深造争取更多机会。

2）“基本技能与就业类”培养通道。内江师范学院加强了对学生的职业生涯规划和就业指导，强化学生的实践能力、求职能力及提高其职业素养教育，探索与企事业单位开展订单式人才培养，努力实现“实习+就业”的培养模式。

3）“创新创业类”培养通道。①构建了“基础+专业+实践”的创新创业课程体系；②将“大学生创业基础”作为基础课程；③综合素质选修课程模块中应修读两门及以上创新创业教育系列课程；④结合各专业的情况开设创新创业教育课程、创业实践必修课程。

（二）专业发展方向课程建设的经验

1. 拓展学生能力，加大选修课程比例

各专业根据“新而实”的要求设计实用性强的选修课，提高学生对专业知识的掌握程度，包括与本专业有关的传统学科专业知识和技能，以及与本专业关系密切的新兴学科知识。学校鼓励各专业开设跨学院、跨学科、跨专业的交叉选修课程，培养学生“一专多能”，为学生提供自主发展通道。另外，为顺应时代变化，学校要求各专业应及时对选修课程设置进行必要的动态调整，对行业人才需求情况进行充分调查和研究，分析本专业对应的职业岗位，确定学生应具备的职业技能和知识素养，要做到：①职业方向选修课程模块的设置与市场需求的变化保持一致；②适应信息时代新技术发展，选修课程模块设置应根据新技术的发展进行相应调整。

2. 优化设置教师教育专业发展方向课程

学校要求师范专业应对标《教师教育课程标准（试行）》《普通高等学校师范类专业认证实施办法（暂行）》的要求，结合教师行业准入条件，遵循“育人为本”“实践取向”“终身学习”三大理念，发挥专业优势，开设厚基础、宽口径、多样化的教师教育课程，加强师范生信息素养培育和信息化教学能力培养。各师范专业努力构建了突出教师教育特色的课程体系，创新教师培养模式。依托卓越教师培养计划、公费师范生培养项目，学校构建了师范生培养的分层分级教学模式，各专业依据不同层次的培养目标和培养要求有了明确的区分度，并有相应的课程支撑。一方面，开设的教师教育课程必须确保师范生理解中小学生成长和学习的规律及特点，帮助师范生树立正确的教育观和学生观，掌握教育教学的基本知识和能力；另一方面，各专业需要基于国家教师资格证考试情况合理安排开课学期，与国家教师资格证考试相关的课程须在第1—4学期开设。

3. 多元化设计非师范专业发展方向课程

各专业根据学生需求和经济社会发展的实际需要，围绕学生的核心素养，结合专业特点，设置专业发展方向课程，探索适合不同类型学生需求的多元化分类培养模式。对于有继续深造意愿的学生，设置“潜力开发与深造类”模块课程；对于有创业意愿的学生，设置“创新创业类”模块课程；对于有就业意愿的学生，设置“基本技能与就业”模块课程。三类模块课程设置的基本要求是在扎实掌握专业理论及核心技能的基础上，开设专业拓展选修课程及实践活动，强化学生的专业知识及职业技能，通过顶岗实习及毕业实践培养学生的职业素质及综合技能。三类模块课程设置的目的是：拓宽学生的知识面和专业视野，有针对性地开设专业特色鲜明、行业背景浓厚的专业拓展课，完善学生的知识结构，提升学生的知识迁移及跨岗位工作能力，发展学生的兴趣和特长，提高学生的就业、创业及创新能力，增强学生的市场竞争力，提高学生的综合素质，增强学生的社会适应能力，促进学生潜在能力和个性特长的充分发展。

4. 持续推进专业课程国际化建设

"三分式"人才培养改革要求课程分模块推进，构建了"基本模块+能力提升模块+出国留学模块"，其中，"出国留学模块"为辅修模块，旨在拓展学生对外交流，让更多的学生到国外参加游学项目，增强人才培养的开放性。学生可以根据自身的发展需要自主辅修，修完规定学分，为其颁发辅修证。主要做法有：①引进国外优质教学资源，鼓励部分专业开设全英文或双语授课课程；②增强教师的国际化意识，鼓励中外教师共上一门课，通过中方教师和外教的零距离互动，强化先进教学理念，学习先进的教育教学方法，提升国际化教学的业务能力；③鼓励学生到境外进行交流、学习，实施境外交流学分互认机制；④坚持开放课程信息与外界信息进行互通交流，共享教学资源，及时与国外高校进行沟通，建立资源共享机制；⑤立足办学特色，推进课程国际化建设，立足学校自身优势与发展实际找准着力点，打造特色品牌。

四、创新创业教育课程体系建设

（一）科学设计创新创业教育课程体系

内江师范学院根据人才培养定位和创新创业教育目标的要求，按"三分式"人才培养改革关于"应用研究与创业类"培养通道的设计思路，构建了"基础+专业+实践"的创新创业教育课程体系。这一课程体系体现了"三个融合"：①各专业把"大学生创业基础"设置为基础课程，并在综合素质选修课程模块中设置两门及以上创新创业教育系列课程，借此促进专业教育与创新创业教育的有机衔接，避免创新创业教育与专业教育出现"两张皮"现象；②挖掘和充实各类专业课程的创新创业教育资源，在传授专业知识的过程中融入创新创业教育元素；③设置创新创业的系列实践课程，搭建以校内实验实训中心为基础的实践平台，以大学生创新创业计划等为抓手的大学生创新创业训练平台，以学科竞赛为依托的竞赛活动平台，以创新创业园区等为载体的孵化支持平台，以校外实习基地为载体的校地合作平台，促进专业知识和技能在创新创业实践中的有效应用。

（二）创新创业教育课程建设的经验

1. 加强学生研究性学习能力培养

学校设置了学科前沿讲座类课程、研讨类课程、创新研修类课程，加强对学生批判性思维的训练，渗透“互联网+”思想，使学生在学习专业课程的过程中提升专业学术研究能力、创新创业能力。各专业毕业论文须面向基础教育选题，基于双向选择与动态调整机制，在校内外导师的指导下开展小组讨论、教学调查、教学实验等活动，大力培养学生的探究精神、团队协作精神。

2. 加强创新创业教育课程建设

学校设置了学科前沿课程、创新创业教育课程模块，科学规划创新创业实践活动项目，制定创新创业学分获取的标准和办法，鼓励学生获得与职业相关的证书，通过参加大学生创新创业训练计划、学科竞赛、发表研究论文、申请专利等方式获得创新学分，着力提升学生的创新创业意识和能力。

3. 加强创新创业实践平台建设

学校加强了专业实验室、虚拟仿真实验室、创业实验室和训练中心建设，促进实验教学平台共享。学校面向全体在校学生开放科技创新资源，充分利用各种资源建设大学生创业园、创业孵化基地和小微企业创业基地，将其作为创业教育实践平台，建设了一批大学生校外实践教育基地、创业示范基地、科技创业实习基地和校企融合实践教育基地，深入实施大学生创新创业训练计划，扩大覆盖面，促进项目落地转化。几年来，学校组织全校学生参与了全国大学生创新创业及“互联网+”大赛，效果明显。

4. 加强教师创新创业教育教学能力建设

学校明确了教师在创新创业教育方面的职责，配齐配强了创新创业教育与创业就业指导专职教师队伍，并建立了定期考核制度和淘汰制度。学校聘请创业成功人士、企业家等行业优秀人才担任专业课、创新创业课授课或指导教师，把提高教师创新创业教育的意识和能力作为岗前培训、课程轮训、骨干研修的重要内容，建立了相关专业教师、创新创业教育专职教师到行业企业挂职锻炼制度。同时，鼓励课程负责人、行业企业优秀人才联合编写具有科学性、先进性、适用性的创新创业教育教材，支持教师以对外转让、合作转化、自主创业等形式将科技成果产业化，鼓励其带领学生创新创业。

5. 探索创新创业教育与专业教育的深度融合

学校围绕创新创业教育的内涵和要求，构建了由基础启迪、实操训练、项目实践、思维创新、拓展研修等环节构成的递阶式创新创业课程，使其融入专业课程体系。同时，学校还组织学生参加学科竞赛，立项创新创业项目，将创新创业教育与专业教育融合，通过采取线上线下相结合，课堂讲授、课下实践和校内培养、校外实习等措施，将创新创业教育与日常教学相融合。

第二节　课程建设成效与反思

课程建设是专业建设的核心内容，是学校实现人才培养目标、深化教学改革、提高教学质量的根本保证。按照分类建设、以点带面、相互促进、递进发展的原则，学校以专业核心课程群建设为基础，以通识教育课程和创新创业类课程建设为突破口，以精品在线开放课程建设为引领，以学校网络教学平台为载体，按全校人才培养方案中开设的课程均达到“合格课程”标准，30%以上的课程达到“优秀课程”标准，10%以上的课程达到“示范课程”标准，2%以上的课程达到“精品课程”标准。学校通过课程建设促进了专业内涵建设，全面提高了人才培养质量（图 9-1）。

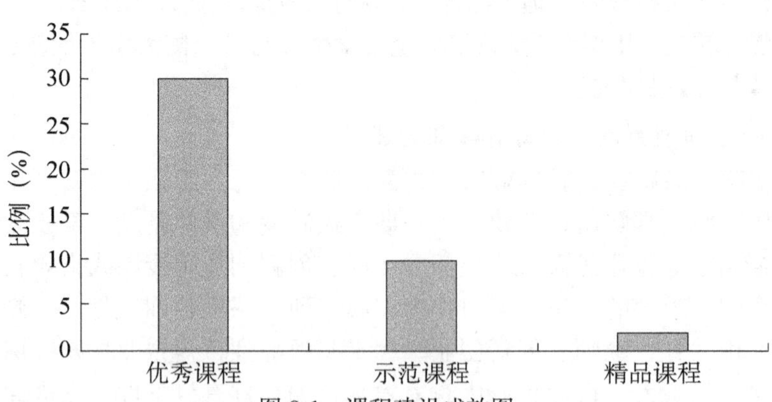

图 9-1　课程建设成效图

一、课程建设标准

（一）合格课程

第一，开课教师符合岗位教师资格，形成了有不少于 2 人的稳定的课程教学团队；第二，所有任课教师都要参加课程教学团队；第三，教学条件能满足教学需要，教学文件齐备；第四，教学大纲的制定科学、合理，教学内容符合人才培养目标要求，能将课程思政、创新创业教育、创新人才培养等理念融入课程教学中；第五，教学过程安排较合理；第六，教学效果较好，学生比较满意。

（二）优秀课程

学校形成了结构合理的课程教学团队，能够按照新形势、新要求不断进行课程教学改革，课程思政、创新创业教育、创新人才培养等理念与课程教学结合得较好，教学方式方法先进，课程教学资源丰富，课程具有一定特色，教学效果好，在课程建设方面积累了丰富的经验。

（三）一流本科示范课程

学校形成了由具有丰富授课经验的副教授及以上职称教师组成的师资力量较强的课程教学团队，教学内容、教学方法、教学手段、教材建设、实践教学环节等方面的建设与改革成效好，建有在线开放课程，具有鲜明的特色，教学效果显著，与省内高校同类课程相比处于较高水平，能起到示范和辐射推广作用。这类课程具体可以参照“五类金课”[①]相应的标准进行建设。

（四）一流本科精品课程

在一流本科示范课程建设的基础上，学校形成了由学术造诣较高、具有丰富授课经验的教授主持，结构合理、人员稳定、教学水平高、教学效果好的课程教

---

① 《教育部关于狠抓新时代全国高等学校本科教育工作会议精神落实的通知》提出了“金课”这一概念：“各高校要全面梳理各门课程的教学内容，淘汰‘水课’、打造‘金课’……切实提高课程教学质量。”此处的“五类金课”包括线下“金课”、线上“金课”、线上线下混合式“金课”、虚拟仿真“金课”、社会实践“金课”。

学团队，课程教育教学改革成果突出，信息技术与教育教学深度融合，建成了在线开放课程，且运行良好、课程教学质量高，在省内外高校同类课程中具有一定的影响力，示范、引领作用强。这类课程具体可以参照“五类金课”相应的标准进行建设。

二、课程建设内容

（一）优化课程设置和教学内容

学校注重课程设置、教学内容与人才培养目标的符合度，要求各专业要有与本专业培养目标和毕业要求相适应的课程教学大纲和相配套的授课教案。同时，课程教学目的、教学要求明确，课程内容科学、先进，重视科教融合，将学科前沿的最新发展引入课程教学，强化立德树人意识，结合课程内容培育和践行社会主义核心价值观，对学生进行理想信念、爱国主义和优秀传统文化方面的教育。

（二）加快课程教师队伍建设

学校重视对青年教师的培养，鼓励实行青年教师“导师制”，积极开展教研室活动。通过课程建设，学校培育了一批优秀教学骨干，逐步形成了师德师风高尚、结构合理、人员稳定、教学水平高、教学效果好的教师队伍。

（三）加强课程资源建设

学校选用了“马克思主义理论研究和建设工程”教材、国家规划教材等高水平教材，加强教学大纲、教案、课件等课程基本资源以及案例库、试题库、作业库、素材资源库等课程拓展资源建设，同时注重“互联网+”混合式教学模式的课程网络资源建设，并不断更新，充分发挥其教学辅助作用，推进课程教学改革与创新。

（四）创新课程教学方法

学校以学生发展为中心，因课制宜地选择课堂教学方式方法，构建线上、线下相结合的教学模式，积极引导学生自我管理、主动学习，激发其求知欲望，提升其自主学习能力。同时，学校开展了网络辅助教学，鼓励教师充分利用网络在线和开放教学的优势，探索线上与线下相融合的“翻转课堂”“混合式教学”等教学模式，引导学生进行自主学习，提高学习效果。

（五）完善课程考核制度

学校积极进行考核评价方式改革，加强过程性评价，形成了一套科学合理、行之有效的考核办法，过程性评价的分数占总成绩的比例不低于30%。另外，考试命题科学且符合教学大纲的要求，综合应用笔试、口试、非标准答案考试等多种形式，侧重考核学生对基本知识的掌握情况和分析问题、解决问题的综合能力，并且有严格的考核要求和明确的评价标准。

（六）规范课程教学管理

学校有科学的课程建设规划，教学大纲、考试大纲、教学日历等课程教学档案和教学过程材料完整、规范，充分发挥课程教学团队的作用，互相听课、观摩教学，使教学研讨活动制度化、规范化，形成了课程建设持续改进的有效机制。

（七）加强课程改革研究

学校围绕优化课程内容、改革教学模式、加强资源建设等方面积极开展改革研究，教学改革思路清晰、方法和措施得当，取得了一定的成果。

三、课程建设成效

（一）专业平台建设

为了支持专业发展，为专业建设提供平台，学校积极开展应用型示范专业、一流本科专业等基于专业层面的项目立项与建设。

应用型示范专业的建设目标是：深化产教融合、科教协同创新、校企协同育人的办学体制改革，建立紧密对接产业链、创新链的专业体系，培养生产服务一线紧缺的应用型、复合型、创新型人才，提高学校服务区域经济社会发展的能力。迄今为止，学校共立项校级应用型示范专业6个，省级应用型示范专业4个。

一流本科专业的建设目标是：贯彻落实新时代全国高校本科教育工作会议精神，按照《教育部关于加快建设高水平本科教育全面提高人才培养能力的意见》中的“六卓越一拔尖”计划2.0等系列文件要求，推动学校新工科、新农科、新文科建设，全面振兴本科教育，提高学校的人才培养能力，实现学校教育内涵式发展。2019 年，学校已立项 5 个省级一流本科专业，同时为加强梯队建设、形成建设体系，学校在 2019 年的校级教研项目的申报中，参照四川省一流本科专业的体系，采取“一院一专业”的形式，即每个学院根据自身发展的实际情况，确定一个专业进行重点建设，凝练特色，打造精品。学校根据申报情况，按照专业建设的已有成效确定重点建设、培养支持的梯队，首先建成校级一流专业。在校级一流专业的综合项目建设中，再将其分解成若干小项目，确定专人负责，明确责任与权利，齐头并进，共同加强专业特色建设。

（二）校级专业核心课程项目

学校强化专业核心课程建设，各专业须基于专业认证标准等要求，按照普通本科专业类国家标准，结合学科研究前沿，科学地设置反映专业知识结构性特点和专业人才培养职业定位的课程，提升学生的专业核心素养。自 2013 年起，学校立项建设了 31 门校级专业核心课程，基本覆盖了各专业，成为课程建设的领航者。

（三）在线开放课程项目

学校以建设受众面广的专业基础课程和通识教育选修课程为重点，建设教学内容质量高、教学效果好的优质在线开放课程，推进优质教学资源共建共享，推动学校信息技术与教育教学深度融合、深化人才培养模式改革、探索翻转课堂和混合式教学。同时，学校还建设了校级在线开放课程 18 项、省级精品在线开放课程 2 项。

（四）精品资源共享课程项目

为了促进教育教学观念的转变，引领教学内容和教学方法改革，学校积极推动高等学校优质课程教学资源通过现代信息技术共建共享，提高人才培养质量。精品资源共享课程以量大、面广的公共基础课、专业基础课和专业核心课为重点。学校以课程资源系统、丰富和适合网络传播为基本要求，构建了优质课程教学资源共建共享体系，为学校师生和社会学习者提供优质的课程教学资源。2015—2020 年，学校立项建设校级精品资源共享课程 17 项、精品视频公开课程 4 项、精品课程 25 项，建设省级精品资源共享课程 5 项。

（五）应用型示范课程项目

为深化产教融合，促进教育链、人才链与产业链、创新链有机衔接，推动学科专业建设与产业转型升级相适应，促进应用型人才培养模式改革，学校准确把握当地经济社会和产业发展的实际需要，坚持产教融合、校企合作、协同育人，积极探索应用型人才培养和应用型课程教育教学改革。2015—2020年，学校获省级应用型示范课程立项9项。

（六）创新创业教育示范课程项目

根据办学定位，学校全面推进教育教学改革，将创新创业教育与专业教育紧密结合，挖掘和充实各类专业课程的创新创业教育资源，努力打造创新创业教育一流课程，促进学生全面成长成才。同时，学校以锻炼和提高学生的思维能力、科研能力和创新创业能力为重点，以培养创业精神为核心，为培养创新人才提供优质教学资源。2015—2020年，学校获省级创新创业教育示范课程立项3项。

（七）“思政课程”与“课程思政”示范课程项目

为全面贯彻党的教育方针，引导学生铸就理想信念、掌握丰富知识、锤炼高尚品格，打造一批“课程思政”教育教学改革精品课，学校积累了可推广、可复制的教学改革经验，推动学校课程育人质量提升，深入挖掘和提炼各专业课程所蕴含的德育元素和承载的德育功能，形成了各类课程与思政课程协同育人的格局。2015—2020年，学校建设校级课程思政项目21项，获省级思政示范课程1项、省级“课程思政”示范课程4项。

（八）一流本科课程建设项目

为贯彻落实习近平总书记关于教育的重要论述和全国教育大会精神，落实《教育部关于一流本科课程建设的实施意见》的精神，学校按照“五类金课”建设标准，持续加强一流课程建设工作，要求课程设计要把握“两性一度”原则，即具有一定的高阶性、创新性、挑战度。学校鼓励现代信息技术与教学深度融合，采用灵活多样的教学形式，积极引导学生进行探究式与个性化学习，培养学生深度分析、大胆质疑、勇于创新。2015—2020年，学校立项建设线下一流本科课程20项，线上通识类一流本科课程 15项，线上线下混合式一流本科课程 20项，社会实践一流本科课程6项，虚拟仿真课程8项。

（九）教材建设

为加强教材建设，学校鼓励教师编著受师生欢迎，且质量高、水平高的教材，以此带动和促进教学改革，直接反映学校教育教学改革的成果，从而丰富优质教学资源，以支撑学校的一流本科专业建设。同时，学校鼓励教师开发有利于学生主体性发展和体现学校办学特色的校本教材。学校要求教师编著教材应围绕专业发展课程开发理论教学、案例教学和实践教学相结合的教程，能充分反映相关专业或学科的新发展、新要求，重点支持通过产教融合（校企合作）、三方协同育人等方式共同开发的具有专业特色的校本课程教材。2015—2020 年，学校教师编著教材近 30 部，其中，《现代教育技术及应用任务驱动教程》为国家级规划教材，已经 6 次重印，并被西藏大学、南宁师范大学、北京联合大学、延安大学、浙江工业大学等国内 20 多所高校使用。

（十）课程资源建设

为了促进课程资源多样化，学校积极引进超星、尔雅、智慧树等知名在线课程平台，选用课程平台上的优质课程，有力地补充和丰富了学校课程资源，提高了学校课程资源的总体质量。思想政治理论课采用课堂教学、专题教学、实践教学、网络教学相结合的方式，积极运用至善网平台辅助思想政治理论课教师的教学，激发了学生的兴趣，开阔了学生的眼界。对于“军事理论”“大学职业生涯规划”“大学生就业指导”等通识教育课程，利用网络课程资源积极开展线上线下混合式教学。

第三节　教学方法和教学评价改革成效与反思

在学校“三分式”人才培养改革教育理念的指导下，各专业落实立德树人根本任务，积极探索教学方式方法的改革，转变教学思想，优化教学内容，鼓励教师灵活运用多种教学手段，将现代信息技术和互联网元素充分融入课堂教学，先后涌现出了“导讲评研”、“翻转课堂”、课堂教学“五强化”、“项目驱动式”、“分层教学”等新的教学方式，学生主动参与教学、师生互动、教学相长成为课堂教学的常态，提高了学生对课堂教学的满意度。

一、教学方法改革实践

（一）“导讲评研”教学模式改革

近年来，数学与信息科学学院王新民教授领衔的教学团队通过实践探索，把学校“以发展为中心，教学做统一”的育人模式具体化为一种教学模式——“导讲评研”教学。该教学模式以学生的学为出发点，在教师的引导下，学生通过学案导学、对话性讲解、学习性评价和反思性研究，达到学会学习、主动发展的目的。其中，导——知识疏导、方法指导、价值引导，将知识的学术形态转变为育人形态；讲——师生对话交流，多种视域融合，生成多维文化理解；评——优化认知结构，转变思想观念，形成价值共享；研——研读权威文献，思考热点问题，培养创新精神。“导学讲评”教学模式引起了国内外专家的广泛关注，其中美国路易斯安那州立大学吕联芳博士专程到实验基地学校进行了为期 5 天的调研考察，在第 34 届国际数学教育研讨会上以展板的方式进行了介绍。该教学模式以学生的学为重心，有效整合了多种学习方式，是学校成功建构的优秀教学模式案例之一。

（二）“翻转课堂”教学模式改革

为了打破传统的教学模式，各二级学院努力探索“以学生为中心”、创新实践的“翻转课堂”教学模式。该教学模式立足于“以学生为中心”来制定教学目标、教学模式、教学方法，实现教师主导角色的转变，学生由被动接受的客体转变为主动学习的主体。“翻转课堂”是鼓励学生积极主动学习、主动探究的新的学习方式。在实际教学中，教师与学生熟练使用幻灯、投影、录音、录像、电影、电视、电脑甚至远程共享等多种现代化多媒体教学手段，增强了教学的直观性、生动性。学生通过信息技术及数字化设备，根据自己的学习进度自主选择学习，翻转了传统教学结构、教学方式以及教学模式。以体育学院教师实施的“翻转课堂”为例，教师先把学生需要学习的内容（训练内容）录制成微课视频资料，通过手机将学习视频发送给学生。学生在上课前一天可以通过网络观看教学微课视频，视频可以重复播放，方便做学习内容的记录。在课堂上，师生可以进行互动交流，并高质量地完成训练或练习。又如，范长江新闻学院教师实施“翻转课堂”，针对选修课“媒介素养”中的教学内容“视觉文化影视与媒介素养”，课堂教学流程设计分为课前、课中和课后三个环节，分别实现了知识传递、知识内化和知识补救，整个教学过程变成了教学视频与师生面对面互动及个性化交流相结合的学习活动，激发了学生学习的积极性和主动性，学生的个性化教育得以达成，教育教学效果和教学质量得到了显著提升。

（三）课堂教学“五强化”教学模式改革

在持续推进“三分式”人才培养改革的过程中，学校以“发展为中心”的教育理念深入人心，“五强化”的教学方法也得到了全面实施。以范长江新闻学院杨光辉博士的“辉哥课堂”为例，他将新媒体引入课堂，将课前、课中和课后的学习与互动过程打通，给学生搭建起时时刻刻都能参与学习的平台。在“辉哥课堂”上，教师于课前通过在线平台发布教学知识点，以问题的形式让学生提前了解相关知识并反馈自己对该知识的理解，为课堂教学中教师拓展相关知识点做好准备；在课堂中，师生之间、生生之间以线上线下混合方式进行互动和反馈；在课后，“辉哥课堂”平台进一步引导学生进行自主学习、合作学习和探究学习，极大地深化了课程内涵、拓展了教学空间。如此一来，课前、课中和课后的“全线”贯通使得学生的学习形成了完整的链条，“五强化”要求得以全面实现。

（四）项目驱动式教学法改革

项目驱动式教学法独具特色，其基于创新创业项目、“互联网+”、学科竞赛等进行实践教学活动，是一种培养实用型人才的有效教育模式。该教学模式是建立在工业化社会与信息化社会高度融合的基础之上的，以生产化和社会性的统一为基础，通过将教育者社会化、技术化，使学生适应现代生产力的发展。项目驱动式教学是以实施一个完整的项目为目标而进行的一种教学活动，是一种把理论融汇在实践教学课堂中的一种教育方法，其优点在于既充分发掘了学生的创造力，又提高了学生解决实际问题的综合能力。学校的工程类、设计类专业广泛运用了此类教学方法，也取得了较好的教学效果。以张大千美术学院的艺术设计项目工作室为例，该工作室结合学科专业的研究方向设计课程项目，开展调查实践、研究设计，学生则以团队形式参与项目，进行互助合作，最终完成设计。以此为基础开展一门课程甚至一系列课程的学习实践，通过完成项目来吸收知识、培养能力、训练创造思维，为学生未来的职业发展奠定了基础。

（五）基于分层教学法的课堂教学改革

分层（分级、分类）教学是依据学生掌握的知识、学习兴趣倾向、专业学习需求等因素将学生划分为不同的层次，确定不同层次的教学目标，然后进行差异化、个性化、多元化教学，满足各层次学生的需要，从而达到不同层次教学目标的一种教学方法。分层教学法较好地印证了“量体裁衣”“因材施教”等教育思想，体现了教育公平，使所有学生都能获得成长。以计算机科学学院为例，该学院按照分类教学的思想，把全校所有学科划分为三大类，即理工科类、文管科类、艺体类，根据不同学科对大学计算机的要求设置大学计算机授课内容；按照分层教学的思想，将大学计算机课程分为“三层（宽、专、融）”，即大学计算机基础、计算机程序设计（针对理工科的“程序设计思维和程序设计应用课程”）和 Office 高级应用（针对艺体类的“Office 高级应用及管理”）；按照分级教学的思想，将大学计算机课程按类分为“三级”，即 A 级、B 级、C 级，如表 9-1 所示。

表 9-1　大学计算机课程体系

分层	课程名称	课时	分类	修读要求	分级	开课时间
第一层（宽）	大学计算机基础	48	理工科类	必修	A 级（占 40%），B 级（占 60%）	第 1 学期
			文管科类	必修	A 级（占 40%），B 级（占 60%）	第 1 学期
			艺体类	必修	A 级（占 40%），B 级（占 60%）	第 1 学期
第二层（专）	计算机程序设计	64	理工科类	必修	A 级（占 40%），B 级（占 60%）	第 2 学期
	Office 高级应用	48	文管科类、艺体类	选修	C 级	第 2 学期
第三层（融）	计算机应用	51	全体	选修	C 级	第 3 或第 4 学期

学校通过科学、系统地构建能力体系、知识体系、素养体系，遵循“以学生为中心”的教学理念，以互动课堂为主，按照差异化教学理念组织教学活动，因材施教，满足了各学科学生对计算机基础课程学习的需要。

二、课程评价改革

课堂教学是培养人才的主阵地，课堂教学质量在很大程度上决定了学校的育人水平。学校根据《中共教育部党组关于加强高校课堂教学建设提高教学质量的指导意见》《教育部关于加快建设高水平本科教育全面提高人才培养能力的意见》

的精神，努力打造满足学校人才培养需求，使广大学生满意的一流本科课堂。

（一）深化课堂教学评价改革

学校实施课程教学质量评价改革，要求课程教学质量评价紧紧围绕课程评价标准、评价主体、评价形式和评价结论实施。课程教学质量评价标准按照教师的教学理念是否合理、课程目标是否能有效支撑培养目标达成、教学设计是否科学合理、课程内容是否与时俱进、教学组织与实施是否突出学生中心地位等要求制定。评价方式主要包括学生评价、教师（同行）评价、个人评价、集体评价 4 种。学校制定了课堂教学评价量表，围绕教学目标、教学内容、施教过程、学生活动、教师素养、教学效果等方面，每学期对教师的课程教学质量进行一次评价。课程教学质量评价的实施，由各二级学院组织，包括学生网上评教、教师自我评价、同行评价、教学督导与领导评价。评价的结果统计，按学生评价平均分 × 0.4+同行评价平均分 × 0.3+教学督导与领导评价平均分 × 0.2+教师自我评价得分 × 0.1 的方法计算，得出每位教师的教学质量评价最终得分，最后确定评价结果。课程教学质量评价结论分为“优秀”“良好”“合格”“不合格”四级。学校将课程教学质量评价结果载入教师业务档案，作为教师工作业绩考核、职务晋升与聘用、评优评奖、申请荣誉称号等的基本依据之一。对于本科课程教学质量评价结果为“不合格”的教师，暂停其上课资格，各二级学院提出限期整改要求，按学校统一安排参加教学业务培训。对于连续两个学期教学质量评价不合格的教师，则停止为其安排教学任务，并将其调离教师岗位。

（二）规范课程教学大纲

课程教学大纲是教师开展教学的依据，也是评价该课程质量的依据。学校根据专业认证要求，进一步明确课程教学目标，根据课程教学目标科学、合理地选择教学内容、教学方法、学业评价方式。在学业评价中，要对学生课程教学目标和各项毕业要求的达成情况进行评价，要有考核方式和考核标准。同时，实行课程教学大纲集体评议制度，未经专业集体充分评议不得随意改动。另外，所有教师须严格按照教学大纲开展课程教学活动。

（三）推进教学评议制度

学校要求所有课程必须开展课堂陈述活动，每学期开展 1—2 次，主讲教师要根据学生反馈的意见建议，调整教学进度、改善教学方式。学校从专家听课、学生访谈、调查问卷和查阅教学档案等多维度、多视角开展教学评议，形成学生评价、校内同行评价、校外专家评价等多元的教学评议制度，及时反馈教学评议结果，促进教师的专业发展，实现以评促改、以评促建、以评促发展的目标。

（四）深化课堂教学巡察制度

学校建立了全覆盖的课堂巡查制度，对课堂教学进行实时监督，掌握课堂教学动态，强化结果使用，将巡察结果与师德师风、职称评聘挂钩，作为促进教师专业发展的重要参考，以实现以巡促学、以巡促教、以巡促管的目标。学校切实落实学校听课制度，各类教学、管理人员要保质、保量地完成听课任务，强化听课反馈与教学研讨。同时，充分发挥学生工作队伍的力量，教学、学工部门协同推进、齐抓共管课堂教学，班主任、辅导员每学期听专业课不少于10课时，并将其作为优秀班主任、优秀辅导员评选的必要条件，将班级课堂教学的学风作为学校学风特优班评选的必要条件。

（五）内部评价与外部评价相结合

学校建立了内部评价与外部评价相结合的机制，形成了自我评价、教师评价与学生评价相结合的模式。自我评价主要强调教师对课堂本身的满意程度，能够加强教师对课堂的总结与反思，促进教师的成长，达到提高教学效果的目的。外部评价主要包括领导、教研室主任、教师与学生对课堂的评价，其侧重点各不相同。其中，领导、教研室主任主要侧重于对课程目标完成度方面进行评价，可以有效监控课堂的进程和安排，保证了课堂的内容不会过多或过少；同行教师主要侧重于对教学内容的安排、教学方法、语言的使用以及教态等方面进行评价；学生主要侧重于对课堂教学效果、知识的掌握程度、学习的兴趣等方面进行评价，是最终结果的体现。

（六）定性评价与定量评价相结合

根据“三分式”人才培养模式的要求，学校制定了《内江师范学院课程教学质量评价实施办法（试行）》，形成了定性与定量相结合的课程评价模式，切实地促进了人才培养模式的改革。定性评价主要侧重于对感性内容的评价，通过调查问卷、访谈法等方式开展，收集课堂中难以用数据反映的情况。定量评价主要使用课程目标达成度计算公式，结合人才培养目标和毕业要求达成度来进行定量计算，评价方法为每门课程一般设立3—5个课程目标，每个课程目标对8个毕业要求分解指标点的支撑力度有高（H）、中（M）、低（L）之分，为了便于操作，赋

值 H=3，M=2，L=1。假设某门课程有 n 个课程目标，第 i 个课程目标对 8 个毕业要求分解指标点的支撑力度有 k_i 个 H、l_i 个 M 和 m_i 个 L，那么，第 i 个课程目标的分值 $v_i = 3k_i + 2l_i + m_i$，第 i 个课程目标的权重值确定为

$$\omega_i = \frac{v_i}{\sum_{j=1}^{n} v_j} \quad (i = 1, 2, \cdots, n)$$

所有课程目标的权重值之和为 $\sum_{i=1}^{n} \omega_i = 1$。定性和定量相结合的评价方式有效地提高了课程评价的科学性，有助于改善课堂生态，促进青年教师的成长，对人才培养质量的提高也有促进作用。

三、教学改革论文

随着“三分式”人才培养改革模式的推广，学校深化教学研究改革，大力支持广大教师开展教学研究，积极培育优秀教学成果项目。自 2016 年以来，学校教学研究范围广泛，覆盖了教育思想、人才培养模式、专业建设、课程建设、教材建设、教学方法与教学手段、教学管理、教学评价、创新能力、实践能力、素质教育以及立德树人等方面。同时，学校对项目结题优秀的教学研究成果进行了奖励和进一步的培育，教学改革取得了阶段性成果，教师从事教学研究和教学改革的兴趣逐渐增强，立项数量逐年增加，2017 年立项 41 项，2019 年各级各类教学改革项目增加到 125 项；教学研究、教学改革论文发表数量逐年增加，2017 年发表教学改革论文 77 篇，2019 年发表的教学改革论文增加到 112 篇，教学改革探索氛围日趋浓厚。

第四节　实践教学成效与反思

一、“三类别八平台”实践教学体系的构建

实践教学作为整个教学体系的重要组成部分，是人才培养中不可缺少的重要

环节。在实践教学体系构建上，内江师范学院坚持以学生的发展需求为根本导向，在学生发展的倾向性上注重学生的学业需求，兼顾学生的专业潜能、知识基础、能力结构以及发展意向，将实践教学体系分模块设计，构建了“三类别八平台”实践教学体系。

“三类别”，即如前所述，满足学生个性化成长需要的三类培养通道。“八平台”是指搭建以校内实验实训中心为基础的实验教学平台，以重点实验室、科研创新团队为引领的科研创新平台，以职业能力培养为核心的职业能力训练平台，以第二课堂为代表的拓展延伸平台，以大学生创新创业训练计划、大学生科研为抓手的大学生创新创业训练平台，以学科竞赛为依托的竞赛活动平台，以创新创业园区、大学生俱乐部和内江市创业孵化园区为载体的孵化支持平台，以校外实习基地为载体的校地合作平台。

基于学生自主选择与自主建构原则，学校为学生提供基于“三类别”的八个实践课程模块平台，学生可根据自身的兴趣、意愿和学习能力灵活选择模块平台，自主建构个性化课程模块和能力结构，指导教师进行有针对性的教学和个性化指导，真正做到了自主建构与因材施教。“八平台”实践课程模块的搭建，将实践教学由课内延伸到课外、由校内延伸到校外、由第一课堂延伸到第二课堂，共同推进。学校通过实践教学深化课堂教学，让学生了解社会、接触生产实际，获取、掌握生产现场相关知识，培养学生的实践能力和创新精神，使其树立事业心、责任感，以达成“三分式”人才培养目标（图 9-2、表 9-2）。

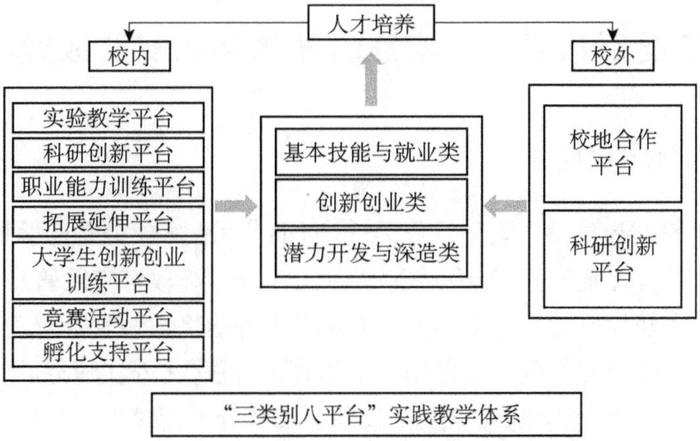

图 9-2 “三类别八平台”实践教学体系构建示意图

表 9-2 实践教学培养目标与实践环节对应关系

八平台	培养目标	实现途径
实验教学平台	培养学生的思想政治素养、通识教育基本素养，初步形成对科学现象的观察和分析能力；培养学生的专业基础实践技能，提高学生的专业基础实践素养	人才培养方案中的课程实验、实训
科研创新平台	着力培养专业综合能力和科学研究能力	依托科研平台，鼓励学生助研，深度参加教师课题研究和完成毕业论文（设计/创作）
职业能力训练平台	着力培养职业素养	依托教师职业能力实训中心（师范专业）、工程实训中心（非师范专业）开展职业能力训练
拓展延伸平台	实现思想政治引领、素质拓展提升、社会实践锻炼、志愿服务公益和自我管理	素质活动与德育实践（“第二课堂成绩单”）、社会实践等
大学生创新创业训练平台	培养学生的创新精神、创业意识	大学生创新创业训练计划、大学生科研计划
竞赛活动平台	着力培养学生的实践能力和创新意识，激发学生的创造性思维和学习兴趣	参加学科竞赛及专业技能竞赛活动
孵化支持平台	着力培养学生的创业意识和实践能力	学生项目入驻校内省级创新创业示范园区、内江市孵化园
校地合作平台	深化课堂教学，了解社会，接触生产实际，获取、掌握生产现场相关知识，培养学生的实践能力、创新精神，使其树立事业心、责任感	建立实践教学基地，开展见习、实习、研习等实践教学活动

二、“三类别八平台”实践教学体系的实践成效

（一）机制建设成效

实践教学的机制建设主要体现在六个方面：一是健全实践教学管理制度，制定《内江师范学院专业实践管理办法》《内江师范学院教育实践管理办法》《内江师范学院实验室建设与管理暂行办法》《内江师范学院学科竞赛管理办法》《内江师范学院本科毕业论文（设计、创作）工作管理办法》《内江师范学院实践教学经费管理办法》《内江师范学院大学生创新创业训练计划管理办法》等文件，从而规范和推动学校的实践教学活动；二是加大实践类课程学分所占比例，在人才培养

方案指导意见中对实践类学分比例做了明确要求，文科类专业实践类学分不低于15%，理科类专业实践学分不低于25%，艺体及工科类实践学分不低于30%；三是制定实验教学标准，明确了实习实训的目标、内容、操作流程和评价标准；四是强化实践教学过程管理，引入信息化管理系统，对学生外出实践进行手机定位考勤，同时通过二级学院自查、学校抽查、评估督查三种形式开展实践教学检查，确保实践教学的落实和效果；五是加大对实践教学的经费投入，每年为学生实践投入经费达500万元以上；六是加强实践教学基地建设。学校与企事业单位建立起稳定的合作关系，共建实践教学基地近400个，并建有省级大学生实践教学基地3个，校级大学生实践教学基地8个，满足了实践教学需要。

此外，学校高度重视社会实践，也形成了相应的保障机制。一是坚持学生社会实践与专业素养培养相结合的原则，鼓励学生结合自身的专业特长和优势开展多种形式的社会实践活动，打造社会实践特色和品牌；二是高度重视对社会实践的专业指导，建立了社会实践团队指导教师带队制度，将教师一并纳入社会实践评优评奖体系，建立了校、院两级学生社会实践管理考核体系，确保了大学生社会实践质量和效益的稳步提升。

（二）平台建设成效

1. 实验教学平台

自2015年以来，学校不断加大对实验教学平台建设的经费投入，2015—2019年共投入5761万元加强实验教学平台建设，相比2015年之前的投入经费有显著增长（表9-3）。另外，组建、扩建公共基础实验平台3个、学科专业实验平台8个、与地方和企业共建创新实验平台7个（表9-4），成立职业能力训练平台2个（表9-5）。学校通过搭建实验教学平台，保障人才培养方案按照“三分式”构建，实验、实训课程顺利开展，着力培养学生的专业实践技能，提高学生的专业实践素养。

表9-3　2010—2019年实验教学平台建设经费统计表　单位：万元

年度	经费投入	年均投入经费
2010—2014	1572	314.4
2015—2019	5761	1152.2
合计	7333	

表 9-4 实验教学平台建设情况

平台类型	平台名称	平台数量（个）
公共基础实验平台	计算中心、英语自主学习中心、大学物理实验中心	3
学科专业实验平台	数值仿真与数学实验教学中心（省级）、文科综合实验教学中心（省级）、艺术设计实训中心、生物学实验教学示范中心、化学实验教学示范中心、地理科学专业实验示范中心、管理类模拟实验教学示范中心、计算机实验教学示范中心	8
创新实验平台	亚马逊客服中心、达内创新创业实训室、机器人研究中心、分析测试中心、物理开放实验室、电子开放实验室、创新创业实验室	7

表 9-5 职业能力实训平台建设情况

平台类型	平台名称	平台数量（个）
职业能力训练平台	教师职业能力实训中心、工程实训中心	2

2. 科研创新平台

学校充分发挥科研创新平台在人才培养中的重要作用，依托毕业论文（设计、创作）、科研训练积蓄教学素材，打造精彩、激情的课堂，凝练专业课程特色。

学校重视对毕业论文（设计、创作）工作的规范化、科学化管理，实行校、院两级管理，制定了《内江师范学院本科毕业论文（设计、创作）工作管理办法》《内江师范学院本科学位论文作假行为处理办法》等制度规范，严把毕业论文选题关，紧紧围绕就业、升学和创业三类学生的实际和未来发展需要开展毕业论文选题指导，如表 9-6 所示。学校利用信息化手段对毕业论文的各时间节点进行控制，并将论文抄袭检测融入系统中，使指导形式多样化、全程信息留痕化、时间节点可控化、督导督查随时化、抄袭检测一体化、档案资料完整化，有效推动了学校本科毕业论文（设计、创作）工作的信息化和科学化，切实提高了毕业论文（设计、创作）质量。

表 9-6 2015—2020 届毕业论文（设计、创作）选题情况统计表

单位：项

届数	理论研究类	教育教学研究类	设计、创作类	合计
2015 届	1934	396	1240	3570
2016 届	1698	311	1398	3407
2017 届	1271	697	1535	3503
2018 届	2149	151	1351	3651
2019 届	1588	691	1713	3992
2020 届	1746	971	1803	4520

学校的科研资源向教学全面开放，面向各类学生开放。依托教师的科研方向，学校设置了众多主题类项目，积极引导“潜力开发与深造类”“创新创业类”学生助研，鼓励学生早进实验室、早进课题组、早进团队，深度参与教师的科研项目，提高学生的科学研究能力。

3. 职业能力训练平台

在职业能力训练平台方面，学校建有教师职业能力实训中心、工程实训中心。其中，教师职业能力实训中心主要承担师范生五方面的技能训练，即基础能力、教学能力、教育能力、教育教学研究能力和教师资格证应试能力；工程实训中心主要承担建筑工程学院土木工程与工程造价两个专业的 BIM（building information modeling）技术类课程、施工模拟类实验实训。需要说明的是，内江师范学院搬迁到新校区以后，工程实训中心的功能将以“智能建造”概念为依托，打造省级智能建造实验平台，能够在工程设计、施工、制造、管理等专业领域开展虚实结合的教学科研实践。

上述两个实训中心面向各类学生全天候开放，学生通过实验预约系统能顺利进入该中心进行专业技能训练。同时，按照“分类别指导”的要求，学校为“基本技能与就业类”学生配备了指导教师，从而增强学生进行专业技能训练的实效。

4. 拓展延伸平台

学校制定了《内江师范学院素质活动与德育实践（“第二课堂成绩单”）实施办法》，以科技创新活动为契机，形成大学生科技创新活动发展和竞技的交互式联动机制，加强对学生的职业能力与敬业精神、学术竞赛与科技创新等方面能力的培养，如表 9-7 所示。

表 9-7　内江师范学院素质活动与德育实践体系表

模块	内容	学分
思想政治素养	思想政治教育与素质培养	1.0
道德品质素养	行为自律与文明养成训练	1.0
	职业能力与创新创业培训	1.0
实践劳动素养	社会实践与公益活动体验	1.5
	劳动观念与劳动意识养成	0.5
科学人文素养	人文养成与科学精神培养	2.0
心理素养	心理认知与健康心理	0.5
法纪素养	法纪观念教育	0.5

5. 大学生创新创业训练平台

内江师范学院自实施“三分式”人才培养改革以来，相比以往，大学生创新创业训练无论是立项数量还是经费投入以及师生的参与度都有了较大的提升，如表 9-8—表 9-9 所示。

表 9-8　2012—2019 年大学生创新创业训练计划项目实施情况统计表

年度	立项数量(项)	指导教师数量（人）	国家级立项数量（项）	省级立项数量（项）	校级立项数量（项）	经费投入（万元）	参与学生数量(人)
2012—2014	70	89	38	32	0	159.5	312
2015—2019	480	530	210	226	44	667.2	2462
合计	550	619	248	258	44	826.7	2774

表 9-9　2012—2019 年大学生创新创业训练计划项目实施情况年均对比统计表

年度	立项数量(项)	指导教师数量（人）	国家级立项数量（项）	省级立项数量（项）	校级立项数量（项）	经费投入（万元）	参与学生数量（人）
2012—2014	23	30	13	11	0	53	104
2015—2019	96	106	42	45	9	133	492

6. 竞赛活动平台

为了加强对学生实践能力和创新意识的培养，提高学生运用所学知识解决实际问题的能力，激发学生的创造性思维和学习兴趣，鼓励全校师生积极参加经学校批准的结合学科专业的大学生竞赛活动，学校对学科竞赛项目实行分类管理，分为一类学科竞赛和二类学科竞赛。其中，一类学科竞赛又划分成一类重点项目和一类一般项目两类，重点支持和引导师生参加一类学科竞赛，从职称评审、科研积分认定和经费保障等方面给予支持。近几年，学校的学科竞赛获奖数量稳步提升，师生在“互联网+”大学生创新创业大赛、全国大学生数学建模竞赛、全国大学生电子设计竞赛及四川省师范生教学能力大赛等赛事中取得了较好成绩，如表 9-10 所示。

表 9-10　2012—2019 年学科竞赛获奖情况对比统计表　　单位：项

年度	国际级	国家级	省级	合计
2012		15	48	63
2013	3	33	86	122
2014	4	65	181	250
2015	9	44	133	186

续表

年度	国际级	国家级	省级	合计
2016	8	67	209	284
2017	11	76	189	276
2018	20	12	210	242
2019	13	80	330	423
2012—2014	7	113	315	435
2015—2019	61	279	1071	1411

7. 孵化支持平台

按照“分类别指导”的要求，在“创新创业类”学生的创业实践过程中，学校为其配备了指导教师，指导学生项目入驻校内省级创新创业示范园区、内江市孵化园，为学生提供相关的创业项目的引导和资助，以及提供经营场地、政策指导、基金申请、技术鉴定、项目顾问和人才培训等多种创业服务，帮助学生创业项目真正落地。

8. 校地合作平台

校地合作是产学研协同育人的主要途径，对应用型创新人才培养起到了重要的支撑和促进作用。搭建校地合作平台，就是以行业需求为导向，培养面向产业发展、符合行业需要的应用型人才。校地合作的主要方式是依托行业单位的真实运营情景，将学生安排到相应的实践基地，同时将基地有着丰富从业经验的导师引入高校课堂，共同培养人才，促进人才交流。学校对接行业发展需要，基地全方位参与人才培养过程，校地双方共同制订人才培养方案、编写实践实训教材、改进教学方法。近年来，学校在“三分式”人才培养改革的引领下，不断加强校地合作，从课程标准、基地建设、产教融合等方面不断深化改革，注重质量，走出了一条内涵式发展道路。

1）课程标准。学校注重学生的专业发展和课程学习的过程性，形成了见习—实习—研习一体化、四年不断线的实践教学课程体系，并构建了循序渐进的实习内容。针对师范专业，为适应基础教育改革与发展需要、提高教师职业能力和完善师范生教师职业基本技能训练体系，学校制定了《教育实践环节课程大纲》《教育实践质量标准及操作指南》等实践教学课程标准，对教育实践各环节的教学内容、目标和要求都做了具体要求。针对非师范专业，学校结合各专业的情况制定了专业见习、综合见习、专业实习等校外实践环节实习大纲和实施方案。同时，学校制定课程标准、规范校外实践，为提高人才培养质量提供了保障。

2）基地建设。学校制定了《实践基地建设管理办法》，加强实践教学基地的建设、管理、使用和维护。实践基地采用校、院两级管理的模式。基地建设围绕四个原则进行：①实践教学与生产实践、就业体验相结合的原则；②先进性和多样性的原则，基地尽可能覆盖多个学科专业，且资源共享、机制健全，生产水平、管理能力、科研等具有一定的先进性和代表性；③稳定发展、动态调整的原则；④互惠互利、责任分担、共同建设、协同发展的原则。学校通过这些建设举措推动学校发展与地方发展互动、学科专业建设与地方需求对接、教师教育与基础教育融合。

3）产教融合。首先，学校推动校地结合、校企合作、产教融合。师范专业逐步建立了高校、地方教育行政部门和中小学及幼儿园的“三位一体”协同培养机制，充分发挥地方教育行政部门和中小学、幼儿园在师范生培养中的重要作用，打通与中小学、幼儿园共同培养优秀教师的通道，共同推进教师教育创新发展。同时，各方在师范生培养、教师教育课程开发、教学团队建设、教育教学研究、入职后教师培养等方面开展合作，逐步形成教师培养、培训、研究和服务一体的合作共同体，不断深化基础教育教学改革，提升教育管理干部、教师的素养，推动校地教育事业良性发展。其次，学校与内江市、自贡市、遂宁市、成都市青白江区、宜宾市叙州区等地方教育局签署了“三位一体”的协同育人合作协议书，数学与信息科学学院和资中县教育局签订了教师教育合作共同体协议，与川南五市（内江市、自贡市、泸州市、资阳市、遂宁市）的教育科学研究所签订了川南（数学）教育研究联盟协议，形成了双向、互助和共赢的合作共同体，截至 2020 年，学校共建有中小学及学前教育实践基地 110 个，满足了师范专业学生教育见习、教育实习和教育研习的需要，并在师范专业人才培养方案编制、基础教育教学改革和研究、师资互派等方面逐步开展深度合作，切实保障和提高了师范生人才培养质量。非师范专业大力推进校企、校地深度合作，截至 2020 年，学校共建有 289 个校外实践教学基地，其中省级大学生实践教学基地 3 个，如表 9-11 所示。各学院结合各专业的特点与企事业单位共建实践教学基地，在学生实习、人才培养方案制订和项目合作等方面广泛开展合作。以生命科学学院为例，其与四川、广东、湖北等地的水产类公司、专业合作社和研究所等 25 个单位建立了基地合作关系。学校结合学生就业、创业和深造的需求，有针对性地开展实践教学活动，在学校“三分式”人才培养改革的指导下开展实践教学，取得了良好的效果。

表 9-11　省级大学生实践教学基地统计表

序号	高校名称	共建单位名称	类别	建立年份
1	内江师范学院	内江广播电视台	文科实践教育基地	2012
2	内江师范学院	内江正大有限公司	农科教合作人才培养基地	2014
3	内江师范学院	达内时代科技集团	工程实践教育中心	2014

第五节　质量保障体系改革成效与反思

一、教学质量保障及监控体系构建的指导思想

建设教育强国是中华民族伟大复兴的基础工程，落实立德树人是建设教育强国的重要任务。高校的根本任务是培养人才，学校的中心工作是教学，人才培养质量是高校的生命线。在高等教育改革不断深化的进程中，高等教育质量保障体系的构建和完善无疑是管理体制改革的首要任务。2018 年 10 月，《教育部关于加快建设高水平本科教育全面提高人才培养能力的意见》颁布，明确要求“构建以高等学校内部质量保障为基础，教育行政部门为引导，学术组织、行业部门和社会机构共同参与的高等教育质量保障体系”。中共中央办公厅、国务院于 2019 年 2 月发布了《中国教育现代化 2035》，部署了面向教育现代化的十大战略任务，任务之一是“推进教育治理体系和治理能力现代化”，明确要求“健全教育督导体制机制，提高教育督导的权威性和实效性”。随着“三分式”人才培养改革的不断深入推进，内江师范学院不断总结经验，按照“继承传统、结合实际、学生中心、产出导向、持续改进、体现特色”的原则和教学环节与过程无缝监控的工作思路，充分运用全面质量管理（total quality management，TQM）这一现代教学质量管理理论与理念，通过确定目标、制定标准、落实责任、强化教学过程与效果评价、形成反馈—改进闭环等环节，建立了由质量标准系统、制度建设系统、教学监控系统、教学质量预警与激励系统、数据分析与持续改进系统等构成的“五位一体”的教学质量保障与监控体系（图 9-3）。该体系确保了学校“三分式”人才培养改革的落实落地、开花结果，保障了学校人才培养质量。

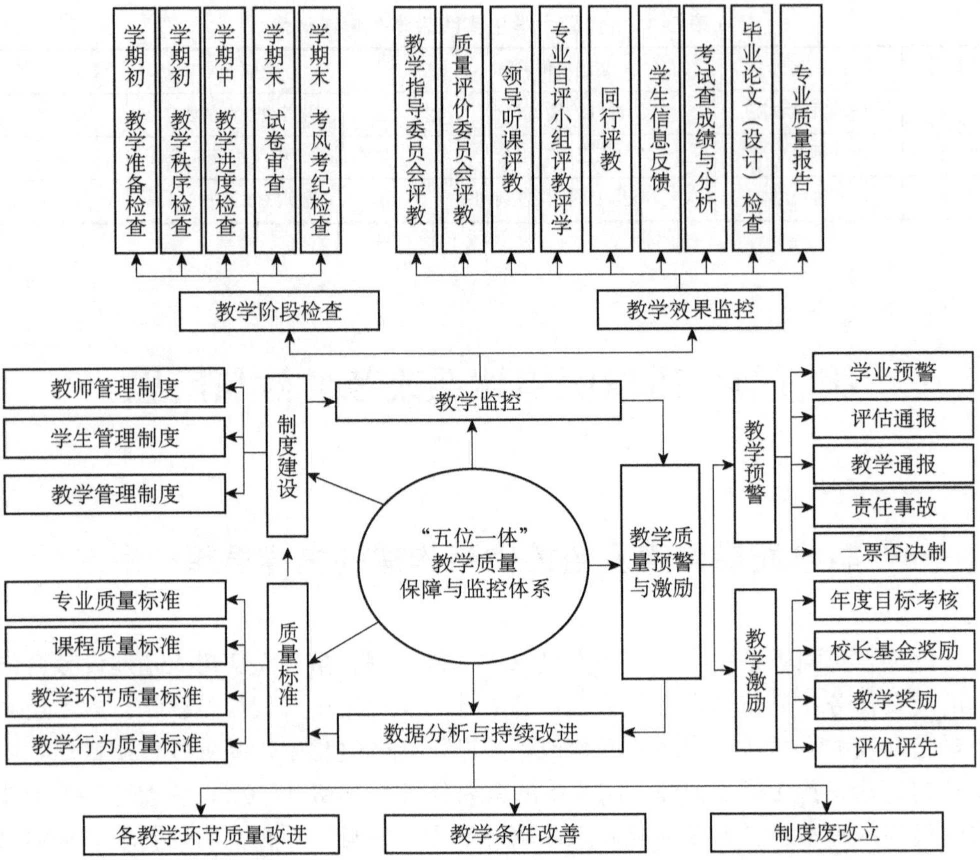

图 9-3　教学质量保障与监控体系示意图

二、教学质量保障与监控体系的基本内涵

1）质量标准系统，即包含学校人才培养目标、专业人才培养目标、课程教学目标的本科人才培养目标系统，以及人才培养各环节的质量标准。

2）制度建设系统，即支撑和保障学校“三分式”人才培养的有序、有效实施，包括教师管理、学生管理、教学管理等制度体系。

3）教学监控系统，即保障“三分式”人才培养改革的有效推进及人才培养目标的达成，包括针对教学过程、教学效果达成度等方面的各类评估评价活动，监督教学管理制度和规定的运行状况。

4）教学质量预警与激励系统，即确保改革目标的达成，包括对实施问题的反应处置机制、评优争先的激励机制。

5）数据分析与持续改进系统，即确保形成质量保障与监控体系的良性循环，包括教学质量信息反馈，以及促进质量标准系统、制度建设系统、教学监控系统、教学质量预警与教学激励系统的持续改进。

总之，以上“五位一体”的教学质量保障与监控体系是符合教育部当前关于专业建设与认证的“学生中心、产出导向、持续改进”理念的，形成了“目标—标准—执行—监控—反馈—持续改进”的质量保障良性循环系统，目标清晰，运行有效，为学校“三分式”教学改革人才培养目标的达成提供了有力保障。

三、“64321”教学质量监控与评价体系

学校以全面质量管理理论为指导，以推进“三分式”教学改革、不断提高教学质量为目标，以全面性、全员性、全过程为基本原则，将各部门、各环节与教育质量有关的质量管理活动组织起来，建立教学质量管理与监控机制，制定教学环节质量标准和监控制度，对教学全过程进行监控，形成了“64321”教学质量监控与评价体系。该体系的具体含义是：“6”指六方联动，即由学生、教师、教学督导委员会专家、教学指导委员会专家、学校领导、教学管理人员六方共同参与教学质量监控与评价；“4”指四条教学监控主线，第一条主线是评估处、教学督导委员会、学院、教师和学生对教学过程的监控，第二条主线是教务处、教学指导委员会、学院、教师和学生对教学主要环节的监控，第三条主线是学生处（团委）、学院、学生对学习状况的监控，第四条主线是招生就业处、学院、用人单位对培养质量的信息反馈；“3”指“校—院—教研室”三级教学管理机制；“2”是指人才培养利益相关方校内外双方评价机制；“1”是指实现一个目标，即通过学校“三分式”教学改革促进教学质量及人才培养质量的持续提高。

1. 全员参与质量管理

为推动“三分式”教学改革，学校成立了由校党委书记、校长牵头，分管教学副校长负责的教学质量监控工作领导组，制定了《内江师范学院教学质量保障体系及监控管理办法（修订）》，明确了学校办公室、组织部、宣传部、人事处、评估处、教务处、学生处、招生就业处、信息化建设与服务中心等18个职能部门和所有二级学院在“五位一体”质量保障与监控体系中的任务和职责，对教学目

标保障决策管理、教学资源管理、教学过程管理和教学质量监控管理实施全员参与、全面覆盖、全方位监控，突出教学工作的中心地位，形成了以提高人才培养水平为核心的质量文化。

1）校领导、二级学院领导、教学督导委员会与教学指导委员会专家为全员参与、率先示范。一方面，学校制定了学校领导听课制度，校、院（部）两级教学督导委员会集督教、督学、督管为一体，采取“看、听、析、评、导、改”等方式开展工作。其中，“看”即实地查看，全面了解教学条件和现状；“听”即进入课堂听课；“析”即科学地分析教师教学中存在的问题及其原因；“评”即进行客观、公正的评价，并给出合理的意见和建议；“导”即指导和引导，对督导对象进行专业指导和引导，通过树立典型、组织观摩、座谈讨论等形式帮助督导对象提升和改进；“改”即多次针对性地督导、检验改正和提升情况。通过领导听课及督导专家督导，二级学院有针对性、科学地整改，进一步提高教师课堂教学的水平与有效性。另一方面，教务处、评估处高度重视教学质量监控工作，进一步完善和制定了切实可行的教学规章制度和质量指标评价标准，定期组织教学督导委员会、教学指导委员会专家检查二级学院教研活动、教学自查等情况，召开教师、学生座谈会，抽检学生的课程设计、毕业设计、实习报告等，及时了解教师备课、授课，学生听课、实习，以及课程设计和毕业论文（设计）等情况，督促教师的教与学生的学共同提高。

2）充分发挥二级学院教学指导委员会及教研室的功能，增强教师的主人翁意识，通过开展系列教研活动调动教学同行在教学管理和质量监督中的积极性、主动性。一方面，加强对开学前的教学准备、开学初教学纪律、学期中教学进度、学期末教学考核与评价等教学阶段的检查；另一方面，严把授课、考试、实习、毕业论文等教学环节的质量关，使教师把精力投入到教学质量的持续改进中来，更新教学方法，吸收专业前沿知识，开发新的教学手段，同时通过教师的自查与互查、自评与互评，努力提升自身的教学能力，使教学质量稳步提高。

3）深入贯彻“以学生为中心”的教育理念，建立了学生信息员制度、学生评教制度以及人才培养方案修订必须有学生参与等管理制度，进一步增强学生参与教学质量监控的意识，让学生真正成为二级学院教学质量监控建设的主体，引导学生客观、公正地评价计划、专业人才培养方案、课堂授课、考核评价等教学环节，进一步提升教师教学的有效性及专业建设水平。

2. 全程督导教学工作

学校构建了以考察培养方案和教学大纲为起点，以巡查常规课堂教学为抓手，以抽查试题试卷、实践教学和查阅毕业论文（设计）为重点的全程教学工作督导机制，实现了教学工作“设计—实施—评价—反馈—改进”全程监管。督导内容主要包括以下几方面。

1）考察人才培养方案和教学大纲。观测点主要包括：①培养目标与国家、区域经济社会发展需求及学校发展定位是否符合；②课程体系是否能科学地支撑毕业要求；③培养方案是否与开课计划一致；④课程教学大纲是否齐全且能有效支撑毕业要求；⑤教学大纲的设计是否与本专业培养目标一致；⑥课程教学目标设计是否与教学大纲一致；⑦教学内容和教学实施过程是否与教学大纲相契合；⑧教学大纲的格式、内容和基本构件是否完整、规范；⑨对教学大纲是否有修订机制。

2）巡查常规课堂教学。观测点主要包括：①教师的课堂教学是否深入挖掘了课程内容中的思政教育元素，是否实施了课程思政；②教师的教学方法是否多样化，能否调动学生学习的积极性；③课程教学内容更新是否有相关制度与要求，教学内容如何体现人才培养目标；④二级学院在推进课堂教学改革方面采取了哪些措施，有哪些好的经验和做法，效果如何；⑤教学内容是否紧扣教学目标，课堂气氛是否活跃。

3）抽查学生试题试卷。观测点主要包括：①命题是否符合教学大纲要求，知识重点是否突出，题量和难度是否适中，试卷重复率是否合适；②评阅是否规范，给分点、签名是否符合要求，试卷分析是否客观、科学，分数分布是否合理，试卷分析表是否与试卷内容、分数统计有机结合；③卷面设计和试卷装订是否符合要求。

4）抽查实践教学。观测点主要包括：①各实践教学环节是否与专业培养目标和培养方案相吻合；②实验题目是否与教学大纲相吻合，实验课、课程设计是否深化或扩展了课堂讲授内容；③在实践教学环节实施中，岗位责任制是否得到落实、安排是否周到、开展是否有序，是否有因材施教的措施；④是否关注协同育人，是否能较好地利用社会资源，学生和协同单位是否满意。

5）查阅学生毕业论文（设计）。观测点主要包括：①选题是否联系实际，是否符合培养目标，题目难易程度和容量是否适中；②阅读文献资料是否足够、前沿，是否综合运用了专业知识，研究方案设计是否科学，研究方法和手段是否恰当；③论文表达是否明白、晓畅，逻辑层次是否清晰，论文结构是否完整，论点是否明确并统贯全文，文本格式是否规范，论文价值是否明确，有无创新性见解；

④论文评阅与答辩是否有指导教师和论文评阅人的评阅意见，评阅意见是否有针对性，有无答辩委员会的意见，成绩评定是否恰当。

四、注重结果应用与持续改进

学校评估处牵头，依据《内江师范学院专业人才培养方案修订管理办法》《内江师范学院本科人才培养质量达成度评价管理办法》《内江师范学院课程教学质量评价管理办法》《内江师范学院课程实施及评价管理办法》等常态化及动态化的教育教学质量评估指标体系，分别开展了人才培养方案评估、教学管理工作评估、课程评估、教师教学质量评估、学生毕业设计（论文）评估、考务工作评估、教师教育发展评估、教学基础条件保障评估、校外第三方人才培养质量评估等专项评估工作，评估结果与各单位年终考核绩效、教师评优评先和职称晋升等直接挂钩，有效推进了教学管理、教学保障和教学服务体系建设，提高了教学管理水平和质量。评估处做好对各项数据的分析与整理，并把评估报告交给教务处，推广相关先进经验，督促改进相关问题，形成了“执行—监督—改进—跟踪”的闭环，体现了“管评分离”要求，实现了“三分式”人才培养改革质量保障的持续改进，为全校师生创造了更好的教与学环境，确保了人才培养目标的达成。

第六节　人才培养改革反思与前景展望

在继承“以发展为中心，教学做统一”人才培养模式的基础上，自 2016 年以来，内江师范学院进一步落实立德树人根本任务，根据学生个性发展定位、成才需求，以“学生中心、因材施教和分类培养”为指导思想，拓展学生自主选择的空间，按照“潜力开发与深造类”“基本技能与就业类”“创新创业类”分类别实施“三分式”人才培养改革，人才培养质量有了较为显著的提升，也获得了广大师生与社会用人单位的一致好评，提升了学校的核心竞争力。回顾改革实施过程，虽然取得了许多较为显著的阶段性成果，但在今后的进一步改革与推广中，内江师范学院还需强化以下几个方面的工作。

一、完善人才培养方案

在推进“三分式”人才培养改革的过程中，依据学校办学定位，从专业定位与国家、区域经济社会发展的适应度出发，学校还需要进一步完善、构建人才培养方案评价改进的常态化机制，建立专业人才培养目标和毕业要求的定期评估制度，定期审视专业人才培养方案中的培养目标和毕业要求的合理性。同时，学校应该进一步构建毕业生与用人单位的常态联络机制，设计科学、合理的毕业生综合素养及发展能力满意度调查问卷，定期通过邮件、电话、网络及座谈等多种方式开展人才培养满意度调查，同时请第三方对人才培养达成度进行调查，充分采纳毕业生和用人单位提出的意见与建议，结合政府主管部门、学校各管理部门、在校生、专业教师的意见形成人才需求调研报告和人才培养质量年度报告，持续改进人才培养方案，提升人才培养质量。

二、优化课程体系

虽然学校在改革的进程中不断地完善课程体系建设，但仍然存在一定的不足，主要反映在“潜力开发与深造类”人才培养课程体系中紧跟学科前沿的内容更新速度慢，特别是新学科交叉的综合性课程开设还不够。“基本技能与就业类”人才培养课程体系中加强协同育人，中小学、行业企业深度参与教材编制和课程建设方面还显不足。在今后改革的持续推进中，学校需要进一步完善协同育人机制体制，加快课程教学内容迭代，关注行业创新链条的动态发展，推动课程内容与行业标准、生产流程、项目开发等产业需求适时对接，建设一批高质量的校企合作课程、教材和工程案例集。“创新创业类”人才培养课程体系构建中还需要紧扣国家、区域经济社会发展需求，进一步丰富面向经济发展需求的创业技能培训课程和实践课程，提升学生的创业能力。

三、深化课程资源建设及教学方法改革

围绕“三分式”三类型人才培养，学校虽然构建了较为完备的课程体系，与爱课程、超星、未来学堂等课程平台合作建立了较为丰富的优质课程资源库，但还需要加强校本课程资源及教材建设，特别是应该体现多学科思维融合、产业技

术与学科理论融合、跨专业能力融合、多学科项目实践融合，培养创新型、复合型人才的一流本科课程建设还有待加强。在今后“三分式”人才培养改革持续推进的过程中，学校首先应加强思政课程、课程思政示范课程建设，并以此为引领紧密围绕线上、线下、线上线下混合式、虚拟仿真实验教学、社会实践五类一流课程建设，打造五类“金课”。同时，学校应进一步加强教学方法与评价改革，大力推广和普及项目教学、探究教学、案例教学等现代教学方法，运用慕课、翻转课堂等信息技术手段拓展课堂教学的时空，提高课堂教学的有效性，保障课堂教学质量。

四、强化协同育人

在“三分式”人才培养改革中，学校应该以校外实践教学基地为平台，践行“四个对接”的协同育人模式，即人才培养标准与市场需求对接、培养过程与岗位标准对接、培养重点与能力提升对接、培养模式与职业发展对接。目前，学校在改革实践过程中取得了一定的成效，所有师范专业逐步构建了地方政府、高校、中小学“三位一体”的培养高素质师范生的协同育人模式，非师范专业也按照“产教融合、校企合作”的理念建立了足够的实践教学基地。但是，学校还需要进一步很好地解决校外实践基地现场化教学中“教什么”“如何教”的问题，需要进一步完善并科学制定实践教学各环节质量标准和教学效果评价体系，从而提升学生的专业实践能力、创新创业能力和职业发展能力，实现实践教学的人才培养目标。

五、健全质量保障与监控体系

以全面质量管理理论支撑构建的“五位一体”教学质量保障与监控体系基本覆盖了人才培养的各主要教学环节，能够从管理目标、管理任务、管理机构、管理责任等方面有效保证人才培养教学任务的完成，对于“三分式”人才培养改革的有效推进及人才培养质量的提高发挥了重要的作用。然而，质量系统（目标系统）还需要根据国家、区域经济社会发展的需求及国家高等教育改革的要求构建持续改进机制，各主要教学环节的质量标准还有待进一步完善，课程目标达成度、毕业要求达成度、人才培养目标达成度的评价方法还显单一化，一些新办专业的教学基础条件及教学投入还有待加强。在后续的持续改革过程中，学校应该秉承

“学生中心、产出导向、持续改进”的理念，继续完善“三全育人”体系，进一步加大教学基础条件建设与教学投入，持续改进质量标准系统，完善专业质量标准、课程质量保准、主要教学环节质量标准、教师教学行为标准等教育教学质量标准，同时改进并构建能够涵盖过程性评价、多元评价和综合评价相结合，以形成性评价为重点的人才培养达成度评价办法，结合毕业生、用人单位及第三方的评价持续改进，推动“目标—标准—执行—监控—反馈—持续改进”的质量保障系统良性循环，确保学校的人才培养质量持续提升。

后　记

经过内江师范学院几代人的努力改革和经验积累，学校的教育教学质量得到了极大提升，各项工作取得了长足发展，才有了本成果的呱呱坠地。回顾历史，从内江师范学院的前身内江师范高等专科学校和内江教育学院在20世纪80年代探索、践行陶行知教育思想，到90年代以“做中学”理念为先导，全面实施教育教学改革，到2000年学校升本建院后秉承陶行知先生的“教学做合一”教育思想的改革，再到2012年学校“以发展为中心，教学做统一”的系列教育教学新探索，为内江师范学院高质量发展的“三分式”人才培养体系改革积淀了深厚的教育思想、文化基础。因此，我要代表新一代“内师人”对为内江师范学院的教育教学改革做出贡献的前辈表示崇高的敬意和衷心的感谢！

“为党育人、为国育才”是教育的初心和使命，也是一项系统工程。内江师范学院追求高质量发展所取得的成绩，是内江师范学院全体教职工在各自岗位上努力履职尽责、全员育人，对学生从入学到毕业、从职前培养到职后培训指导的全过程培育，从思想发展与道德规范、理想信仰与价值观引领、情感体验与灵魂塑造、知识传授与技能锻炼等全方位陶冶的结果。因此，我要感谢所有积极参与教育教学改革探索的全体教职工的辛勤付出；感谢开展教育教学改革的一线教师、专业负责人、各二级学院领导及相关职能部门同志的辛勤劳动；感谢在本书成果的总结、提炼中付出大量心血的陈理宣教授、刘炎欣教授、王滑教授、齐泽民教授、谢红雨博士、马振君博士、刘云生教授、张志勇教授、刘勇教授、胡志金教授、邹远超教授、陈发军博士、张楠教授、刘义武教授、廖立敏教授、于军民教授、付孝锦教授、杨春梅博士、洪成文教授、伍宸博士等。我还要特别感谢教育部高等教育司原司长、中国高等教育学会副会长张大良教授，他不仅为我校的人才培养改革工作提供了指导，还在百忙中抽出时间为本书作序。

本书的完成得到了四川省教育综合改革领导小组和四川省教育厅领导的关怀，并给予项目和经费支持，同时，本书能够按时出版，也离不开科学出版社编辑的帮助，在此一并表示感谢！

张志远

庚子年冬月于沱江雅居